HENGAMEH YAGHOOBIFARAH

HABIBITUS

Blumenbar

HABIBITUS

Hengameh Yaghoobifarah

MIT EINEM VORWORT
VON FATMA AYDEMIR

Blumenbar

Di_er Autor_in bedankt sich beim Goethe-Institut für
die Förderung durch das Arbeitsstipendium in Stockholm.

Die hier versammelten Texte sind eine Auswahl aus der taz-Kolumne »Habibitus«, die zwischen 2016 und 2022 erschienen ist, sowie einzelnen Beiträgen zum Missy Magazine und der Zeitschrift spex. Alle Texte wurden für dieses Buch überarbeitet.

MIX
Papier | Fördert gute Waldnutzung
FSC® C083411

ISBN 978-3-351-05115-0

Blumenbar ist eine Marke der Aufbau Verlage GmbH & Co. KG

1. Auflage 2023

Satz LVD GmbH, Berlin
Druck und Binden CPI books GmbH, Leck, Germany
Printed in Germany

www.aufbau-verlage.de
www.blumenbar.de

INHALT

Vorwort von Fatma Aydemir 7

Deutsche Vita
So sind sie, die Almans 13

Way 2 Sexy
Körper. Macht. Beklemmungen. 39

Das F-Wort
Spaß-beiseite-Feminismus 73

Herbstgefühle
Immer dunkel im Land der Täter_innen 97

Sterne
Astro & Co. 139

Sternchen
Queere Neigung und Abneigung 161

Die Lage ist critical
Feindliches wartet nicht nur draußen 207

Voll im Arsch
Alles Scheiße – oder nicht? 237

Savoir-vivre
Schulden wegen Luxus 281

Nachwort von Hengameh Yaghoobifarah 325

Anhang 335

LEBEN, LIEBEN, LACHEN TROTZ DEUTSCHLAND

Vorwort von Fatma Aydemir

In diesem Land witzig zu sein, ist gar nicht so einfach. Klar, im Mainstream als witzig zu gelten geht easy, sehr easy sogar, angesichts der Trauerveranstaltung, die sich deutscher Humor nennt[1]. Doch wer sich entscheidet, öffentlich Witze zu machen, und zwar nicht auf Kosten von Migrant_innen, Schwarzen, Frauen, Queers oder Juden, sondern schön auf den Nacken der satten, bürgerlichen, weißen Dominanzkultur, macht sich – gelinde gesagt – nicht besonders beliebt. Zumal in einer Gesellschaft, in der diese Form des Witzigseins zwar nicht verfassungswidrig ist, aber ihr mit so viel Misstrauen und Verachtung begegnet wird, als ob sie das wäre – da gleicht es quasi einem Akt des Widerstands, Menschen auf diese Weise zum Lachen bringen zu wollen. Weil: Es ist Deutschland hier, hier gibt's nichts zu lachen.

Und genau das ist paradoxerweise zum Schreien komisch. Vor allem dann, wenn Hengameh Yaghoobifarah von diesem Deutschland erzählt. Das ist nicht unbedingt immer politisch korrekt. Auch die berühmt-berüchtigte Gürtellinie wird in Hengamehs Texten eher zu einer Frage der Perspektive. Aber einen Ehrenkodex gibt es, der da lautet: Es wird nicht nach unten getreten, siempre antifascista. Ansonsten gilt: anything goes. So sind die Deutschen etwa nur am Jammern, wissen nicht, was Gewürze sind, und laufen freiwillig mit Kotresten am Hintern durchs Leben. Für Heten sollte es einen Filter geben, um sie aus der Realität ausblenden zu können. Wenn Horst Seehofer angestrengt lächelt, dann nur, weil der Fototermin ihn seit einer Viertelstunde daran hindert, aufs Klo zu gehen. Und sollte die Polizei abgeschafft werden, müssten die Ex-Beamten am besten direkt zur … Na ja, Sie wissen schon.

Was genau an all dem witzig sein soll? Wenn Sie sich diese Frage stellen, kann ich Ihnen leider gar nicht behilflich sein. Das ist eben die Sache mit Witzen, wenn man anfängt sie zu erklären, hat man schon verloren. Entweder der Witz zündet oder er tut es nicht. Ich würde behaupten, es gibt eine bestimmte Kernleser_innenschaft, bei der Hengamehs Witze mit höherer Wahrscheinlichkeit zünden: links, undogmatisch, popkulturell sozialisiert. Die Mehrheit der Deutschen aber wird beim Lesen von Hengamehs Texten wahlweise stoisch mit den Schultern zucken, ein bisschen sauer werden, passiv-aggressiv mit einer Abo-Kündigung drohen, oder einen leicht über den Zaun schießenden Drohbrief schreiben.

Ich weiß das, weil ich die Ehre hatte, als Redakteurin Hengamehs Kolumne von Anfang an zu betreuen. Erst im Drei-, dann im Zweiwochenrhythmus erschien ab 2016 bei der Tageszeitung taz die Kolumne mit dem süßen Titel »Habibitus« – eine Wortneuschöpfung aus dem Habitus-Begriff des Soziologen Pierre Bourdieu und dem arabischen Wort habibi, zu Deutsch »Liebling«. Das Liebevolle an den scharfzüngigen Texten erschließt sich zunächst einmal nur jenen Leser_innen, die sich als Verbündete in deren Humor verstehen. Diesen Bund identitär zu deuten, greift allerdings zu kurz. Es gibt sie nämlich durchaus, die weißen deutschen Leser_innen, die sich köstlich über Hengamehs Spott zu amüsieren wissen, weil sie die in den Kolumnen beschriebenen Deutschen nicht als abzählbare Gruppe von real existierenden Personen verstehen, mit denen sie sich eins zu eins identifizieren müssen, sondern mehr als Werkzeug. Die Deutschen in den Habibitus-Kolumnen sind eine

Art Personifizierung der postnationalsozialistischen Gesellschaft: selbstgerecht, geschichtsvergessen, immer schön offen nach rechts. Wer sich hier also abgewertet und mitgemeint fühlt, wird es möglicherweise auch sein.

Aber es dreht sich ja glücklicherweise nicht alles um die Deutschen. Mode ist ein wiederkehrendes Thema in Hengamehs Schreiben, Skin Care und Astrologie bieten jeweils Stilmittel, um das Thema Selbstoptimierung in der kapitalistischen Gesellschaft auf originelle Weise auseinanderzunehmen. Im Grunde alles Trendthemen aus der Netzkultur der letzten Dekade, die auch den Sprachwitz und die Anspielungen in Hengamehs Texten maßgeblich beeinflussen. Insofern eröffnen die Kolumnen für Social-Media-Nutzer_innen der eigenen Blase mehr Deutungsräume als für Außenstehende. Zwar bemüht sich Hengameh im Rahmen der Möglichkeiten eines 3000-Zeichen-kurzen Textes, die eigenen Sprachbilder und Begrifflichkeiten möglichst vielen Leser_innen verständlich zu machen. Aber der Geduldsfaden ist der Textlänge entsprechend ziemlich dünn. Wer nicht versteht, ist raus. Vermutlich wurzelt manch aufgebrachter Leser_innenkommentar auch genau in diesem Umstand, der nicht selten zur ersten Ausgrenzungserfahrung eines ansonsten recht privilegierten, bürgerlichen Tageszeitungsleser_innentums zu mutieren vermag. Sei's drum.

Viel aufregender ist ein anderer Aspekt von Hengamehs Texten, und da komme ich auf den Bund der Eingeweihten zurück, die sich nicht einfach über ihre Identitäten oder ihr Verhältnis zu Deutschland zusammenfassen lassen: Queerness. Für mich persönlich war Hengamehs Kolumne von Beginn an eine Möglichkeit zu begreifen, was Queerness alles ausmachen kann. Und zwar nicht, weil Hengameh queer ist, sondern weil Hengameh queer schreibt. In den nervtötenden Feuilletondebatten der letzten Jahre wurde aus rechtsnationaler, konservativer bis hin zu linker Perspektive stets eine von Identitätspolitik ausgehende Gefahr für die freie Meinungsäußerung proklamiert. Nervtötend, nicht weil Kritik daran grundsätzlich illegitim wäre, sondern weil es sich die Kritiker_innen aus allen Lagern allzu leicht machen. »Wer nicht queer ist, darf nicht mitreden« lautet häufig die beleidigte und sehr verkürzte Vorannahme, aus der dann keine besonders geistreichen Analysen folgen können. Manchmal wird Hengameh in diesen Kritiken namentlich genannt, viel häufiger jedoch sicherlich mitgemeint als populäre und meinungsstarke Person ohne Hemmungen, das Verhältnis zwischen Identitätszuschreibungen und Macht immer wieder neu zu betrachten, zuzuspitzen und rücksichtslos auf die Schippe zu nehmen – nur eben nicht aus der gewohnten normativen Perspektive. Was Kritiker_innen dabei meist entgeht, ist, dass Queerness kein Reisepass ist, auf dem Hengameh sich während der Zerstörungstrips in Gefilde der cis-heteronormativen Lächerlichkeit ausruht. Queerness ist eine Praxis, der sich Hengameh bedient und die Hengameh aktiv mitprägt, indem keine Beziehung, keine Autorität und keine Ordnung als unumstößlich oder alternativlos begriffen wird, am allerwenigsten das Phantasma der Zweigeschlechtlichkeit oder die Art und Weise, wie wir mit- und übereinander sprechen. Queer ist bei Hengameh eben nicht bloß Diskriminierungsmerkmal, sondern vielmehr eine Art und Weise auf die Welt zu blicken und sich eine bessere zu erträumen. Es ist ein Ausbruch aus dem Gefängnis namens Norm. Und diesen Ausbruch immer wieder durch das extrem enge Gerüst der Textgattung Kolumne zu wagen und zu meistern, das ist eine Leistung. Um nicht zu sagen: eine Gabe.

Hengameh Yaghoobifarah hat diese Gabe und ist dabei auch noch zum Umwerfen charmant, politisch stabil, lustig. So lustig, dass bereits eine ganze Reihe von Mitbürger_innen infrage stellten, ob es denn überhaupt legal ist, so funny zu sein. 150 Strafanzeigen gingen allein wegen einer einzigen Kolumne bei der Berliner Staatsanwaltschaft ein, nämlich im Sommer 2020, als gerade die ganze Welt gegen Polizeigewalt demonstrierte. In besagtem Text sinniert Hengameh darüber, welchen Jobs Ex-Beamte nachgehen könnten, wenn die Polizei abgeschafft würde, der Kapitalismus aber nicht – an sich ein absurdes Szenario, gehört der Schutz von Eigentumsverhältnissen doch seit jeher zum Kerngeschäft der Institution Polizei. Jedenfalls landen die fiktiven Ex-Beamten am Ende des ganz offensichtlich satirischen Textes auf der Müllhalde. Ein Affront, den die Freunde des Freundes und Helfers allzu persönlich nahmen. Unabhängige Journalist_innen ergriffen Partei für das Exekutivorgan des Staates, taz-Leser_innen brachten Blumensträuße auf Polizeiwachen. Selbst der Innenminister erwog eine Anzeige, sah in Hengamehs Polizeikritik nicht etwa eine freie Meinungsäußerung, sondern Volksverhetzung, und ließ seinen Gedanken dazu bei einem Exklusivgespräch mit der »Bild«-Zeitung freien Lauf, deren tagelange Hetzkampagne selbstverständlich unter die Pressefreiheit fiel. Wie gesagt: In diesem Land witzig zu sein, ist nicht einfach. Sich zum Clown zu machen hingegen schon.

Was ist es also, worüber wir, die anderen, lachen? Vielleicht liegt die Antwort in der Psychoanalyse, laut der Angst und Lachen ja recht nah beieinander liegen. Den politischen und zeithistorischen Kontext der Habibitus-Kolumnen bilden der NSU-Prozess, der Einzug der AfD in den Bundestag, die rechtsextremen Anschläge in Halle und Hanau, der Mord an Walter Lübcke, die Entstehung eines NSU 2.0. Diese Ereignisse und überhaupt die Allgegenwärtigkeit rechter Gewalt werden auch inhaltlich in einigen der Kolumnen verhandelt. In den meisten

Texten jedoch bleiben sie der unausgesprochene Hintergrund, das Grauen, das zwischen den Zeilen wabert. Jeder Witz sitzt, weil hinter ihm stets der Schrecken aufblitzt. Jedes Lachen befreit, weil mit ihm auch ein kleines bisschen Angst bewältigt wird. Diese Texte eröffnen Räume, in denen wir leicht sein können, ohne die Schwere auszublenden oder zu verleugnen. Unermüdlich zeigt uns Hengameh, wie es gehen kann: Leben, lieben, lachen trotz Deutschland.

DEUTSCHE VITA

Es ist Deutschland hier

Vorsicht, Attention, Achtung, Danger Zone: Was den Deutschen neben mediterranfarbenen Wohnzimmergarnituren und dem Ausblenden ihrer politischen Verantwortung besonders gut gefällt, sind ihre Regeln. Deshalb bleiben Zeigefinger nahezu permanent erhoben wie eine Radioantenne – oder eben, saisonal passend, wie hässliche Flaggen an Autofenstern. Ganz gönnerhaft schreibt Thomas Straubhaar in seiner *Welt*-Kolumne[2] bereits im aussagekräftigen Titel: »Der Islam gehört zu uns, wenn er unseren Regeln folgt.« So weit, so wtf.

Die Vorstellung, dass Muslim_innen nur über den Migrations- oder Fluchtweg nach Europa kommen und der Islam somit etwas Undeutsches sei, ist eine Urban Legend. Muslimisch sein und weißsein schließen sich nicht aus. (Wenn Sie mich fragen: Die nervigsten Muslim_innen sind die weißen Deutschen unter ihnen. Die Streber_innenhaftigkeit, die Pedanterie, der Hang zum Autoritären, und das alles mit Religiosität unterlegt ... what's not to love?)

Klar, vor 800 Jahren war der Anteil an muslimischen Personen hier sehr viel geringer. Dafür waren Europäer_innen damals damit beschäftigt, an der Pest zu sterben und, business as usual, antisemitisch zu sein. Letzteres hat sich nicht geändert, das mit der massiven Unhygiene ist etwas besser geworden. Veränderung kann eben auch schön sein. Deutsche akzeptieren das allerdings nicht gern, womit ich mir den Hype um das Mittelalter nur erklären kann.

Welchen deutschen Regeln sollten Muslim_innen also folgen? Wo hakt es mit der Integration? Würde es helfen, dreimal täg-

lich Schweinefleisch zu essen? Kein Bier vor vier, danach aber Kristallweizen, als gäbe es keinen Morgen? Alle Männer, die an der EM nicht interessiert sind, pauschal als »schwul« bezeichnen und mit »schwul« eine Beleidigung implizieren? So wie der Bambi-Integrationspreisträger Bushido die AfD wählen? Mit Schuhen ins Haus gehen? Mit schwachen Augenbrauen aus dem Haus gehen und so tun, als wäre die Welt in Ordnung?
Tägliche Anschläge auf Geflüchtetenheime ignorieren und sich dann über den plötzlichen Anstieg rechter Gewalt wundern? Keine Festnetzanrufe nach 20 Uhr? Sonntagsruhe respektieren? Konsequent mit zu niedrigem Lichtschutzfaktor in die Sonne und von Mayo zu Ketchup mutieren? Passive Aggressivität statt ehrlicher Realitätsschellen? Nur noch mit Salz, Pfeffer und, wenn es mal exotischer sein soll, Kräutern der Provence würzen? Oder das Grundgesetz beachten, an das sich nicht einmal alle zugelassenen politischen Parteien halten?
Es sind keine breaking news, dass soziale Konventionen von Land zu Land unterschiedlich sind. Was aber auch keine so steile These ist, ist, dass Menschen von einander und ihren Differenzen lernen können. Von deutscher Pünktlichkeit zum Beispiel hätten sich meine Eltern ruhig mal eine Scheibe abschneiden können, als sie mich bei Minusgraden eine halbe Stunde lang vor der Schule warten ließen.
Dafür möchte ich allen Menschen eine Gießkanne neben das Klo stellen. Ist nicht böse gemeint, aber es ist purer Selbsthass, freiwillig mit Kotresten am Hintern durch das Leben zu gehen. Anstatt sich über die Islamisierung des Abendlandes zu echauffieren, können diese Almanis endlich mal anfangen, sich über die Chance auf ein schöneres Leben zu freuen.

Juni 2016

Freche Almans & The City

In der Servicewüste Deutschland mangelt es an einigen Dingen. Ich spreche nicht von gut gewürztem Essen oder ästhetischer Funktionskleidung, sondern von der kollektiven Möglichkeit, Aggressionen abzubauen. Vielleicht sollte es mehr Fight Clubs geben. Nach dem Feierabend oder nur so zwischendurch mit einem Handtuch und bequemer Kleidung ein Etablissement wie einen Sportverein betreten, in dem sich alle einvernehmlich die Fresse polieren und danach mit einem Glühen auf den Wangen nach Hause fahren.

Hauptsache, die Leute – und damit meine ich besonders Durchschnittsalmans wie Dörte und Wolfgang – können Luft rauslassen und tiefenentspannt in ihren Alltag, das Wohnzimmer mit Eckgarnitur im Reihenhaus, zurückkehren. Denn das Bedürfnis aufzumucken ist definitiv da, und es zeigt sich vor allem an einem Ort: der Schlange zum Service. Die Schlange verwandelt sich in einen metaphysischen Raum mit verschwommenen Regeln. Aus dem diplomatischen Dieter und der gewaltfrei kommunizierenden Gisela werden wahre Hayvans, wie man sie sonst nur von All-you-can-eat-Buffets und vom Einstiegsbereich öffentlicher Verkehrsmittel kennt.

Keine Lüge ist ihnen zu schade, um möglichst früh dranzukommen. Kein Kommentar über andere Menschen zu unangebracht, um mit Fremden zu bonden und ein Wir zu konstruieren, das gemeinsam gegen ein Feindbild wettert. Mal ist es die Person, deren Geschlecht nicht eindeutig zugeordnet werden kann – aber ganz ehrlich, wann kann man das schon wirklich? –, mal die Person, die ihre Tasche zu langsam packt, mal die Person, die nicht fließend Deutsch spricht und deshalb Dinge nachfragen muss. Würden sie wenigstens intervenieren, wenn sich jemand diskriminierend verhält: okay. Aber nein: Die Schlange verwandelt sich in einen mit harten Gefühlen aufgeladenen Käfig, in dem alles – vor allem sich Einmischen – kann und nichts – besonders kein Respekt – muss.

Gestern ging ich mit Kopfhörern auf den Ohren in den Drogeriemarkt. An harten Tagen wie diesen hilft mir die musikalische Beschallung dabei, stressige Orte wie Geschäfte auszuhalten. An der Kasse spürte ich schon, wie die Uschi hinter mir ungeduldig wie ein gedoptes Pferd vor einem Rennen hin und her trabte. Und das, obwohl ich meine Kopfhörer trug und mich mental ganz woanders befinden wollte. Als ich die Kassiererin bat, einen Satz zu wiederholen, weil ich ihn nicht verstanden hatte, hörte ich das Pferd schon wie dieses eklige Wasser, das manchmal aus Ketchupflaschen kommt, losspritzen: »Sind wir hier etwa im Baumarkt, dass man Kopfhörer für den Lärmschutz braucht?«

Ich atmete durch und riss mich zusammen. Mein Energielevel war niedrig, sonst hätte ich mich zu ihr umgedreht und gesagt, dass Pissnelken wie sie der Grund dafür sind, warum ich meine Kopfhörer am liebsten nie abnehmen würde. Oder ich hätte eine Freundin von meiner Mutter zitiert, die mal sagte: »Wenn du nichts zu sagen hast, aber deine Zunge in Bewegung halten musst, dann kau Kaugummi.«

November 2016

Gib mir meinen Pokal, du Otto!

Es gibt Gewinner_innen und es gibt Verlierer_innen. Und dann gibt es jene, die faktisch gewonnen haben, aber den Erfolg trotzdem nicht genießen können. Letzteres gab es in der Nacht von Sonntag auf Montag bei den Oscar-Preisverleihungen vor einem Millionenpublikum zu sehen.

Die Verkündung des Gewinnerfilms in der Kategorie »Best Picture« sorgte nicht nur für Schlagzeilen, sondern vor allem für eine peinliche Schlüsselszene: Die Moderationsottos lesen von der verkehrten Karte ab und küren fälschlicherweise »La La Land« als Gewinner. Die komplette Crew kommt auf die Bühne, die ersten weißen Typen bedanken sich bei ihrer Sippe. Als der dritte weiße Typ noch schnell das Mikro ergreift und Familienmitgliedernamen droppt, ist (auch ihm) längst klar, dass er gerade nicht richtig steht. Schließlich beendet er seine Rede mit passiv-aggressivem Verlierergesicht und dem Satz: »Übrigens, wir haben verloren.« Erst dann folgt die Korrektur: Der eigentliche Gewinner ist »Moonlight«, ein queerer Schwarzer Film.

Nun gehöre ich nicht zu der Sorte Mensch, die die Preisverleihung nachts live verfolgt. Den Gossip lese ich am Morgen drauf online nach. Neben der starken Rede von der Schauspielerin Viola Davis, Gewinnerin des Awards als beste Nebendarstellerin, blieb nur dieser Fauxpas hängen. Fauxpas klingt, als wäre es eine zufällige Verwechslung gewesen. Ein Missgeschick, das bei jeder Kategorie hätte passieren können. Das ist es aber nicht. Worum es wirklich geht, ist, dass rassifizierte Menschen selten einfach nur gewinnen dürfen.

Wie oft mussten wir uns dafür entschuldigen, als Beste abgeschnitten zu haben? Und immer erklären, dass ein Sieg ja nichts zu bedeuten hätte und wir doch eigentlich alle Gewinner_innen seien? Viele von uns sind total schlecht darin, Komplimente von weißen Menschen anzunehmen. Ich fühle mich immer gezwungen, etwas ähnlich Nettes zu spiegeln. Selbst, wenn es nicht zutrifft.

Es fällt uns extrem schwer, vor weißen Menschen im Rampenlicht zu stehen. Entweder begeben wir rassifizierten Personen uns von selbst in den Schatten weißer Menschen oder weiße Menschen funken dazwischen: Bei den Olympischen Spielen wird der Erfolg Schwarzer Athlet_innen 2016 immer noch anhand biologistischer, rassentheoretischer Logik erklärt. Ihr Gewinn darf nie einfach so stehen bleiben. Warum weiße Menschen rassifizierten nie ihren hart erkämpften Ruhm lassen? Weil sie glauben, ihnen gehöre die Welt. Weil es geschichtlich schon immer so dargestellt wurde, als wäre Gewinnen ein weißes Hobby. Wir anderen wiederum sind es gewohnt, möglichst auf den uns zugeschriebenen Plätzen zu bleiben. Die sind meistens nicht mit am großen Tisch.

Gleichzeitig müssen wir uns, um überhaupt mit weißen Menschen mithalten zu können, dreimal so stark anstrengen wie sie. Wenn wir auch noch cis Frauen oder trans Personen sind, vielleicht sogar fünfmal. Dabei sollten wir unbedingt lernen, die Anerkennung zu genießen. Dass wir gut verlieren können, wissen wir eh. Dass wir noch besser gewinnen können, nun auch.

März 2017

Alman Magic

Man gibt es ja nicht gerne zu, aber Weißsein verliert – abgesehen von den ollen Privilegien – ganz schön an Attraktivität, während alle anderen Leute sich im Zuge des Empowerments zelebrieren können. Nun werden Eigenschaften, die üblicherweise rassifiziert wurden, sogar schon von mittelmäßigen weißen Frauen wie dem Kardashian-Nachwuchs Kylie Jenner angeeignet: buschige Brauen und dicke Haare statt des üblichen Drei-Strähnen-Looks, richtig Junk In The Trunk statt dem Handy in der Arschtasche der Jeans als einzige Rundung, Braids statt Bauernzopf. Kurzum Black Girl Magic statt Merlins billigem Hokuspokus. Und es geht über Beauty-Trends hinaus.

Früher in Deutschland als eklig geltende Küche wie etwa die koreanische gilt jetzt als Szene-Essen. Außergewöhnliche Namen machen viel mehr her als Jochen und Otto, die mittlerweile als Beschimpfungen fungieren. Kein Grund zu feiern für Kartoffeln? Nicht ganz. Deutsche haben nämlich ihre eigenen Superpowers. Sie brauchen weder gut gewürztes Essen noch aneignungswürdige Ästhetik in Mode, Musik und Make-up.

Ihre geheime Magie besteht darin, wie von Zauberhand die Gefühle von allen im Raum Anwesenden zu kontrollieren. Funktioniert meistens nur in eine Richtung, und zwar nach unten, aber das allein ist schon bemerkenswert. Ist euch das mal aufgefallen? Kartoffeln sind leicht und oft schlecht gelaunt.

Dafür gibt es viele Gründe: das deprimierende Wetter, das fade Essen, das miese Fernsehprogramm, die bemerkenswert hohe Quote, sich Wertgegenstände klauen zu lassen oder sie zu verlegen, zersplitterte Smartphone-Displays, enttäuschende Fußball-

ergebnisse, geschlossene Läden, limitierende GEMA-Regelungen, überall Hundescheiße auf der Straße, you name it. In Deutschland leben heißt unter belastenden Umständen leben.
Kein Wunder, dass allen die Mundwinkel bis in den Keller hängen. Kartoffeln sind ja auch nicht für ihre Herzlichkeit und Besonnenheit bekannt. Wer es trotzdem schafft, sich diesen Wermutstropfen zu entziehen, dem machen Kartoffeln dann mit ihren Zauberkräften einen Strich durch die Rechnung. Wenn sie irgendwo oder irgendwas verloren haben beispielsweise, ziehen sie so lange eine Fresse und meckern darüber, dass andere nach einer Zeit das Gefühl haben, es sei ihr eigener Geldbeutel, der in der Mittagspause geklaut wurde.
Oder sie seien dran schuld und müssten ihnen nun vielleicht ihren eigenen geben, auf jeden Fall aber einen Kaffee oder ein Bier ausgeben, damit sich ihre Laune ein bisschen hebt und etwas Ruhe einkehrt. Wie es sich wohl anfühlt, wenn dir das Auto gestohlen, ein lauwarmes Bier serviert, an der Kasse der falsche Betrag abgerechnet, die Kieselsteine in der Einfahrt durcheinandergebracht werden oder wie es sein muss, das Abitur nicht bestanden zu haben, kann ich mir mittlerweile originalgetreu vorstellen, weil es Kartoffeln in meinem Umfeld bereits erlebt und mir das Gefühl übertragen haben. Wenn das keine außergewöhnliche Alman-Magie ist, was ist es dann?

März 2017

Deutsche, schafft euch ab!

2010 veröffentlichte Thilo Sarrazin seine rassistische Thesensammlung »Deutschland schafft sich ab« und befeuerte damit eine sich ausbreitende Hetzstimmung gegen Muslim_innen. Dass Sarrazin ein rechter Lauch ist, der gerne viel Scheiße labert, wenn der Tag lang genug ist, wissen wir bereits. Dass er mit seinem Buchtitel ein falsches Versprechen gegeben hat, auch, denn ich schaue es dem Fenster und sehe Deutschland immer noch.

Und die Deutschen bringen eine deutsche Aktion nach der anderen. Neulich warf Thomas Wir-sind-nicht-Burka de Maizière die Möglichkeit in den Raum, in bestimmten Bundesländern einen muslimischen Feiertag einzuführen. Dass dieser Vorschlag völlig unverbindlich ist? Egal. Die leere Symbolik dahinter? Geschenkt. Aber die dadurch ausgelöste Panik bei Kartoffeln? Unbezahlbar.

In Online-Umfragen darüber, ob es zusätzlich zu den bestehenden christlichen Feiertagen einen muslimischen für alle Leute geben sollte, stimmte die Mehrheit dagegen. Kartoffeln würden lieber auf einen freien Tag verzichten, als Muslim_innen einmal was zu gönnen. Warum machen sie so?

Der deutsche Hass auf Muslim_innen und die Paranoia vor einer – was auch immer das sein soll – Islamisierung der deutschen (wortwörtlich) Dreckskultur hält Kartoffeln davon ab, ein schöneres Leben zu führen. Lieber eine Schweinefleisch-Lobby gründen, als halal-Fleisch in ihrer Kantine akzeptieren. Lieber Bremsspuren in der Unterhose und ein erhöhtes Risiko für Geschlechtskrankheiten verteidigen, als ein islamisches Klo im Kölner Bürgerhaus zulassen. Lieber einen Tag mehr arbeiten als ein muslimischer Feiertag im Kalender. Ihr antimuslimischer Rassismus schadet Muslim_innen und Kanax, aber er geht auch auf ihren eigenen Nacken. Ihre Missgunst ist so riesig, dass sie sich das eigene Leben verderben. Engherzig, trotzig, bitter und kleinlich – das ist deutsche Kultur. Es fällt ihnen leichter, zu verlieren, als eine Win-Win-Situation auszuhalten.

In ihren liebsten griechischen Restaurants oder Döner-Buden modifizieren die Köch_innen ihre originalen Gewürzpaletten auf den deutschen Geschmack hin, damit es den Kartoffeln schmeckt. Aber wehe, jemand wagt es, deutsche Gewohnheiten und Traditionen in Frage zu stellen.

Wer strategisch klug vorgeht, nimmt alles Profitable mit, was geht – da spielt es keine Rolle, ob auch andere den Vorteil genießen, man ist halt auf sein eigenes Leben fokussiert und will das Beste rausholen. Aber Kartoffeln sind nicht strategisch klug, sie sind ignorant, geschichtsverdrossen und besserwisserisch. Weder aus den Fehlern anderer noch aus ihren eigenen können und wollen sie lernen. Würden AfD-Wähler_innen zuhören, wüssten sie, dass die AfD einen Großteil von ihnen unter den Bus schmeißen würde, wäre sie an der Macht.

Sarrazin hat auf 464 Seiten Verantwortliche für die Abschaffung Deutschlands gesucht, aber die größte Problemkindergruppe vergessen: die Deutschen selbst. Sie schaffen sich selber ab. Ich hoffe, sie beeilen sich.

Oktober 2017

Welche Kartoffel bist du?

Keine Lust mehr darauf, als Kartoffel dauernd in eine Schublade gesteckt zu werden? Du hast die Faxen dicke, ständig für Pauschalisierungen herzuhalten? Du wünschst dir mehr Differenzierung, wenn über deine Demografie gesprochen wird? Dann bist du hier richtig. Mache jetzt den Habibitus-Psychotest und finde heraus, welche Form der Kartoffel du bist!

1. Wenn jemand *weiße* Deutsche als Kartoffeln bezeichnet, dann…

* …ich!
# …fühle ich mich angegriffen.
% …ist das Rassismus gegen Deutsche.
\+ …lache ich und sage »I bims 1 Alman!«

2. Wie gehst du mit Kritik an Deutschland um?

Es gibt viel Gutes hier: den Harz, Pünktlichkeit, Kant…
\+ Super, nur nicht in Anwesenheit meiner Eltern.
* Nationalstaaten gehören abgeschafft.
% Niemand muss hier leben ;)

3. Was macht deutsche Leitkultur für dich aus?

\+ Du meinst Leidkultur?
% Oktoberfest, Obergrenze und Omas Sonntagsbraten.
# Wir sind nicht Burka, wir sind Goethe!
* ein Herrschaftsinstrument und Assimilationsimperativ.

4. Wie gehst du mit Geflüchteten um?

% Sie fassten unsere Frauen an, jetzt fasse ich ihr Existenzrecht an, so einfach ist das.

Ich hieß sie mit Seife am Bahnhof willkommen.

+ Mit meinem »Refugees Welcome«-Turnbeutel setze ich ein klares Zeichen gegen Rassismus.

* So wie mit anderen Menschen auch.

5. Was ist dir wichtig?

Wenn ich jemandem 20 Cent leihe, dann schuldet mir die Person 20 Cent.

% Meine Ängste sollen ernst genommen werden. Wir mussten zu lange schweigen!

* Liberté, Egalité, No-AfDé (und Beyoncé).

+ Kapitalismus überwinden, der Rest kommt von allein.

Die Auflösung:

* Süßkartoffelpommes

Du bist nicht wie die anderen Kartoffeln – das sagen auch andere. Wertkonservatismus und völkisches Gelaber sind bei dir out, man findet dich in jedem hippen Burgerladen. Dir liegt etwas daran, die Gegenwart progressiver zu gestalten. Weiter so!

+ Kumpir

Du findest die anderen Kartoffeln ganz schlimm. Bei deinen Abgrenzungsversuchen verpasst du aber die Critical Kartoffelness. Ungerechtigkeit lässt sich nicht bekämpfen, indem du die Unterdrückten imitierst. Bleib bei dir selbst, ohne die Empathie zu verlieren.

Kartoffelsalat mit Mayo und Speck
Du bist eine klassische Form der Kartoffel und das bist du gerne. Wer mit dir nicht kann, soll halt was anderes essen. Extrawürste gibt es bei dir nicht. Außer, man bringt sie selber mit, dann tolerierst du sie.

% Kroketten mit brauner Soße
Eigentlich siehst du ganz sympathisch aus mit deiner knusprigen Kruste. Wer aber zu schnell anbeißt, wird sich an dem heißen Inneren verbrennen. Du bist ein undefinierbares Gemisch aus Kartoffelbrei (Labilität) und Laktose (Bauchschmerzen) mit traditionsbewusstem Topping.

November 2017

Kartoffelgerichte

Die ersten Enttäuschungen über die deutsche Essenskultur traten bei mir früh ein. Als ich fünf war, gab es im Kindergarten ein trostloses Ensemble zum Mittagessen: Durchsichtiger Glibber lag wie ein Gummifilm auf dem braunen Fleisch neben dem Gemüse. Zu Hause iranifizierte ich viele der Gerichte, wenn meine Mutter mich fragte, was es zum Mittagessen gab. Hühnerfrikassee mit Reis hieß bei mir Morgh-o Polo und Spinatgerichte labelte ich als Ghorme Sabzi (zugegebenermaßen ein ganz schöner Euphemismus). Anstatt eines Danks für diese Transferleistung erhielt ich von meiner Mutter einen Nackenklatscher fürs Lügen. Sie wusste genau, dass in der deutschen Küche für diese Art des Gaumenschmauses kein Platz vorhanden war.

In meiner Phantasie hingegen schon. Doch selbst ich war nicht in der Lage, Worte für dieses unappetitliche Gericht vor mir zu finden. (Heute weiß ich: Es heißt Aspik.) »Was ist das?«, fragte ich in bemüht gefasstem Ton meine Erzieherin. »Iss, dann wirst du schon sehen«, brummte sie. Ich überwand mich dazu, einen Löffel zu probieren. Dann ging plötzlich alles ganz schnell, und ehe ich mich versah, übergab ich mich direkt auf meinen Teller. »Ich musste kotzen«, teilte ich meiner Erzieherin mit, die mich wütend anblinzelte.

Einige Jahre später verwechselte ich auf einer Klassenfahrt beim Abendbrot Sauerkraut mit angebratenen Zwiebeln. Die glasig-glänzenden Fäden hielt ich für mein Lieblingsgemüse und haute mir hungrig eine Portion auf den Teller. Der erste Bissen war ein Schock. Kochen Almans so schlecht, dass sich der

Geschmack von köstlichen, süßlich-scharfen Zwiebeln um 180 Grad zu dieser säuerlichen Katastrophe wenden kann? »Die Zwiebeln schmecken echt komisch«, bemerkte ich am Tisch und eine Mitschülerin lachte mich aus. »Das ist Sauerkraut!«

Das ist also dieses Deutschland, in dem das Essen entweder nach nichts oder nach zu viel Knoblauch schmeckt, weil die Köch_innen unbedingt beweisen wollen, dass sie ein krasses Gewürz-Game haben. Was sie jedoch meistern: Kartoffelgerichte aller Art. (No pun intended.)

Angesichts der hohen Chance, ein verkacktes Essen serviert zu bekommen, bin ich im Nachhinein nicht mehr so traurig darüber, dass ich oft im Zimmer meiner Gastgeberinnen aus der Schule bleiben musste, während diese mit ihren Familien aßen. Meine Verwandten konnten diesen deutschen Brauch kaum fassen, aber ich nahm es mit Gelassenheit. Meistens gab es ohnehin Schweinefleisch, das wäre einfach nur ein awkward Tischgespräch gewesen.

Umso überraschender finde ich es, wenn Almans staunend und doch so in Flammen von der Gastfreundschaft schwärmen, wenn sie aus ihrem Nahost-Urlaub zurückkehren. Ich kann da meistens nur mit den Augen rollen und denken: Du Hayvan, wenn du Gastfreundschaft so geil findest, warum probierst du das Konzept nicht mal selber aus?

März 2018

Feiertag, Meiertag

Wir erinnern uns: Letztes Jahr deutete die allgemeine Stimmung gegen einen neuen Feiertag. Zumindest, wenn es ein muslimischer sein sollte. Dann lieber einen Tag mehr arbeiten, als Muslim_innen ein Mal etwas zu gönnen. Stattdessen hat der niedersächsische Landtag jetzt den 31. Oktober, den Reformationstag, zum zusätzlichen Feiertag erklärt. Nach Schleswig-Holstein und Hamburg machen damit jetzt drei westdeutsche Bundesländer am Luthertag frei.

Wenn es nach mir ginge, müssten Feiertage gar keinen religiösen Anlass haben – denn wenn es einen muslimischen Feiertag in Deutschland gäbe, bräuchte es schließlich auch einen jüdischen, vielleicht einen buddhistischen, einen für das chinesische, das kurdische, afghanische und iranische Neujahr sowie Beyoncés Geburtstag und zwei Tage für Atheist_innen.

Dabei gäbe es genug andere Anlässe für Feiertage. Der 8. März beispielsweise. Da die meisten cis Männer an dem Tag keine Lohnarbeit tätigen müssten, könnten sie jegliche Sorgearbeit übernehmen und alle anderen könnten sich den schönen Dingen des Lebens widmen. Oder der 20. Januar, traditionell bekannt als »Punch A Nazi Day«. Ob betrunken mit Bollerwagen oder nüchtern auf dem City-Roller, alle Leute gehen auf die Straße, um Nazis zu klatschen (oder in manchen Fällen: um sich als Nazi klatschen zu lassen).

Für diejenigen, denen das zu krass sein sollte, gäbe es noch den 5. Juni: Zu Ehren des Menschen, der Gaulands Kleidung beim Baden gezockt hat, werden alle Bademöglichkeiten in Europa nach den Klamotten rechter Politiker_innen im Allgemeinen und AfD-Mitgliedern im Speziellen, aber auch jenen anderer völkischer Umweltverschmutzer_innen durchkämmt und diese dann geklaut. Wer keine Badekleidung findet, darf auch anderes Eigentum nehmen. Alles besser als der Reformationstag.

Hardcore-Fans von Luther können ihn eigentlich nur feiern, indem sie, von der Arbeitswut geritten, das Neue Testament nehmen und damit antisemitische und sexistische Straftaten begehen. Wie sonst zelebriert man einen Mann, der Frauen als Unkraut bezeichnet, das zu nichts außer Hausarbeit gut ist, und der brennende Synagogen sehen will? Warum überhaupt ein Feiertag für einen Typen, der die Integrationstests für Geflüchtete nicht bestehen würde, weil er weniger Respekt für Frauen, Queers und Jüdinnen_Juden hat, als *Bild* & Co. es über Muslim_innen behaupten?

Juni 2018

Nicht ohne mein Hayvan

Kurz vor Weihnachten, ich muss 18 gewesen sein, habe ich mit zwei Genoss_innen auf dem Wochenmarkt trotz eisiger Kälte mit einer Thermoskanne und einem Stapel Flyer einen winzigen Stand aufgebaut. Unser Anliegen: Kleinstadtzecken gegen Mord an Tieren. GuMo, wie wäre es an Heiligabend mit einem Tofubraten statt Gans?

Knapp zehn Jahre später und ich ernähre mich immer noch überwiegend vegan oder zumindest vegetarisch, mitunter aus politischen Gründen, doch ich würde es niemals in meine Bio schreiben. Was juckt mein Ernährungsstil fremde Menschen, als dicke Person wird mir sowieso ständig zugeschrieben, was ich nicht alles fresse. Außerdem will ich auf keinen Fall mit der Vegan-Szene in Verbindung gebracht werden. Die meisten leben entweder vegan für ihre Fitness (Diät) oder für die Tiere (und neigen zu antisemitischen und rassistischen Vergleichen).

Deutsche und Tierschutz – nenn mir ein ikonischeres Duo. Almans sind netter zu ihren Hunden als zu ihren Kindern, sagt mein Onkel. Ich weiß nicht, wie viel da dran ist, doch Almans haben definitiv mehr Empathie für Hunde als für rassifizierte Menschen. Da wundert es auch kaum, dass die AfD sich nun vor den Landtagswahlen in Sachsen als »Die Tierschutzpartei in Deutschland« inszeniert, nur um sich gegen das jüdische und muslimische Ritual des Schächtens in Stellung zu bringen. Vielleicht betrachten Almans Rex & Co. als ihresgleichen, weil sie oft selber Hunde sind. Die Solidaritätswelle um den Kampfhund Chico, der eingeschläfert wurde, nachdem er seine behinderte Besitzerin und ihren Sohn tötete, habe ich auch ein Jahr später klar vor Augen. Einen aggressiven Hund einzuschläfern, trübt viele Almans krasser als etwa rassistische Gewalt.

So empfindet in der aktuellen Bertelsmann-Studie »Religionsmonitor«[3] die Hälfte aller Befragten den Islam als Bedrohung. Vor irgendwelchen Muslim_innen fürchtet man sich hier mehr als davor, von brutalen Kampfhunden zerfressen zu werden. Der Hund ist schließlich der beste Freund des Menschen. Vor allem von rassistischen, die ihre blutrünstigen Tiere auf Kanax hetzen. Sogar Almans scherzen über diese Tierliebe. Mit 15 übersprang ich auf meiner Die Ärzte-CD den Track »Claudia hat 'nen Schäferhund« jedes Mal, weil ich die Idee einer sexuellen Beziehung zwischen Mensch und Hund ekelhaft fand. Eklig auch, wie eine Schulfreundin einen Witz mit der Pointe erzählte, dass Deutsche eher für Ratten als für Türken bremsen.

Tierschutz ist besonders unter Rechten ein Thema, solange sie sich dadurch als zivilisiert und überlegen profilieren können. Das Schächten verurteilen und sich gleichzeitig für Schweinefleisch als Menschenrecht einsetzen? Für rechtsextreme Parteien wie NPD und AfD kein Widerspruch. So beschreibt Max Czollek die antisemitische und antimuslimische Doppelmoral in seinem brillanten Buch *Desintegriert euch!* sehr präzise: »Wir essen friedlich Schweinefleisch, die anderen schächten Tiere.«

Juli 2019

Deutsche Bahn Unhinged

Bis ich Anfang 20 war, saß ich nur ein einziges Mal im ICE und dies war ein Versehen, da ich nicht wusste, dass ich mit meinem Schülerferienticket nicht mitfahren darf. Erst seitdem ich geschäftlich reise, bin auch ich Teil dieser Gesellschaft, die in der ICE-Werbung abgebildet wird. Ich habe dieses Jahr mehr Stunden im Zug als im Büro verbracht. Jede Zugfahrt erinnert mich nicht nur an den madigen Kommentar von Boris Palmer, der gegen die Deutsche Bahn Stimmung machte, da auf deren Startseite vor allem rassifizierte Menschen zu sehen waren, sondern auch daran, wie Rassismus maßgeblich Regeln formt. Meistens versuche ich, einen Platz im Ruheabteil zu erwischen, um auf dem Weg zur Arbeit noch andere Arbeit zu schaffen oder es mir zumindest vorzunehmen, während ich Serien, Musik oder Bücher ballere.

Neulich so: Ich sitze gegenüber einer Freundin am Vierertisch im Ruheabteil, beide von uns vertieft ins Schreiben, um uns herum ausschließlich Almans. Links von mir löst ein älteres Paar Kreuzworträtsel. Am Vierertisch nebenan sitzen drei aufgedrehte Sekt-Renates und ein Ich-quatsch-gern-mit-Fremden-Thomas, die lautstark schnacken, lachen und socializen. Genervt überlege ich, passiv-aggressiv auf das Ruheschild hinzuweisen, schäme mich aber direkt für meinen Gedanken und gebe auf. Also unterhalten meine Freundin und ich uns leise. Bis eine Funktionskleidungssabine vor uns steht und erklärt, dass wir uns in einem Ruheabteil befinden. Vielleicht seien uns ja die Schilder aufgefallen. Auf ihnen stehe »Psst!«. »Warum haben Sie das nicht vor anderthalb Stunden dem Tisch nebenan gesagt?«, frage ich Sabine. »Ich sage es jetzt in die Runde«, behauptet sie und schaut weiterhin nur mich und meine Freundin an.

Diesmal bin ich allein unterwegs. Sobald ich sitze, dauert es nur wenige Minuten, bis sich eine besoffene alman Männergruppe mit zischenden Bierflaschen und Schlagermusik aus Lautsprecherboxen grölend bemerkbar macht. »O nee«, seufze ich in mich hinein. Als ich umsteige, passiert das Gleiche noch mal. Diese neue Typengruppe hat sogar Eiswürfel und eigene Gläser dabei. Als ich die Schaffnerin bitte, irgendwas zu sagen, entgegnet diese nur, dass sie nichts dagegen tun kann, schließlich seien »die« betrunken.

Man zahlt ein halbes Vermögen für ein Bahnticket, nur um am Ende in einer verspäteten überfüllten Bahn zu landen, die sich, als würden die ersten drei Punkte nicht schon ausreichen, als halber Ballermann herausstellt. Ich bin kein_e Mathematiker_in, doch ich kenne die Elendsformel (Almans + Alkohol). Sie macht jede ICE-Fahrt zum Ausflug in die Hölle. (Okay, vielleicht ist es nur das Foyer der Hölle.)

Es ist offensichtlich: Wären in der Gruppe keine Almans, würde es nicht lange dauern, bis laute Musik oder ausgiebiger Alkoholkonsum in solchen Zügen verboten würde. Bei Almans drückt man gern ein Auge zu, bei Kanax die Kurzwahltaste zur Polizei.

Dezember 2019

POV: Du kommst aus einem Entwicklungsland

Die Info mag Sie erstaunen, schließlich besitze ich ein iPhone, lebe nicht in Armut und darf Kolumnen schreiben – das sind vielleicht weit verbreitete Vorurteile gegenüber Menschen, die dort leben. Aber: Ich komme aus einem Entwicklungsland. Nach außen weckt der Begriff irgendwie Mitleid. Doch für uns ist es harmloser. Wir sind gut darin, viele schlimme Dinge gleichzeitig zu verdrängen.

Zum Beispiel eine korrupte Regierungspartei. Die Lobbyismus-Affäre um Philipp Amthor und die Maskenaffäre sind nur zwei Beispiele von einer unübersichtlichen Liste. Doch Proteste bleiben aus, so normalisiert ist das hier. Inkompetente Politiker_innen, die auf unseren Nacken Profit machen, wirken sich auch auf das grottige Pandemiemanagement aus.

Wüsste maus es nicht besser, würde maus meinen, dass es sich um ein Land ohne Geld, ohne Bildung, ohne Wissenschaftler_innen, ohne Nachrichtenempfang fürs globale Weltgeschehen handelt. Besonders zivilisiert sind wir ebenfalls nicht. Basics wie Händewaschen, Abstand einhalten und Kommunikation ohne passiv-aggressive Ausschweifung sind noch nicht mehrheitsfähig.

Unsere Rückständigkeit ist bereichsübergreifend. Die flächendeckende Einführung der Kartenzahlung läuft schleppend, es ist, als gäbe es diese Innovation erst seit zwei Jahren. In manchen Bundesgebieten gibt es nicht mal richtigen Telefon- oder Internetempfang. Mit der Fashion brauchen wir gar nicht erst anzufangen, viel erwarten darf maus da eben nicht: Ist halt

Deutschland. Das wirkt sich nicht nur auf den Lifestyle aus, sondern auch auf die Diskurse. Gefühlt hat der Rest der Welt sein Abitur abgeschlossen, wo Deutschland die Vorschulklasse zum dritten Mal wiederholen muss.

Liegt es am System oder sind die Leute einfach hängengeblieben? Umfragen wie die Leipziger Mitte-Studie lassen in den Abgrund gesellschaftsfähiger Haltungen blicken, wenn es um Themen wie Menschenfeindlichkeit, Demokratie und Rationalität geht. Die Feindseligkeit gegenüber marginalisierten Gruppen spiegelt die Kriminalstatistik. Jeden dritten Tag gibt es einen Femizid, 2020 registrierte das BKA rund 23 400 Straftaten aus dem rechten Spektrum.

Um die Meinungsfreiheit steht es kritisch: Ein rechter Mob schaffte es, ein harmloses Kinderlied vom WDR entfernen zu lassen. Antifaschistischer und feministischer Protest wird von der Polizei gewaltsam bekämpft. Die Antifaschistin Lina aus Leipzig sitzt seit Monaten mit fragwürdiger Beweislage in Untersuchungshaft – eine typische Einschüchterungsmaßnahme gegen Linke, die sich etwa 2017 nach den G20-Protesten zeigte.

Selbst online erfahren aufbegehrende Menschen Gewalt. Überlebende sexualisierter Gewalt tragen häufiger Konsequenzen als die Täter_innen. Nicht mal legal abtreiben dürfen wir. Verzweifelt winken wir in Richtung USA. Joe, Kamala, könnt ihr nicht eure Leute herschicken und uns durchimpfen, durchdemokratisieren und durchmodernisieren?

April 2021

WAY 2 SEXY

Horror aus der Flasche

Kennt ihr Halloween? Das ist dieses US-amerikanische Geisterfest, an dem Kinder verkleidet durch Wohnviertel wandern, Leute erschrecken und Süßigkeiten erpressen. Erwachsene feiern das ein bisschen anders: Die werfen sich in ihre Kostüme, gehen auf Partys, betrinken sich und erschrecken sich dann am nächsten Tag über ihren Kater, also wie Fasching ohne Kamellen.

Diese Festivität erstreckt sich nicht mehr nur über den angelsächsischen Raum, sondern hat auch in Deutschland einige Fans (siehe saisonales Angebot mit Fratzenkürbis-Motto im Supermarkt). Dagegen habe ich nichts, der eigentliche Horror versteckt sich bloß leider in dem Katastrophenpotenzial der Kostüme. Wie auch zu Karneval greifen Partygäste gelegentlich bis häufig zu antisemitischen, rassistischen, sexistischen, transfeindlichen, homofeindlichen, klassistischen oder ableistischen Verkleidungen. Von Blackfacing und Afroperücken bis aufklebbaren überdimensionalen, buckeligen Nasen habe ich schon alles gesehen. Manchmal sind die Kostüme nicht per se problematisch, aber trotzdem unangebracht: In Zeiten der gewalttätigen Horror-Clowns empfiehlt es sich beispielsweise nicht, als solcher verkleidet auf die Straße zu gehen.

Jedenfalls fällt Halloween dieses Jahr auf einen Montag, und am Wochenende steigen einige Sausen im Voraus. Damit niemand in riesige Fettfässer stampft und sich blamiert, habe ich eine Liste mit wirklich furchteinflößenden und unproblematischen Kostümen für euch kuratiert.

Wie wäre es zum Beispiel mit bekannten Gespenstern wie

Frauke Petry, Donald Trump und Horst Seehofer? Oder, wenn es etwas literarischer sein darf, dem Twitter-Account von Erika Steinbach? Für Letzteres einfach einen blauen Vogel ins Gesicht malen und ein paar Highlights aus ihrer unterirdischen Timeline ausdrucken und an die Kleidung hängen.

Wer keine Einzelperson imitieren will, kann sich auch als Ticketkontrolleur_in des lokalen öffentlichen Verkehrsnetzes verkleiden. Oder als einer dieser jungen Menschen mit bunten Westen und dicken Ordnern, die in der Innenstadt für Hilfsorganisationen aufdringlich nach Spenden fragen. Als freigeistiger Typ mit Kinnbart (optional) und Gitarre erschreckt eine_r sicherlich auch viele Leute (vor allem jene mit Geschmack). Funktioniert auch im Trikot als Fußballfan, dafür das Musikinstrument durch einen 0,5-Liter-Bierbecher auswechseln.

Wem Ganzkörperverkleidungen zu aufwendig sind, kann einfach zu gruseligen Requisiten greifen, denn die Realität ist bekanntlich Horror genug: ein Kontoauszug mit vierstelligem Dispo, Erinnerungen an die Steuererklärung, ein WG-Putzplan, Kommentarspalten unter linken oder feministischen Artikeln, der DHL-Sendezettel eines verschollenen Pakets oder ein WhatsApp-Gruppenchat mit allen Verwandten und 420 ungelesenen Nachrichten.

Ich jedenfalls werde dieses Jahr zur schlichten Variante greifen. Für eine Party mit mehrheitlich weißen Gästen habe ich mir ein ganz kleines Accessoire mit größtmöglichem Schockpotenzial besorgt: ein Fläschchen scharfe Soße.

Oktober 2016

Haram im Hamam

Almans verstehen es immer wieder als ihre Aufgabe, allen anderen vorzuschreiben, wie sie sich korrekt zu verhalten haben: zum Beispiel nicht so laut zu lachen, keine Anglizismen in den Mund zu nehmen, zur Begrüßung dem Gegenüber die Hand zu reichen, das Grapschen weißen deutschen Männern zu überlassen und in der Schlange an der Bäckereitheke ausschließlich akzentfreies Deutsch zu sprechen, damit auch Chrissie Lindner sich sicher fühlt. Ironisch dabei ist, dass Almans sich arrogant als Maßstab des angemessenen Verhaltens betrachten und so tun, als ob sich nicht die ganze Welt über den weiß-deutschen Habitus lustig machen würde.

Umso amüsanter finde ich es, in Deutschland ins Hamam zu gehen und Almans dabei zu beobachten, wie sie einfach Almans sind. Zu selbstsicher, um sich vorher zu informieren, was die Dos & Don'ts im türkischen Bad sind, und gleichzeitig zu schüchtern, um vor Ort zu fragen. Im Hamam wird geschwitzt, sich gewaschen, geplaudert und manchmal sogar getanzt. Aber vor allem geschwitzt.

Durch die hohe Luftfeuchtigkeit pellt sich die Haut wie Radiergummikrümel ab, sobald eine_r mit dem Kese – einem Peelinghandschuh – drübergeht. So ganz ohne Seife oder Duschgel. Dafür geht eine_r ins Hamam. Nicht jedoch Monika. Sie bezahlt den teuren Eintritt, schwitzt sich einen ab, trägt ihr Bodyshop-Peeling auf, wäscht sich ab und geht nach Hause. Monika, du Eklige, wenn du sowieso vorhast, dein herkömmliches Produkt zu benutzen, kannst du das auch zu Hause unter der Dusche machen und musst nicht dafür ins Hamam gehen, wo du deine

schon zum Abschied vorbereitete obere Hautschicht erbarmungslos zum Bleiben zwingst.
Wäre es nur das, wallah, ich würde diesen Text nicht schreiben. Jede Person kann sich nach eigenem Hygieneempfinden waschen. Aber Monika reicht es nicht, nur sich selbst den Hamam-Trip zu vermiesen. Monika schnaubt genervt, wenn du deiner Begleitung etwas zuflüsterst, während ihr alle nebeneinander auf dem heißen Stein chillt. Monika bittet darum, nicht miteinander zu sprechen. Denn Monika kennt den Unterschied zwischen Hamam und Luxus-Spa nicht. Tatsächlich kennt Monika nicht mal den Unterschied zum Saunabereich in ihrem 20 €-Fitnessstudio und einem Silent Retreat.
Monika beäugt stärker behaarte Leute im Hamam (ganz unauffällig), weil sie das »von sich gar nicht so kennt«. Und Monika reserviert ihren Spot auf dem heißen Stein mit einem Hamam-Tuch, wenn sie eine halbe Stunde lang einige Meter weiter neben dem Waschbecken sitzt und ihren schweißnassen Körper mit Wasser aus Schälchen begießt. Denn Monika ist es nicht anders gewöhnt als am Badestrand umgeben von anderen Almans.
Manchmal habe ich das Bedürfnis, meinen eigenen inneren Alman raushängen zu lassen, wenn Monika mal wieder die Augen verdreht, weil jemand im Hamam gelacht hat. Mit passiv-aggressiver Stimme würde ich dann zu ihr sagen: »Du, Monika. Wenn du kein Bock drauf hast, dich an die Regeln hier zu halten, kein Problem. Niemand wird gezwungen, hier zu sein.«

Mai 2018

Adi-Positivity

Es gibt unterschiedliche Arten, Erkenntnissen aus Studien einen Rahmen zu geben und diese auszuwerten. In England untersuchte eine Studie[4], wie viele Menschen ab einem gewissen BMI, Body-Mass-Index, ihr genaues Gewicht kennen und wie viele von ihnen Anstalten machen, an Gewicht abzunehmen. Das Ergebnis: Die Anzahl vermeintlich »übergewichtiger« Menschen – so bezeichnet die Weltgesundheitsorganisation Personen, deren BMI größer gleich 25 ist –, die sich regelmäßig wiegen und keine Gewichtsverlustmaßnahmen treffen, ist höher als vor 20 Jahren. Das wiederum setzt die Studie in Zusammenhang mit der Tatsache, dass das Plus-Size-Fashion-Geschäft in den letzten Jahren boomte: Einerseits arbeiten auch herkömmliche Modelinien vermehrt mit Models, deren Konfektionsgröße über eine 38 oder 40 hinausgeht, andererseits bieten Kleidungsketten immer häufiger Klamotten in größeren Größen als 42 an. So weit, so erfreulich.

Diese Entwicklung könnte eine_r so interpretieren: Immer mehr Menschen fühlen sich durch diversere Models medial repräsentiert. Sie müssen außerdem nicht mehr abnehmen, um schöne Kleidung in ihrer Größe zu finden. Zu spüren, dass mit dem eigenen Körper entgegen penetranter Diätwerbung, strukturellem Dickenhass und neoliberalen Selbstoptimierungszwängen alles in Ordnung ist, kann sich ermächtigend anfühlen. Zu wissen, dass auch dicke Körper es verdienen, so selbstbestimmt, wie es der Kapitalismus nun mal zulässt, mit Mode herumzuexperimentieren und sich schön zu fühlen, bringt den Hass auf den eigenen Körper zum Sinken.

»Lose hate, not weight« lautet etwa die Philosophie der fat-aktivistischen Autorin und Referentin Virgie Tovar, die gesellschaftliche Vorstellungen von Gesundheit sprengt. Diese hängt nämlich nicht zwangsläufig mit dem Körpergewicht zusammen, jedoch immer auch mit mentalem, sexuellem und spirituellem Wohlbefinden. Diese unterschiedlichen Aspekte lassen sich nicht einfach voneinander trennen. Stress beeinflusst etwa auch das Herz und den Magen, kann zu (einer Verschlimmerung von) Depressionen, Asthma, Diabetes, Alzheimer und Kopfschmerzen führen.

Und was verursacht wiederum Stress? Zum Beispiel ständig daran erinnert zu werden, der eigene Körper sei wertlos, unproduktiv, ekelerregend, nicht liebenswert, krank. Diese Erinnerungen können zusammenhanglose Fragen von Angehörigen, Ärzt_innen oder Fremden sein, sie können Erwerbsarbeitslosigkeit sein, aber auch psychische und physische Gewalt gegen dicke Menschen. Wenn Forscher_innen nach fragwürdigen Studien behaupten, dicke Menschen seien automatisch weniger gesund als schlanke Menschen, könnten sie erstens eine Ecke weiter denken und darauf kommen, dass es nicht an dem Körpergewicht an sich liegen muss, und zweitens sich Studien reinziehen, die genau das Gegenteil beweisen.

Umso dubioser erscheint die Schlussfolgerung aus ersterer Studie: Anstatt sich über die steigende Körperakzeptanz zu freuen, schlagen die Leute vom »Obesity Research Journal« alarmistische Töne an: Die englische Bevölkerung werde immer dicker, weil Plus-Size-Models Dicksein nicht nur normalisieren, sondern gar promoten.

Nun basiert die Studie zu ihrem Pech auf fragilen Standbeinen, nämlich den Kategorien des BMI. Diese Werte hat sich die WHO (genau, die Leute, die bis vor ein paar Tagen noch Transidentität als Krankheit pathologisiert haben – und bis 1992 auch Homosexualität) ausgedacht. Sie sind nicht nur pauschalisierend und werfen deshalb einen verkürzten Blick auf Körper und Gesundheit, sondern auch eine abstruse Konstruktion.

1997 etwa beschloss die WHO, die Werte einfach zu ändern. Stell dir vor, du wachst auf, und plötzlich erzählen dir irgendwelche WHOttos, du seist ab sofort »übergewichtig«. Über welchem Gewicht denn eigentlich? Darauf kann ich nur die Autorin und Spoken Word Künstlerin Stefanie-Lahya Aukongo zitieren, die bei ihrer Performance neulich mal wieder klarstellte: Manche Persönlichkeiten passen nun mal in keine Größe 38. Dass das immer mehr Menschen merken und zelebrieren, ist – der Studie zufolge – auch Plus-Size-Models zu verschulden, äh, verdanken!

Juni 2018

Skin-Care in 10 Schritten

Hautpflege ist nicht nur Hobby, sondern wie vieles im Leben auch eine Metapher. Mein Geheimnis für strahlende Haut – den heiß begehrten Glow – und ein noch viel strahlenderes Selbst mit Skin-Care verrate ich euch heute.

Step 1: Öl-Reiniger. Nach einem langen Tag gibt es neben Make-up viel anderes Grobes zu entfernen. Strukturelle und institutionelle Diskriminierungsformen, Cat-Calling, Armenhass, Faschogelaber, Neoliberalismus. Der Öl-Reiniger löst all diesen Schmutz von der Haut und lässt sich mit Wasser abspülen.

Step 2: Wasserbasierter Reiniger. Um auch Feinheiten wie Mikroaggressionen, Anti-Komplimente und weitere »gut gemeinte«, völlig absurde Gesten aus dem näheren Umfeld loszuwerden, lohnt es sich, einen weiteren Reiniger zu nutzen. Ich nehme meistens Reinigungsgel oder -schaum.

Step 3: Peeling. Zwei- bis dreimal pro Woche empfiehlt sich zur Tiefenreinigung außerdem ein Peeling. Ich verzichte allerdings auf mechanische Peelings, da diese der Haut Kratzer zufügen und der patriarchalen Vorstellung zugrunde liegen, für eine Besserung oder Heilung Schmerzen aushalten zu müssen. Ein chemisches Peeling hingegen ist schonender und gleichzeitig effektiver. Tiefer verankertes Leid wie Mobbing in der Kindergruppe, das deutsche Schulsystem oder fehlende Vorbilder wird hier behandelt.

Step 4: Toner. Ein paar Spritzer Rosenwasser sorgen dafür, dass der pH-Wert sich neutralisiert. Das Schöne: Mit der Mitte der Gesellschaft hat es nichts zu tun.

Step 5: Essenz. Trocken ist nicht nur der Alman-Habitus oder das Gefühl zwischen den Beinen, wenn man in Deutschland auf Tinder ist, sondern zu oft auch die Haut. Juicy wird es mit Hyaluronsäure oder Ceramiden.

Step 6: Säuren & Treatments. Jede Haut hat unterschiedliche Bedürfnisse und es ist völlig okay, denen nachzugehen, egal, was die Anderen so machen. Seinen eigenen Weg gehen und auf sich achten, das manifestiert dieser Schritt. Ob Retinol, Niancia-mide oder Salicylsäure kommt auf dich an.

Step 7: Serum. Wie ein Smoothie nach einer durchzechten Nacht, allerdings für die Haut. Besonders gut kommt auch hier Vitamin C, denn es ist ein Antioxidans, das freie Radikale blockiert (nützlich für Twitter und Instagram, aber auch offline).

Step 8: Sheet-Maske. Ein mit Pflegeflüssigkeit vollgesaugtes Tuch, am besten frisch aus dem Kühlschrank, fühlt sich nicht nur super an, sondern lässt dich aussehen wie ein Serienmörder. Für die besondere Portion Respekt im Alltag. Besonders empfohlen auf Mittel- und Langstreckenflügen. Reicht ein- bis zweimal die Woche.

Step 9: Augencreme. Damit das Side-Eye auch in 30 Jahren noch gut erkennbar ist.

Step 10: Feuchtigkeitscreme. Zum Abschluss versiegelst du alles mit einer Creme, damit die Feuchtigkeit möglichst lang auf deiner Haut bleibt und Energievampire dich nicht aussaugen.

Am Morgen reicht die Reinigung mit Wasser, Step 4 bis 10 plus Sonnencreme.

Juni 2018

Können Heten nicht mal campen?

Obwohl ich Volksfeste wie Karneval oder Oktoberfest verabscheue, nehme ich Mottopartys sehr ernst. Selbst für die komplexesten Kostümthemen finden verkleidungsfaule Menschen mit ein bisschen Kreativität eine Möglichkeit, mit wenig Aufwand oder Kosten einen Volltreffer zu landen. Ich bin da eher minimalistisch, deshalb gibt es auf meinen Geburtstagsfeiern zwar oft Dresscodes, jedoch sehr offen formulierte. In der Vergangenheit brachte ich meine Freund_innen bereits dazu, sich als Bösewichte, Streber_innen und als mich zu verkleiden. Je selbst-ironischer und übertriebener, desto besser.

Die diesjährige Met Gala, eine Benefizveranstaltung des Metropolitan Museums in New York und zugleich kleidungstechnisch das interessanteste High-Society-Event, fand Anfang der Woche unter dem Motto »Camp« statt. Die prunkvolle Abendgarderobe der Promis aller Sparten durchflutet meine Social Media Timelines, doch zwischen all den Pailletten, dem Glitzer und den langen Schleppen funkelt für mich in erster Linie Enttäuschung.

Schön sahen die meisten aus, doch das Thema haben sie verfehlt – was bitter ist, denn Camp lässt viel Spielraum. Offensichtlich hat kaum eine_r Camp richtig verstanden. Allein, dass in fast jeder Berichterstattung über die Met Gala erklärt werden muss, dass es sich beim Thema nicht ums Campen handelt, verdeutlicht die heteronormative Perspektive auf die queere Ästhetik des Camp.

Camp lässt sich nicht definieren, nur beschreiben, das stellte Susan Sontag bereits 1964 in ihrem Essay *Notes On »Camp«* fest.

Camp schrammt nicht nur an sogenannter Geschmacklosigkeit vorbei, sondern hinterfragt »guten Geschmack«, der eigentlich immer von den Reichen, Schönen und vor allem cis Heten festgelegt wird. Camp beginnt dort, wo Normalos eine Ästhetik als schrullig, übertrieben, künstlich empfinden. Camp ist ungefällig, Camp ist ein »O Gott, hat diese Person wirklich …?«, Camp ist: Ich scheiß auf deine Fashion-Regeln und zwar für dich unübersehbar. Camp ist extravagant. Camp ist in die Fresse. Das Gegenteil von Camp ist Mittelmäßigkeit. Camp gelingt, wenn Entsetzen ausbricht. Doch das Entsetzlichste auf der Met Gala war leider, wie krass die Leute das Thema verfehlt haben – sie entrissen Camp jegliche Maßlosigkeit und machten eine Bad-Taste-Party draus.

Es kommt, wie es kommen musste: Letztlich fallen schlechte Fashion-Entscheidungen immer auf cis Heten zurück. Die Assoziation von Heten-Annika im Latex-Rock auf dem CSD ist gar nicht so falsch, denn die mittelmäßigen Looks von irgendwelchen weißen Typen in Spitze und Röcken stießen auf mehr Applaus als ein Frank Ocean im Prada-Nylon-Hoodie – obwohl er als Schwarze queere Person mehr Camp transportiert als Katy Perry in ihrem Faschingskostüm, wie der queere Spoken Word Künstler Kai Isaiah Jamal treffend im Gedicht »4 U Frank & 4 Me« auf den Punkt bringt. Das beste Statement setzte die lesbische Schauspielerin Lena Waithe. Ihr Look war nicht nur Peak Camp, sondern am Rücken bestickt mit dem Satz: »BLACK DRAG QUEENS INVENTED CAMP«.

So appelliere ich an alle cis Heten, wieder zu der einzigen Form des Campings zurückzukehren, die ihnen wirklich liegt: mit Wohnmobil, ihren schreienden Kindern und »Kuschelrock«-CDs on repeat.

Mai 2019

Fake Bitch, Fake Beauty

»Zum 18. Geburtstag werde ich dir eine Nasen-OP schenken.« Diesen Satz, der für mich eher wie eine Drohung als ein Angebot klang, hörte ich zum ersten Mal mit 14 Jahren. Alles an meinem Körper erschien mir damals falsch. Überhaupt am Leben zu sein und einen Körper zu bewohnen. Meine Nase hat mich selber nie gestört – meine Verwandtschaft offensichtlich schon. Mit dem Begriff Body Positivity konnte ich damals nichts anfangen.

Selbst wenn ich das Konzept gekannt hätte, traf es mitnichten auf mein Leben zu: Mein Körper war für mich kein Tempel, sondern ein Fleischgefängnis, aus dem ich nicht ausbrechen konnte. Ohnehin verspürte ich eine Ablehnung gegen alles, was irgendwie feminin konnotiert oder gar »Tussi«-mäßig war. Lange Fingernägel, wie meine Mutter und Tanten sie seit Jahrzehnten tragen, fand ich abstoßend, Schönheitsoperationen peinlich und klassisches Make-up hässlich. Als meine Mutter zum ersten Mal mit Botox im Gesicht nach Hause kam, schämte ich mich. Jedes Mal, wenn ein Familienmitglied eine weitere kosmetische Körpermodifizierung durchführte, starb ein Stückchen Respekt für diese Person in mir und gleichzeitig fügte sich alles in das Gesamtbild ein, das ich von meiner Familie hatte: Alles ist fake. Die Nasen, die nicht vorhandenen Falten, die Markenkleidung, die Freundlichkeit.

13 Jahre später hat sich mein Verhältnis zu Femininität und vermeintlicher Authentizität verändert. Was ist schon echt in einer Welt, in der wir alles konstruieren und modifizieren, wie es uns passt? Bei feminin konnotierten Dingen verspüre ich heute kei-

nen Ekel mehr, sondern ein Gefühl von Geborgenheit. Es hat etwas Beruhigendes dabei zuzuschauen, wie meine Tante mit einem Faden das Gesichtshaar meiner Cousine zupft. Wenn meine Schwester mich schminkt oder die Knoten aus meinen nassen Haaren bürstet, fühlt es sich liebevoll an – und nicht nach einem Veränderungszwang.

Ich schminke mich täglich. Die längsten Nägel in meiner Familie trage ich, mit UV-Gel im Nagelstudio verstärkt. Ich träume von Wimpern-Extentions, aber momentan weine ich so viel, dass es sicher schnell zerrupft aussehen würde. Wenn ich das Geld hätte, würde ich mir sofort meine Brust fünf, sechs Cups kleiner machen lassen. Wenn ich meine Lippen mal wieder über den Rand hinaus schminke, frage ich mich, ob ich sie nicht gleich aufspritzen lassen sollte. Oder meine Wangenknochen. Diese Bratz-Puppen mit ihren verzerrten Proportionen und Riesengesichtern aus den 2000ern sind momentan meine Modeinspiration, schade nur, dass sie alle schlank sind. Meine Nase darf jedoch niemand anrühren.

All diese Sehnsüchte nach Fake-Beauty kommen nicht daher, dass ich eine bessere, optimierte Frau sein möchte. Tatsächlich bin ich gar keine Frau, ich muss es auch nicht sein, um so auszusehen, wie ich es tue oder mir wünschen würde. An anderen Tagen geht die Künstlichkeit in eine maskulinere Richtung, ich male mir den Oberlippenbart dunkler. Irgendwie absurd, dass meine Mutter mich damals gezwungen hat, ihn heller lasern zu lassen, doch zum Glück hat die Lichtepilation nicht so ganz gewirkt.

Die meisten meiner Freund_innen sind queer und hinterfragen Körpernormen. Gleichzeitig zelebrieren sie Fake-Nails, schmetterlingsartige Wimpernverlängerungen, aufgespritzte Falten oder Lippen. Oder auch: eine durch Stimmtraining veränderte

Stimme, aufgeklebte Barthaare, durch Hormontherapie gewachsene Brüste oder eine abgebundene Brust. Und ganz viel Parfüm. Das muss sich alles gar nicht widersprechen.

Diese Freund_innen sprechen wohlwollender und positiver über Körper – sowohl ihre eigenen als auch die anderer – als die meisten Menschen, die »Natürlichkeit« und »Authentizität« hochpreisen. Wenige von ihnen kommen aus Familien, in denen ihnen Fake-Beauty aufgezwungen wurde. Tatsächlich sind manche ihrer Eltern besessen von vermeintlicher Natürlichkeit und verurteilen jegliche Modifizierungen – egal, ob Tattoos, Piercings oder Botox.

Fake-Beauty trendet nicht nur in queeren oder körperpositiven Kontexten. Promis wie Kim Kardashian, die Influencerin Sandra Lambeck oder die Rapperin Schwester Ewa machen keinen Hehl aus den Schönheitseingriffen, denen sie sich unterziehen. Letztere ging vor Kurzem sogar während ihrer BBL-Behandlung auf Instagram live. BBL steht für Brazilian Butt Lifting. Durch diese Operation wird der Hintern (oder auch die Brüste) durch das Umspritzen von Eigenfett vergrößert. Es ist vielleicht nicht die Umverteilung, die uns als Gesellschaft befreit, aber das wäre auch zu viel verlangt. In Kombination mit dickeren Lippen, durch Sonnenbank oder gespritztes Melanin veränderten Hautton und eine Modifizierung der Haarstruktur ist BBL ein Mittel, um sich ein »Schwarzes Aussehen« anzueignen. Sogenanntes Blackfishing durch weiße oder nicht-Schwarze Menschen ist kein seltenes Phänomen. In einer anti-Schwarzen Gesellschaft können solche Eingriffe deswegen nicht als bloßes Empowerment und My-Body-My-Choice-Praxis abgefeiert, sondern müssen als letztlich rassistische Imitationen hinterfragt und problematisiert werden.

Während weiße Frauen weniger weiß aussehen wollen, dienen viele Schönheitsoperationen in Afrika und Asien dazu, sich an eurozentristische Normen zu assimilieren. Sichtbar sind die Modifizierungen jedoch meist in beiden Fällen, spätestens wenn wie im Fall der Sängerin Ariana Grande alte Fotos ausgegraben werden.

Schönheitsoperationen offen zu verhandeln ist für mich kein Novum, denn in den Kontexten, in denen ich aufgewachsen bin, spricht man gefühlt über nichts anderes als das Aussehen und was man dafür beziehungsweise dagegen tun möchte. Endlich hören aber auch Promis wie Nicht-Promis außerhalb solcher Kontexte auf, Körperarbeit und -modifikation zu verheimlichen – und entlarven immer mehr den Mythos natürlicher Schönheit. Denn letztlich ist so gut wie jede Art von Beauty fake.

Juli 2019

Fette Arroganz

Die hohe Anzahl an »OMG, ich werd nach Corona so fett sein«-Beiträgen auf Social Media ist ein Virus für sich. Selbst in Zeiten einer tödlichen Pandemie scheint die größte Angst schlanker Menschen, fett zu werden. Für Menschen mit Essstörungen ist es beschissen, solche Postings zu sehen. Für dicke Leute sowieso, klar, offensichtlich ist mein Körper euer Albtraum. Ich würde die skinny Karens und Sörens dieser Welt gern fragen, was genau sie davon abhält, einfach zu Hause Sport zu machen und die Fresse zu halten, anstatt uns ihren belastenden Gedanken auszusetzen. Schließlich sagen sie doch selbst immer so gern: Wo ein Wille ist, ist auch ein Weg. Also heult mich bitte nicht voll.

Schlanke Leute wollen Scheindebatten über Gesundheit führen, sobald eine dicke Person über etwas anderes als Gewichtsverlustvorhaben spricht. Nicht mit mir. Sie können dazu Bücher lesen, die sich mit dem Thema ausgiebig auseinandersetzen, zum Beispiel von Magda Albrecht, Virgie Tovar oder Friedrich Schorb. Oder sie wollen das Gespräch auf sich lenken und erzählen, dass auch sie schlimme Dinge erlebt haben. Das bestreite ich nicht, aber heute geht es um mich. Denn ich bin fett und arrogant. Ein Widerspruch in sich?

Gier, Faulheit, Maßlosigkeit, Dummheit, Ungepflegtheit – viele negativ konnotierte Attribute werden fetten Menschen zugeschrieben, Arroganz jedoch nie. Ganz so, als hätten fette Menschen den Blick von außen so sehr verinnerlicht, dass sie sich automatisch als minderwertig betrachten. Rege ich mich über schlanke Leute auf, heißt es direkt: »Gerade von DIR hätte ich das nicht erwartet ...« Weil du denkst, dass mein Dicksein durch übermäßige Freundlichkeit, großzügige Empathie und scharfen Intellekt kompensiert werden muss? Oder denkst du, fette Menschen seien die Letzten, die sich über Äußerlichkeiten anderer zu Wort melden dürfen, während schlanke Leute – auch linke, queere, feministische – oft am laufenden Band Dickenfeindlichkeit reproduzieren?

Wer dick ist, ist ein minderbemitteltes Opfer, so die Annahme. Doch was, wenn dicke Personen in Wirklichkeit auf andere herabschauen? Etwa, weil schlanke Leute ihr Leben lang auf Genuss und Glück verzichten, weil sie meist vergeblich einem Versprechen von Lebensqualität hinterherjagen, das eigentlich nur eine Lüge der neoliberalen, kapitalistischen, dickenfeindlichen Gesellschaft ist?

Hübschen schlanken Frauen unterstellt man häufig Arroganz, ohne jemals mit ihnen gesprochen zu haben. Warum unterstellt man es mir nicht? Warum könnte ich nicht auch ein Arschloch sein?

Bezeichne ich mich selbst als fett, dauert es keine zwei Sekunden, bis jemand einwirft, ich sei doch hübsch. Bitch, das weiß ich und ich habe nie Gegenteiliges behauptet. Was genau an mir lässt dich glauben, ich sei hinsichtlich meiner Hotness bescheiden oder nicht selbstbewusst? Schlanke Menschen projizieren ihre Filme auf mich, als wäre ich eine Leinwand, aber ihr RTL können sie woanders spielen gehen.

Mai 2020

Das Habibitus-Dating-Portal

Zärtlichkeit in Zeiten von Corona: Ein Thema, das viele von uns beschäftigt. Ob queere Wahlfamilien, nicht-monogame Beziehungen oder Casual Dating, in der Pandemie bedarf es Vorsicht – und die macht einsam. Sogar Regierungen diskutieren darüber: In Belgien dürfen sich Leute bis zu zwei »Knuffelkontakte« außerhalb ihres Haushalts suchen. Und doch bleiben Fragen offen, wie: Wo lernt man inmitten einer Pandemie überhaupt in einem sicheren Setting potenzielle Dates kennen?

Orte der Begegnung funktionieren kaum noch. Klar wäre Cruising in der Kirche oder am Geldautomaten hot, aber safe ist das nicht. Selbst als Bars zwischenzeitlich geöffnet hatten, war ich nicht offen für neue Kontakte. Woher soll ich wissen, welchen Rattenschwanz der Infektionskette eine Person hinter sich herzieht? Da lass ich mich von keinem noch so struppigen Vokuhila blenden.

Auf Raves war ich gar nicht erst. Es ist wie bei Geschlechtskrankheiten: Am Ende trägt man selbst die Verantwortung, sich zu schützen – man kann nicht davon ausgehen, dass alle sich regelmäßig testen lassen oder ehrlich kommunizieren, dass sie ansteckend sind. Bei Tinder & Co ist es nicht besser. Wenn ich einen Online-Scam suche, beantworte ich lieber die E-Mail dieser Pariser Witwe, die mit mir ihr fünf Millionen Dollar Erbe teilen möchte.

Aber meine Freund_innen lasse ich nicht leer ausgehen. Kurzerhand werde ich Matchmaker_in. Anhand von Sternzeichen, sexuellen Vorlieben, Beziehungstypen, Essgewohnheiten, Drogenkonsum und Humor suche ich für meine Single-Friends einen Knuffelkontakt aus meinem Bekanntenkreis. Im ersten Schritt kreiere ich ein Vision Board mit meinen Klient ... äh ... Freund_innen.

»Dies ist ein Safer Space«, erkläre ich, wir sitzen mit viel Abstand auf einer Parkbank. »Wen von unseren gemeinsamen Bekannten hast du schon immer gegeiert?« Sie lächelt schüchtern. Irgendwann mache ich Vorschläge und wir diskutieren angeregt. Ich mache mir Notizen. Wir haben ein potenzielles Match.

»Ich finde, du und T., ihr solltet auf ein Date«, schreibe ich der anderen Freundin. Die Zeiten der Dürre könnten bald auch für sie enden. Zehn Minuten Instagram-Recherche vergehen, sie schickt ein Flammen-Emoji. Zufrieden erstelle ich einen Gruppenchat. Gruppenname: Ausgestreckter Zeigefinger-Emoji, O.K.-Emoji (mit der Hand, die ein Loch bildet).

»Ihr solltet euch treffen«, schreibe ich und verlasse die Gruppe. In einer Welt ohne Corona hätte ich mir an dieser Stelle einen rosa Juicy-Couture-Anzug angezogen und den beiden zu ihrem ersten Date Safer-Sex-Tools gebracht, wie die Cool Mom in »Mean Girls«.

Aber es dürfen sich nur zwei Haushalte treffen, also öffne ich mein Fenster und rauche zufrieden meine Feierabendkippe.

November 2020

Hugbefehl

Im Jahre 2020 hittet der 3. Dezember anders. Erklärung: In den USA findet heute seit 1986 der Let's Hug Day statt. Die wenigsten von uns haben das auf dem Schirm, weil wir auf einem anderen Kontinent leben. In Zeiten von Corona über Umarmungen nachzudenken, wühlt dennoch auf. Ich vermisse es, meine Freund_innen zu umarmen beziehungsweise eine unlimitierte Anzahl an Leuten umarmen zu können. Damals ging ich mit meinen Aerosolen kommunistischer um, ich verteilte sie gönnerhaft an alle, die wollten oder in der Nähe standen, heute bin ich sparsam mit Umarmungen, als wären sie teure Macarons, die nicht auf schnelle Welle verschlungen werden. Nicht aus Geiz, sondern aus Fürsorge.

Gleichzeitig überdenke ich mein Verhältnis zu körperlicher Nähe. Als ich in Wien lebte, war ich zunächst erstaunt darüber, dass man sich dort mit einem Bussi rechts und links begrüßte. Ich fand es schön, aber mein innerer Alman hatte es sich angewöhnt, Menschen ein wenig reservierter zu begegnen. Das hatte sich spätestens in der 8. Klasse beim Frankreich-Austausch eingebürgert, damals hielten meine Mitschüler_innen die Bisous-Begrüßung im Land der Macarons für suspekt.

Ich nickte nur beschämt, schwieg darüber, dass meine Verwandten zur Begrüßung nicht nur zwei, sondern gleich drei Küsschen austauschten. Zugegebenermaßen fand ich es als Kind eher lästig, meine von der Hitze klebrige Haut an die Wangen älterer, mir kaum bekannter Frauen zu halten. Reichte es nicht, einfach in die Runde zu winken? In Deutschland klopft

man doch auch einfach nur zweimal auf den Tisch und begrüßt so den ganzen Raum.
Ende der Mittelstufe wurde aber klar: Körperliche Nähe zu den engen Freund_innen zeugte von Selbstbewusstsein und Erwachsensein. Die Coolsten gingen sogar samstags in die Fußgänger_innenzone der benachbarten Großstadt und boten Free Hugs an. Wow, dachte ich, wie freigeistig und lässig ist das denn! Damals assoziierte ich Hippietum nicht mit Antisemitismus, Sekten und Coronaleugnen. Nur mit Liebe, Körperbehaarung und Gras.
Die Welt war noch in Ordnung. Was meine Freund_innen von meinen Verwandten unterschied, war ihr Weißsein. Die Selbstverständlichkeit für die körperliche Nähe zu (fast) Fremden ließ die einen auf mich modern wirken und die anderen aufdringlich. Als ich zu studieren begann und weiße Deutsche irgendwie doof fand, machten meine Freund_innen und ich uns über die Alman-Umarmung lustig.
Statt sich eng zu umschlingen und fest zuzudrücken, definierte sich dieser Hug über weit ausgestreckte Arme, laschen Druck (als kuschelte man mit einer Handvoll Joghurt) und dem leeren Raum zwischen den Körpern. Für wen ließ man diese Lücke? Für Jesus? Für Bockwurst? Für die verliehenen 20 Cent? Und heute so: Klar, das Knuffeln meiner Freund_innen fehlt mir, aber irgendwie möchte ich auch nach Corona nur diejenigen drücken, die ich wirklich umarmen möchte. Und dann aber richtig fest und lang.

Dezember 2020

Nach der Fat-Tax die Fatccine

Dick sein bedeutet ein Leben voller erschwerter Zugänge. Ganz plastisch etwa durch dickenfeindliches Möbeldesign. Sei es im Flugzeug, im Café oder in Konferenzräumen: Ab bestimmten Körpermaßen betritt maus nicht einfach einen Raum und lässt sich auf die nächstbeste Sitzmöglichkeit fallen. Sie könnte brechen oder zu eng sein. Abstrakter ist der Zugang zu Zärtlichkeit. Ich meine nicht nur Intimität, sondern auch die Tatsache, dass dicken Menschen selten Verletzlichkeit zugestanden wird. Da sind Physiotherapeut_innen, die sich vor dicken Körpern ekeln. Da sind diese Gedanken, ob Leute mich eigentlich genauso sehr als Bedrohung wahrnehmen würden, wäre ich zierlich und nicht fett. Dicke Leute, so der Mythos, haben dickere Haut. Du kannst sie härter anpacken. Sie können das ab.

Oder der Zugang zu Sicherheit. Es kommt immer wieder zu Fällen, in denen Menschen mit einem BMI über 30 nicht verbeamtet werden. Ihre Anträge werden pauschal abgelehnt, obwohl es keine juristische Grundlage dafür gibt. Manche Versicherungen, wie die Berufsunfähigkeitsversicherung, gibt es für dicke Menschen nur gegen Risikozuschlag oder manchmal auch gar nicht.

Die sogenannte Fat-Tax, also Dickensteuer, ist auch beim Klamottenkauf fällig: Den Aufpreis zahlen dicke Leute nicht nur beim Buchen eines Flugzeugsitzes, sondern auch beim Shoppen. Davon abgesehen, dass nicht jede Kleidung in allen Größen erhältlich ist, kostet sie oft mehr. Im Klartext heißt das: Nachdem ich ewig darauf warte, ob und wann es einen bestimmten Style in meiner Größe gibt, während skinny Leute ihn monatelang vorher präsentieren, darf ich für den mittlerweile ausgelutschten Style noch schön draufzahlen. Nein, danke.

Apropos Auswahl: Meine Ärzt_innen suche ich nicht nach Standort und herkömmlichen Online-Bewertungen aus, sondern frage in Netzwerken für mehrgewichtige Personen nach Praxis-Empfehlungen. Ungebetene Diättipps von medizinischem Personal, das keine Ahnung davon hat, wie viel ich mich bewege, wie ich mich ernähre, wie ich lebe, nerven. Ich will am liebsten schreien: »Bitch, ich weiß, wie maus abnimmt, ich hatte den Großteil meines Lebens eine Essstörung.«

Doch jene falschen Annahmen sind nicht die Hauptsache; das sind vielmehr solche Fälle, in denen dicke Menschen statt der Krebsdiagnose von Ärzt_innen den Ratschlag bekommen, ihr Gewicht zu reduzieren. Dieser Tage wendet sich das Blatt. Während meine gesunden schlanken Freund_innen noch keinen Corona-Impftermin in Aussicht haben, überlege ich, was ich zu meinem anziehe und ob ich vorher ins Solarium soll, damit das Foto von meinem geimpften Arm mehr ballert.

Verbirgt sich hinter der pauschalen Einstufung von Menschen mit Ü-30-BMI als Risikogruppe Fat-Shaming? Mag sein. Ist der BMI ein fragwürdiges Konzept? Safe. Feiere ich diese Entscheidung trotzdem? Definitiv. Zum ersten Mal springt aus meinem Gewicht ein Vorteil für mich raus, selbst wenn es eher eine kleine Wiedergutmachung als ein Privileg ist. Yallah, Fatccine auf Ex!

Mai 2021

Der Hot-Maus-Summer-Stress

Der Hot-Maus-Summer, auf den wir so lange hingefiebert haben, nähert sich mit jedem sonnigen Tag, mit der Öffnung der Außengastronomie und allmählich auch aller coronogamen Beziehungen. Nur: Sind wir bereit dafür?

Denn mit den sich anbahnenden neuen alten Freiheiten kommt ein massiver Druck, auf einmal so zu tun, als hätte es die letzten fünfzehn Monate nicht gegeben. Als hätten wir nicht unsere Thirst-Trap-Outfits gegen bequeme Funktionskleidung gewechselt, die Schminke im Regal verstauben lassen, uns an unperfekte Haarschnitte und die Isolation gewöhnt.

Klar, die Pandemie ist noch lange nicht vorbei, und es ist zu früh, ein absehbares Ende zu feiern. Trotzdem vermitteln die zurechtgemachten, fröhlichen Gesichter, die vor Bars an Drinks nippen, dass wir unsere missglückten Sauerteige und getwisteten Kerzen nun beiseitelegen und statt an unserer Einrichtung wieder an unseren Körpern herumdekorieren sollten. Die monatelang vernachlässigten Klamotten in den hintersten Ecken unserer Schränke wollen endlich wieder angezogen werden – wenn sie denn noch passen.

Mental befinde ich mich noch im Long Hermit Winter, dort, wo Zahn- und Hautpflege die einzig verpflichtenden Routinen der Körperarbeit sind, wo ich nicht mehr genau weiß, was Femmeness eigentlich noch bedeutet, wenn meine ehemaligen Lieblingsoutfits in mir Gender-Beklemmung und Verunsicherung auslösen.

Habe ich es verlernt, sexy zu sein? War ich es jemals?

Der Weg ins Zurück hinterlässt auch deshalb so eine Orientie-

rungslosigkeit in mir, weil ich auf einmal nicht mehr weiß, ob es ein guter Ort war. Ich vermisse meine langen Gelnägel, mal schlicht lackiert, mal glitzernd oder mit aufwendigen Motiven bemalt. Mit ihnen fühlte ich mich immer *badass*. Als die Kosmetiksalons schließen mussten, verabschiedete ich mich von ihnen, musste meine brüchigen Nägel erst einmal rauswachsen lassen, bis sie wieder gesund und sehr praktisch wurden.
Möchte ich das überhaupt noch, den Komfort aufgeben für ein bisschen Glamour? Oder sollten wir in dieser Hinsicht die Krise wirklich als Chance begreifen? Neue Möglichkeiten der Sexyness könnten sich eröffnen. Kuscheliges Fleece, glänzende Goretex-Styles, quietschende Crocs, Übergangsfrisuren ohne Ziel, all das könnten wir dank neuen Sehgewohnheiten auf dasselbe Attraktivitätslevel wie knappe Mesh-Tops, Plateau-Sandalen und frische Seiten befördern.
Okay, im taz-Milieu war es vermutlich nie anders gewesen und das führt zum eigentlichen Problem: Es ist nicht unser Aussehen, das überfordert, sondern das Miteinander, das sich am gravierendsten verändert hat. Die soziale Batterie hat keine lange Akkulaufzeit mehr. Okay, cute date idea: Wir treffen uns im Gammellook in der ruhigsten Ecke der Stadt und schweigen nebeneinander auf separaten Decken?

Juni 2021

Body Positivity reicht nicht aus

Body Positivity interessiert mich nicht. Im Januar, dem Motto-Monat für Diäten (oder synonym Detox bzw. Entgiftungskur), mag das nach einer gewagten Aussage klingen, schließlich werden wir zum Jahresbeginn traditionell mit Werbung für Fitnessstudios, -apps, Diäten und Nahrungsersatz bombardiert. Trotzdem: Nicht alle Feminist_innen feiern »BodyPosi«. Und zwar nicht, weil sie den Diskurs als eine »Verherrlichung von Adipositas« betrachten, sondern weil der radikale Ansatz des Fat Liberation Movements zur Wish-Version verwässert ist.

Genau wie eine Fake-Prada-Tasche bringt dies Vor- und Nachteile mit sich: Dank Mainstreaming können mehr Leute erreicht werden, aber die Qualität ist wesentlich schlechter als beim Original. So schrieb die Autorin Magda Albrecht 2018 im Missy Magazine[5] über die Doppelmoral und den Dickenhass in der Szene.

In der Tat wirkt es schräg, wenn irgendwelche cis Frauen original wie Models aussehen und ihr Œuvre trotzdem um die Akzeptanz von und Liebe zu ihrem vermeintlich mangelhaften Körper kreist. Die meisten Menschen empfinden ihrem Körper gegenüber Unbehagen, doch nicht alle, die sich hässlich oder dick fühlen, werden so wahrgenommen und behandelt. Die Abgründe, die Da'Shaun L. Harrison in deren Buch *Belly of the Beast. The Politics of Anti-Fatness as Anti-Blackness* aufzeigt, finden jenseits der liberalen Feel-Good-Mentalität statt.

Selbstliebe, schreibt Harrison, kann höchstens der Anfang der Körperrevolution sein, das Ziel sei es jedoch, die ganze Welt zu zerschmettern, denn Kapitalismus, Anti-Blackness und das Pa-

triarchat seien nicht reformierbar. Als ich das Buch auf Empfehlung von Übersetzer_in und politische_r Bildungsreferent_in Yezenia León Mezu in die Hand nahm, war ich geflasht. Dass 2021 ein Buch erschienen ist, das die ausgelutschten, mehrheitsfähigen Thesen über Empowerment und Akzeptanz gegen die Wand klatscht und stattdessen eine radikale (im Sinne von schmerzhafte, nicht freche) Analyse liefert, macht Hoffnung auf einen Paradigmenwechsel.
Häufig bleibt die Debatte bei Körpern stehen, die dick und weiblich sind. Harrison schaut sich hingegen jene an, die dick und Schwarz und männlich sind – und somit nicht als eklig, sondern als gefährlich gelten. Was es heißt, als »Monster« betrachtet und durch staatliche Gewalt »gebändigt« zu werden, konnte die Welt beispielhaft während der anti-Schwarzen Morde an George Floyd, Eric Garner oder Tamir Rice beobachten – besonders vor Gericht, wo die Opfer aufgrund ihrer Körper für das verantwortlich gemacht wurden, was ihnen und ihren Angehörigen angetan wurde. Wenn dicke Menschen früh sterben, liegt es meistens nur in zweiter Linie an ihrem Gewicht. In erster Linie ist es das damit einhergehende Stigma, die Diätindustrie oder eben Polizeigewalt. Deshalb reicht eine bloße Kritik an Body-Shaming nicht aus. Damit alle Körper frei sind, braucht es eine andere Welt.

Januar 2022

Die Veränderung

Neulich sprach ich mit Torrey Peters über ihren Roman *Detransition, Baby*. In einer regressiven Detransition-Debatte, geprägt von Moral Panic, Body Policing und Fehlinformationen, ist sie eine Stimme der Vernunft. Mit ihrem universalistischen Anspruch verhandelt sie Geschlechter(de)transitionen als das, was sie wirklich sind: Veränderungen. Wie ein Umzug oder eine Scheidung. Oder, wie ich selbst erlebe, eine Gewichtsabnahme.

Ich war immer dick, mal mehr, mal weniger. Obwohl die Maßregelung meines Essverhaltens mich seit dem Kindergarten begleitet, machte ich mit elf meine erste Diät. Es folgten unzählige weitere. Das Verhältnis zu meinem Körper ist meine längste On-Off-Beziehung, ich befand mich im ständigen Wechsel zwischen nahezu zwanghafter Kontrolle und völliger Dissoziation. Während meine Pubertät von obsessivem Kalorienzählen bestimmt war, verbrachte ich meine Zwanziger damit, kontinuierlich zuzunehmen. Bis ich mich mit 28 entschied, es nicht mehr zu tun. Mein Körper veränderte sich von ziemlich dick zu etwas dick – dachte ich, bis die Realitätsschelle der Krankenkasse kam, die mich weiterhin als »adipös« kategorisiert. Meine Top Surgery, wegen der ich abnahm, zahlte ich trotzdem selbst. Die Veränderung bleibt: Gewichtstechnisch bin ich gut ein Jahrzehnt detransitioniert.

Es gibt zahlreiche Parallelen zwischen einer Geschlechter- und einer Gewichts(de)transition: die pharmazeutischen bis operativen Katalysatoren, das Wechselverhältnis von gesellschaftlichem Druck, Überleben und Selbstbestimmung, die Auswirkungen auf mentale Gesundheit, die neuen Zugänge, die Kommentare und

Blicke. Die größte Gemeinsamkeit dieser zwei dennoch unterschiedlichen Prozesse ist das Missverstandenwerden.
Obwohl Reue nur für Einzelne und nicht für die Mehrheit eine Motivation ist, wird dieses Gefühl als Hauptantrieb propagiert. Das entspricht nicht der Realität. Wie bei vielen transitionierten trans Personen ging es mir nicht darum, auf einmal schlank sein zu wollen, sondern mir das Leben leichter zu machen und dafür ein paar Schritte zurückzugehen. Es war pragmatisch: Ich hatte keine Lust, alle ein, zwei Jahre meine halbe Garderobe auszusortieren und immer schwerer an nice Mode zu kommen.
Ich habe die in meinen Zwanzigern dazugewonnenen Kilos nicht bereut. Statt Zeit und Energie in Diäten zu investieren oder mich permanent von einem Kontrollbedürfnis und Schuldgefühlen plagen zu lassen, konzentrierte ich mich auf wichtigere Dinge: Genuss. Neugierde. Mut. Ich widmete mich meinem Lebenstraum: dem Schreiben. Es rettete mich.
Trotzdem empfinde ich beim Nachdenken über meinen Körper und seine Veränderung Scham. Nicht, weil ich an Gewicht zugenommen habe, sondern, weil ich mich bewusst für das Abnehmen entschieden habe. Nach all den Jahren. Ich möchte dickenfeindlichen Hatern nicht vermitteln, sie hätten mit ihrer Hetze gewonnen. Ich möchte nicht, dass andere dicke Menschen denken, ich hintergehe sie mit meiner Entscheidung. Ich möchte nicht hören, dass ich meinen einst »ruinierten« Körper nun »geheilt« hätte.
Dieses Gefühl teile ich nicht nur mit (de)trans Personen, sondern mit fast allen, die eine radikale Veränderung durchgemacht und rückgängig gemacht haben. Deshalb braucht es in der Debatte um Detransition Empathie und Respekt statt ideologisch aufgeladener Instrumentalisierung und Beschämung.

Mai 2022

Das Recht auf Hässlichkeit

Wer erinnert sich an das Unwort »DJane«? *I know,* voll Y2K. Die weibliche Genderung des neutralen Akronyms für »Disc Jockey« war keine feministische Sprachpolitik, um in einer männlich dominierten Branche für weibliche Sichtbarkeit zu sorgen, sondern ein sexistischer Move, der weibliche DJs als abweichend markiert.

Die Bildersuche nach dem Begriff führt zu überbelichteten Fotos von schlanken Frauen mit langen Haaren in knappen Outfits und sexy Posen, die an Plattentellern herumspielen. Ihre Mixing-Skills lassen sich auf den Bildern nicht einschätzen, es scheint jedoch nicht so wichtig.

In erster Linie sollen sie gut aussehen, sich zur Musik bewegen, für gute Stimmung sorgen. Bei der Suche nach »DJ« erscheinen vorwiegend hochkonzentrierte Typen, die so busy mit der Technik sind, dass ihr Äußeres keine Rolle spielt.

Mittlerweile sprechen wir einheitlich von »DJ«. Auch der »DJane«-Look war eine Zeit lang passé, manche weibliche oder nichtbinäre DJs traten in schlabberigen Shirts und Jogginghosen auf, andere in Stripper-Outfits – je nach Gusto. Der Fokus lag auf den Fähigkeiten. Diese Errungenschaft steht wieder auf der Kippe.

Spätestens seit Pandemiebeginn sind gefilmte und gestreamte DJ-Sets zur neuen Norm geworden. Dabei sind es eher Visitenkarten als Alltag: Wie die britische DJ Jyoty auf Instagram schrieb, sind gefilmte DJ-Sets wie Pornos vs. Real-Life-Sex. Sie sind kürzer als ein durchschnittliches Set und kondensierter. Ein High folgt dem anderen.

Ich beobachte eine ästhetische Gemeinsamkeit zwischen diesen beiden Videogenres: die Körperlichkeit. In den gefilmten Sets von weiblichen und nichtbinären DJs, die mir der Algorithmus auf den Feed spült, legen vorrangig schlanke, körperbetont gekleidete und tanzende Personen auf, die nicht nur fire Musik spielen, sondern auch eine fire Performance hinlegen.
Von dicken oder trans DJs wird erwartet, dass sie sich dabei noch mehr ins Zeug legen, um ihre Abweichungen von der Norm mit noch mehr Sexappeal und Hyperfemininität zu kompensieren. Eye Candy zu servieren ist part of the package.
Dass einige DJs Bock darauf haben, ist nicht antiemanzipatorisch – die Erwartungshaltung, es sei Standard, schon. Wer fühlt sich wohl mit dieser Körperfixierung? Wer kann und wer will beim Auflegen den Male Gaze bedienen? Und nebenbei das Y2K-Comeback der Skinny-Obsession befeuern?
Mode und Tanz können Teil des künstlerischen Ausdrucks von DJs sein, doch sie dürfen niemals als Anspruch an jene gestellt werden, die ohnehin auf ihr Aussehen reduziert und danach bewertet werden. Für manche besteht die Freiheit an den Decks darin, in eine neue Rolle zu schlüpfen und anders zu performen als im Alltag, für andere darin, unsichtbar und nur auditiv wahrnehmbar zu sein.
Weibliche und nicht-binäre DJs haben genauso das Recht auf Hässlichkeit wie cis männliche. Der Weg in die Transzendenz verläuft nicht immer gleich, doch er sollte sich immer gut anfühlen.

Juli 2022

DAS F-WORT

Willkommen in der Hölle, Ladys

Wer als Frau schon mal bei Massensaufgelegenheiten wie Silvester, Herrentag oder Karneval auf der Straße war, weiß, dass jede Begegnung mit alkoholisierten Männern alles andere als ein Zuckerschlecken ist. Dafür bedarf es meistens nicht einmal irgendwelcher Feiertage. Oft reicht auch ein gewöhnlicher Samstagabendspaziergang oder der Besuch irgendeines Musikfestivals.

Sogenannte »gewaltlegitimierende Männlichkeitsnormen«, wie die ehemalige Familienministerin Kristina Schröder in ihrem gestrigen Tweet[6] formuliert, potenzieren sich an solchen Orten auf ein Maximum und vergiften alles um sie herum. Jede Aktivität im öffentlichen Raum, jede Busfahrt, jeder Barbesuch, jeder 500-Meter-Fußweg bis zur Wohnungstür gestaltet sich wie ein Eierlauf durch die Hölle. Gruppen lauter Typen bedeuten einen Straßenseitenwechsel, das Handy bereit für die Notruf-Schnellwahl, die Schlüssel zwischen den Fingern zu einem Schlagring aufgestellt und Herzrasen. Sexualisierte Übergriffe sind alltäglich, geradezu normalisiert, all diese Maßnahmen sind zur Routine mutiert. Denn Frau sein bedeutet leider, in ständiger Angst vor Gewalt leben zu müssen.

Knapp drei Jahre ist es her, als eine Gruppe von Feministinnen auf Twitter den Hashtag #aufschrei ins Leben rief. Sie wollten das Tabu brechen, das Betroffene auch heute noch an einem offenen Umgang mit Sexismuserfahrungen und sexualisierter Gewalt hindert. Das Medienecho spiegelte damals zweierlei Dinge: das kollektive Gesprächsbedürfnis auf der einen Seite und die plättende Ignoranz gegenüber Vergewaltigungskultur auf der anderen. Anstatt konstruktive Debatten zu führen, fanden Journalist_innen und ganze Redaktionen es viel relevanter, in hohlen Grundsatzdiskussionen zu versinken.

Ist Sexismus in Deutschland im Jahre 2013 überhaupt noch ein Ding? Haben wir das Patriarchat nicht längst überwunden? Ist Geschlechterungerechtigkeit nicht ein Mythos minderbemittelter Frauen? Und überhaupt: Wollen Betroffene von Sexismus und sexualisierter Gewalt nicht eigentlich doch nur Aufmerksamkeit erheischen? »Die Sexismusdebatte« innerhalb von Mainstreammedien fand in einem Stil statt, den die Gesellschaft spätestens seit Mitte des 18. Jahrhunderts hätte ablegen sollen. Seinerzeit meldeten sich auch konservative Frauen zu Wort, die in ihren Beiträgen sexualisierte Gewalt verharmlosten.

Selbige Kristina Schröder, die plötzlich mit herrschaftskritischen Termini um sich wirft, verlachte die aufschrei-Initiative damals. Zuvor hatte sie ein Buch mit dem Titel *Danke, emanzipiert sind wir selber: Abschied vom Diktat der Rollenbilder* herausgebracht. Und wie die meisten ihrer CDU-Kolleginnen ist sie ein Beispiel für antifeministische Politikerinnen. In jüngster Vergangenheit ist sie jedoch dem imaginären »Feminismus von rechts«-Club beigetreten, in dem sich Birgit Kelle, Erika Steinbach und Frauke Petry vermehrt mit unterirdischen Aussagen gegen muslimische Männer und für vermeintliche Frauenrechte überbieten. Sobald die Täter eben nicht mehr ihre potenziellen Väter, Ehemänner, Brüder oder Söhne sind, sondern die bösen rassifizierten Männer, ist die Sorge um das Wohl deutscher Frauen sehr groß.

»Frau #Merkel, stellen Sie d. Sicherheit&Ordnung wieder her!«, twittert Petry und trauert der sexismusfreien Zeit in Deutschland hinterher, die es nie gegeben hat. Auch Steinbach behandelt sexualisierte Gewalt im öffentlichen Raum als Novelty-Phänomen, wenn sie twittert: »Weil sich Frauen immer häufiger nicht mehr an jeden Ort zu jeder Zeit wagen können.« Immer häufiger? Auf den Hinweis hin, dass es schon seit Jahrzehnten so ginge, erwidert sie: »Wann gab es Vergleichbares denn vor 20 Jahren. Bitte Fakten!« Dass sie seit 25 Jahren Bundestagspolitikerin ist: geschenkt. Wer Fakten über Gewalt ausblenden will, kann es auch tun und erst in der Silvesternacht in Köln das Patriarchat entdecken.

Ohne Zweifel: Die Straftaten, die sich in der Silvesternacht in Köln ereigneten, waren ein weiterer Beweis dafür, wie wenig Macht Frauen über ihre eigenen Körper haben und wie sehr sie männlicher Gewalt ausgesetzt sind. Eine Gruppe organisierter Krimineller nutzte das Durcheinander am Hauptbahnhof aus, um mehrere Frauen zu bestehlen und dabei auch sexuell zu belästigen. Zu diesem Zeitpunkt liegen der Polizei über 100 Anzeigen vor – einige wegen Diebstahls, andere wegen sexualisierter Übergriffe. Zu den Tätern hingegen gibt es kaum Informationen. Männlich und »nordafrikanisch« sollen sie gewesen sein, wohl auch betrunken. Wie viele es nun genau waren, steht nicht fest. Die Polizei sagt, es könnten drei oder 20 gewesen sein, einige Zeitungen bluffen mit 1000 geflüchteten Männern. Ob einer der Täter einen Fluchthintergrund hat, wissen wir genauso wenig wie wir ihre Herkunft kennen (oder, je nachdem, ihrer Eltern). Nur eines waren sie sicher nicht: blond, blauäugig, weiß. Dieses kleine Detail ist für die betroffenen Frauen irrelevant, schlimm waren die Übergriffe so oder so. Für die Öffentlichkeit allerdings scheint dieser Unterschied maßgeblich zu sein.

Hätte Birgit Kelle am Montag nach der Tat einen empörten Kommentar zu den Geschehnissen geschrieben, wenn die Täter weiß wären? Wäre die Medienberichterstattung so üppig, wenn

über andere Ereignisse, bei denen Gewalt in hohem Maße vorkommt, genauso ausführlich berichtet worden wäre? Als Vergleich: Beim Oktoberfest schätzt man die Dunkelziffer der Vergewaltigungen pro Jahr auf 200 – und da ist alles, was unter sexueller Belästigung gefasst wird, noch nicht inbegriffen.
Wäre die Zahl der Anzeigen so hoch angestiegen, wenn die mediale Aufmerksamkeit so gering geblieben wäre, wie es in der Vergangenheit an Silvester, Oktoberfest, Karneval oder Herrentag der Fall war? Auch hier lässt sich nur vermuten, erfahrungsgemäß wäre es aber still um die Erlebnisse der Frauen gewesen. Erfahrungsgemäß hätte man den Frauen nicht geglaubt, ihnen gesagt, sie müssen im angeheiterten Zustand einfach, ja, was? Unaufmerksam gewesen sein? »Falsche Signale« ausgesendet oder sich etwas eingebildet haben?
Ohne die Statistik der Angriffe in vorherigen Jahren lässt sich nur schwer festmachen, ob es sich um eine »neue Dimension der Kriminalität« handelt. Was aber feststeht: Organisierter Raub innerhalb von Menschenmassen – ob an Touri-Hotspots, in Clubs oder an Silvester – ist ein genauso altes Phänomen wie die hohe Zahl sexualisierter Übergriffe zu jenen Gelegenheiten. Ob am Tag der Deutschen Einheit am Brandenburger Tor, beim Headliner von Rock am Ring oder in den Zeltlagern der Occupy-Aktivist_innen: Männer, Alkohol und unübersichtliche Menschengruppen waren schon immer eine Höllenkombination.
Selbst mit klaren Zahlen ist es schwer, eindeutige Schlüsse zu ziehen. Trotz der vielen Anzeigen in Köln lässt sich nicht sagen, wie viele Betroffene es tatsächlich gab. Die Dunkelziffer betroffener Frauen ist unter anderem auch deshalb so schwer zu ermitteln, weil es für sehr viele lebensbedrohlich sein kann, zur Polizei zu gehen und Anzeige zu erstatten. Das mag an einem unklaren Aufenthaltsstatus liegen, an der Anerkennung ihrer

weiblichen Identität oder vergangenen Erfahrungen mit rassistischer Polizeigewalt.

Ginge es nicht um die Reproduktion des rassistischen Bilds der unschuldigen weißen Frau, die vor dem aggressiven muslimischen Mann geschützt werden muss, würden diese Vorfälle kaum viral gehen. Wieder fragt man sich: Wessen Ängste werden ernst genommen, wessen werden verlacht? Die rechte Vereinnahmung von Feminismus durch Steinbach und Konsorten stinkt. Die Sicherheit von Frauen wird erst dann ernst genommen, wenn sie ihrer rassistischen Agenda nützt. Furcht vor der »Maskulinisierung des Straßenbilds« ist hier Synonym für die Forderung nach einem Aufnahmestopp für männliche Asylbewerber. Wer als Frau schon mal auf der Straße war, weiß, dass ihre Maskulinisierung nicht erst seit der zackig fortschreitenden Islamisierung des Abendlandes ein Problem war.

Es sind nicht männliche Geflüchtete, die Vergewaltigungskultur aufrechterhalten, sondern die sehr selektive Anhörung der Betroffenen und Victim-Blaming, wie es jetzt Kölns Oberbürgermeisterin Henriette Reker anhand von Verhaltensregeln für Frauen à la »eine Armlänge Distanz« betreibt. Rechtspopulistische Pseudo-Feministinnen sind aber nicht Teil der Lösung; sie sind Teil des Problems. Bloggerin Nadia Shehadeh fasst auf ihrer Facebook-Seite treffend zusammen: »Solange die besoffenen Männer herkunftsdeutsch sind, kann ich mich unter ihnen wohl und sicher fühlen.«

Januar 2016

Wer ist hier die Hexe?

Alle Jahre wieder gibt es eine medial wirksame Hashtag-Aktion, in der sich Überlebende von sexualisierter Gewalt outen (müssen), um ihre Erfahrungen sichtbar zu machen, sich zu empowern oder einfach bei cis Typen ein bisschen Empathie und Menschlichkeit auszulösen.

Das Problem mit dieser Outing-Kultur? Nicht jede_r kann oder möchte ihre_seine Erfahrung öffentlich machen, gleichzeitig besteht ein immenser Druck, sich zu positionieren. Wer aber wird in Schutz genommen und wo findet trotz allem eine Täter_innen-Opfer-Umkehr statt? Sich mit der blonden Nachbarin mit der knielangen Kleidung zu solidarisieren, aber nicht mit Sexworker_innen, die von Klient_innen Gewalt erfahren haben, bietet mindestens food for thought.

Cis Typen sind in der Regel erschrocken darüber, dass so viele Leute – insbesondere Frauen und Femmes, aber auch trans Männer und sogar cis Männer – aus ihrem engeren oder weiteren Umfeld schon mindestens einmal diese perfide Form der Gewalt erfahren mussten. Ich bin überhaupt nicht überrascht. Ich wäre es selbst dann nicht, wenn jede einzelne Person aus meiner Friendlist #metoo in ihren Status schreiben würde. Denn wie schockiert über sexualisierte Gewalt kann man(n) wirklich sein, wenn es seit Jahren immer wieder Überlebende gibt, die das Problem adressieren oder sich outen? Sei es eine bekannte Schauspielerin, ein Model oder die Genossin aus dem Marx-Lesekreis?

Wenn meine Friendlist voll von Überlebenden ist, dann können die Täter_innen nicht allzu weit entfernt sein. Warum müssen sich jene mit einem #metoo outen, die diese Gewalt erlebt haben, und nicht die, die diese ausgeübt oder Täter_innen in Schutz genommen haben? Ich möchte nicht wissen, was Überlebende anhatten, wie nüchtern sie waren, wie gut sie die Täter_innen kannten oder wie viele Sexpartner_innen sie vorher hatten. Diese Angaben verschieben nicht nur die Verantwortlichkeiten auf jene, die ohnehin nichts dafür können, sondern lenken vom eigentlichen Problem ab.

Sexualisierte Gewalt geht nicht einfach so über die Bühne. Sie existiert innerhalb von Machtstrukturen, die sie aktiv stützen. Zu jedem Harvey Weinstein gibt es einen Woody Allen, der ihn verteidigt, in Schutz nimmt, selbst Teil des Problems ist und davor warnt, in eine Hexenjagd zu verfallen. Aber wer ist hier eigentlich die Hexe?

Amna Franzke schrieb[7] völlig korrekt: Es braucht eine Kultur des Vertrauens. Das heißt auch, dass Leute nicht ständig unter Beweis stellen müssen, dass sie sexualisierte Gewalt erlebt haben, oder sich fragen müssen, ob ihre Erfahrung »krass genug« ist, um valide zu sein. Mich interessiert: Wo warst du, als deine Geschwister, deine Freund_innen, Genoss_innen oder eine entfernte Bekannte sexualisierte Gewalt erfahren haben und versuchten, diese anzusprechen? Hast du ihnen zugehört? Hast du ihnen geglaubt? Hast du sie ernst genommen? Hast du sie gefragt, was du hättest tun können, um sie zu unterstützen? Oder hast du die Täter_innen in Schutz genommen, weil sie deine Brüder, Väter, Onkels, Cousins, Kumpels, Mitbewohner oder Boyfriends waren? Und was hast du getan, als dir eine Person sagte, dass du ihre Grenzen überschritten hast? Hast du es angenommen? Hast du dich entschuldigt? Hast du dein Bestmögliches versucht, um es nicht noch schlimmer zu machen? Wie

hast du Verantwortung übernommen? Hast du deinem Umfeld davon erzählt? Oder deinen nächsten Partner_innen?
Wie reagierst du darauf, wenn jemand »nein« sagt? Akzeptierst du es oder fragst du noch mal nach, ob die Person sicher sei (warum sollte jemand nicht sicher sein, denkst du, sie hat aus Höflichkeit nein gesagt?) oder setzt du sie anderweitig unter Druck, um Konsens zu erzwingen? Oder ist es dir eh egal?
Ja, es kann auch vorkommen, dass Täter_innen zum Zeitpunkt des Geschehens nicht im Bewusstsein eines Übergriffes waren. An dieser Stelle lohnt sich die Frage, ob man generell Leuten vermittelt, dass es okay ist, ihre Grenzen zu kommunizieren.
Wäre man überhaupt offen dafür gewesen, sich anzuhören, dass man etwas falsch gemacht hat? Oder wäre man in Abwehrposition gesprungen? Ich selbst habe oft genug das »nein« geschluckt und »es« über mich ergehen lassen, weil ich dachte, dass dies erträglicher oder weniger Arbeit sein würde, als für mein »nein« die andere Person stundenlang trösten, mich sanktionieren lassen oder streiten zu müssen.
Was möchtest du an deinem Verhalten ändern, um diese Strukturen aufzubrechen und aktiv gegen Vergewaltigungskultur vorzugehen? Würdest du das Plakat deines liebsten Filmemachers von der Wand nehmen? Würdest du auf Wunsch der Betroffenen gewisse Räume nicht mehr betreten, weil du dich ihnen gegenüber scheiße verhalten hast? Würdest du aufhören, in deine linke Lieblingsbar zu gehen, wenn du wüsstest, dass ein Täter im Kollektiv ist, der von allen geschützt wird? Würdest du vor deiner Typengang erwähnen, dass du ihre Sprüche zum Kotzen findest? Oder würdest du still zuhören und dann einen traurigen Facebook-Post verfassen?
Empathie und Likes reichen nicht aus. Eine nachhaltige Kultur der Verantwortlichkeit kann nur dann entstehen, wenn wir

nicht nur phasenhaft über das Thema sprechen und die restliche Zeit wegschauen, wenn unser Handeln gefragt ist. Ohne allein Täter_innen in den Fokus der Debatte zu rücken, muss es möglich sein, sich kritisch mit ihnen auseinanderzusetzen. Solange wir nur bis zu den Grenzen unserer Bequemlichkeit gehen wollen und dort aufhören nachzufühlen, wo es anfängt, wehzutun, kann es noch vierzig weitere Hashtag-Aktionen über sexualisierte Gewalt geben, die genauso schnell verebben, wie sie aufgebraust sind.

Oktober 2017

So haram wie Schwein

Manche Beiträge innerhalb der #metoo-Debatten zeigten überhörte Perspektiven auf, wie etwa die von Kai Cheng Thom im *Guts Magazine*[8]. Sie schrieb darüber, weshalb sie ihre Täter_innen nicht outen kann – zumindest #notyet.

Nicht, solange sie diese rassifizierten Männer Polizeigewalt oder Deportationen aussetzen würde. Gleichzeitig spuckten Leute wie Nina Proll ihren Senf ins Gewässer. In einem an Hohlheit kaum zu übertreffenden Facebook-Eintrag erklärte die Schauspielerin, noch nie mit Sexismus in Berührung gekommen zu sein.[9] Proll beteiligt sich damit nicht an einem hierarchiefreien Austausch, sondern relativiert mit ihrer verantwortungslosen Geste die Erfahrungen und Traumata anderer. Anstatt ganz laut »ich nicht« zu brüllen, bietet es sich in Fällen wie diesem an, die eigene Meinung auf einen Zettel zu schreiben, diesen ganz klein zu falten, anzufeuchten und ihn mit etwas Gleitgel in den Hintern zu schieben.

Diesen Tipp hätte ich auch gern dem französischen Filmstar Catherine Deneuve gegeben, die mit mehr als 100 Kolleginnen im Namen der Freiheit eine Lanze für sexuelle Belästigung bricht. Denn: Hinter sexualisierter Gewalt könnte ein missverstandener Flirtversuch stecken. Die armen Schweine! Und wenn man alles Sexuelle ganz steril und nahezu bürokratisch behandle, täte man nur religiösen Moralist_innen einen Gefallen.

Dies würde jedoch implizieren, dass jene Fundis #metoo supporten und die körperliche Selbstbestimmung von Frauen respektieren würden. In Wahrheit sprechen sie genau diese ab und erklären ihre Körper zum Eigentum einer patriarchalen und heterosexistischen Gesellschaft, in der sie vorrangig als Reproduktionsgefäße und Eye Candy dienen. Anstatt ein Klima der Übergriffigkeit zu fordern und Täter in Schutz zu nehmen, hätten sich Deneuve und ihre Kolleginnen mit Überlebenden sexualisierter Gewalt solidarisieren können. Mag sein, dass sie es geil finden, wenn lüsterne Typen sie auf der Arbeit angeiern. Trotzdem haben alle Menschen das Recht, auf Konsens und Respekt ihrer Grenzen zu bestehen – und das sollte von niemandem abgesprochen werden.

Doch zu einem Patriarchat gehören bekanntlich nicht nur Männer, die ihre Macht verteidigen, sondern auch Komplizinnen, die genau dieses System stützen. Auch sie sind Schweine. Meine Frage an sie: Wie würdet ihr euch positionieren, wären die Täter nicht reiche Schauspieler – eure Freunde und Kollegen –, sondern jüdische, muslimische, geflüchtete oder Schwarze Männer? Würdet ihr für sie zumindest bedingungsloses Bleiberecht einfordern?

Oder würdet ihr trotzdem das #metoo-Bullshit-Bingo um Begriffe wie »Freiheit«, »Flirten« und »Ficken wie in der Kirche« erweitern? Vielleicht noch »Hexenjagd« und »#NotAllMen«? Weckt mich, wenn ihr den Unterschied zwischen Sex und Sexismus gelernt habt. Oink, oink, ihr Flaschen!

Januar 2018

Horst und die Boys

Es ist »endlich« so weit: Das Bundesministerium des Innern, für Bau und Heimat steht. Keinen einzigen Tag hätten wir noch länger warten können, bis diese extrem spannende Institution, aus der die Lebenslust nur so heraussprudelt, uns ihre Mitglieder präsentiert und mit der wertvollen Arbeit loslegt. Das ist besonders aufregend, weil der Zuständigkeitsbereich »Heimat« erst seit dieser Legislaturperiode dazugekommen ist und wir uns jetzt ein bisschen überraschen lassen müssen, welche tollen Ideen daraus sprießen.

Mit der Pressemitteilung »Führungsmannschaft des BMI komplett« kam dann der große Schock: Das Ministerium besteht ja nur aus alten weißen Typen! Wobei alt und weiß erst mal nicht vorrangig sind. Aber es sind nur Männer. Bestimmt auch nur cis Männer. Ähm, geht's noch? Wer auch immer für das Casting verantwortlich ist, diese Person hat wirklich noch nicht den Schuss gehört.

Auf dem Foto der Pressemitteilung, das mittlerweile durch ein Bild eines Gebäudes ausgetauscht worden ist, stehen Horst und seine Boys in ihren Anzügen und angespannter No-Homo-Pose nebeneinander. So richtig wohl scheint sich keiner zu fühlen: Hier eine Merkel-Raute vor dem Schoß, dort geballte Fäuste zum Flexen der Muskeln und in der Mitte Horst Seehofer, der einfach nur aussieht, als müsste er seit einer Viertelstunde kacken, aber erst kann, wenn das verdammte Shooting vorbei ist. Allesamt sind sie bemüht, sich bloß nicht zu berühren. Ein Symbolbild fragiler Männlichkeit sozusagen.

Die mangelnde Diversität fiel auch der Grünen-Politikerin Hannah Neumann auf, die das Foto mit dem Kommentar »Nicht meine Heimat! #Diversity #Feminism #Vielfalt« twitterte. Damit leitete sie einen Shitstorm ein, der genau das beklagt: Ein Heimatministerium? Okay, kein Problem, aber nicht ohne Frauen, denn die haben schließlich auch eine Heimat!

Wenn wir schon dabei sind, rassistische Institutionen wie das Bundesinnenmännersterium zu diversifizieren, sollten wir doch gleich überall dort anpacken, wo dieser Vorgang gebraucht wird. Zum Beispiel bei Burschenschaften. Bis auf wenige Ausnahmen sind das ausschließlich Männervereine. Und das seit Jahrhunderten. Zeit, diese verstaubten Strukturen mit ein paar Dirndl-Träger_innen ein wenig aufzurütteln.

Oder neulich bei dieser AfD-Demo für den Schutz deutscher Frauen vor nicht-weißen Grapschern, da war mir der Männeranteil auch zu hoch. In den Fotos der Berichterstattung hab ich genau gesehen, wie viel Raum sie eingenommen haben. Typisch Breitmacker einfach. Ganz ehrlich: Nicht mein Feminismus! Bei einem Marsch für Frauen müssen diese schon auch in den ersten Reihen sichtbar sein!

Oder beim Ku-Klux-Klan. Wie viele weibliche Mitglieder sind Ihnen dort bekannt? Eben. Da geht noch was.

All diese Systeme, Gruppen und Phänomene komplett abschaffen, das wäre zu radikal. So weit wollen wir dann lieber doch nicht gehen. Aber mit reiner Symbolpolitik und ein bisschen Reformismus subvertieren wir diese Boys' Clubs einfach nach und nach und schon sind all unsere Probleme gelöst. Ein wichtiger Schritt ist zum Beispiel, den Heimatbegriff links zu prägen und mal klarzustellen, dass nicht nur Nazis völkisch sein können.

Oder eine Nationalhymne, in der auch Frauen vorkommen.

Vielleicht könnte man durchsetzen, dass Deutschland auf Englisch ab jetzt Gerwomany heißt. Zwei Buchstaben, die unsere Welt verändern können. Und erst, wenn Alice Weidel die erste offen lesbische Bundeskanzlerin wird, geben wir uns zufrieden.

März 2018

Scheinheilige und Huren

Solange es einvernehmlich ist, hat niemand darüber zu bestimmen, unter welchen Umständen, wie häufig und auf welche Art Erwachsene miteinander Sex haben. Das sollte feministischer Konsens sein. Geht es jedoch um Sexarbeit, wird dies für so manch eine_n zu einer schwer akzeptierbaren Sache. Ähnlich wie beim Thema Kopftuch, trans Identität oder Fat-Liberation zeigt sich auch beim Sexarbeitsdiskurs, dass die Floskel »Mein Körper, meine Regeln« eigentlich nur schlanken, bürgerlichen, weiß-christlichen cis Frauen zugestanden wird.

Sexarbeiterinnen – stets als weiblich begriffen, denn nichtbinäre oder (cis wie trans) männliche kommen in diesem Narrativ schlicht nicht vor – werden von der Gesellschaft pauschal zu Opfern erklärt. Dabei sind die eigentlichen Opfer diejenigen Frauen, die ohne jegliche Kompensation mit ihren Partner_innen (für sie unbefriedigenden) Sex haben, während sie anderen Personen vorschreiben wollen, was eine gesunde oder moralisch (auf)richtige Sexualität ist.

Manche behaupten, Sexarbeit sei ein schmutziger Beruf. Mich wundert es, dass diese Arbeit als schmutzig gilt, aber beispielsweise Polizist_in, Politiker_in, Atomkraftlobbyist_in oder Fahrkartenkontrolleur_in nicht. Dabei sind dies allesamt Jobs, die in Korruption, Menschenfeindlichkeit und gruppenbezogener Gewalt münden können.

Um die Kriminalisierung von Sexarbeit zu rechtfertigen, höre ich oft das Alibi-Argument, viele Prostituierte seien von Menschenhandel betroffen. Menschenhandel gibt es auch in vielen anderen Sektoren, etwa in der Gastronomie, der Landwirtschaft, im Baugewerbe oder der Haushaltsarbeit. Offensichtlich kann ein Verbot von Prostitution Menschenhandel nur zu einem Bruchteil vorbeugen – wenn überhaupt.

Wer Menschenhandel wirklich erschweren will, kämpft für offene Grenzen und Dekriminalisierung von Migration. Bevormundende Maßnahmen wie das »Prostituiertenschutzgesetz« oder das Nordische Modell fügen Sexarbeiter_innen mehr Schaden zu, als sie ihnen Schutz bieten können. Wer die Cops auf Sexarbeitende hetzt, interessiert sich nicht für deren Sicherheit, sondern riskiert, dass eine ohnehin vulnerable Gruppe zusätzliche Gewalt bis hin zu Abschiebungen erfährt. Verbände und Aktivist_innen haben bereits mehrfach davor gewarnt, dass die Registrierung als Sexarbeitende faschistische Ausmaße annehmen kann. Im Nationalsozialismus wurden Sexarbeiter_innen verfolgt, ermordet und mussten Zwangsarbeit verrichten.

»Die Vagina ist kein Arbeitswerkzeug!« sagen Sexarbeitsgegner_innen. Mir wäre es lieber, mehr Leute benutzten ihre Vagina nur um Geld zu verdienen, anstatt noch mehr rassistische Kinder in die Welt zu setzen. Außerdem hat nicht jede_r Sexarbeiter_in eine Vagina oder lässt die eigenen Genitalien zum Einsatz kommen.

Am 2. Juni ist Internationaler Hurentag. Der Kampf um die Rechte von Sexarbeiter_innen sollte ein feministisches und ein linkes Anliegen sein. Denn wer sich mit Arbeiter_innen solidarisiert, darf nicht jene vergessen, deren Arbeitsbedingungen mit am prekärsten sind.

Juni 2019

Wow, nicht alle Väter sind Hunde

Es gibt nicht viele Orte auf der Welt, an denen der sogenannte alte weiße Mann ein Imageproblem hat. Zu diesen Orten bzw. Veranstaltungen zählen etwa feministische Kneipenabende oder Podiumsdiskussionen in marginalen Kunstgalerien. Orte, die innerhalb kleiner Kosmen von Bedeutung sind, sich gesamtgesellschaftlich jedoch nicht auf die Karriere und den Status alter weißer Männer auswirken. Diese Männer mögen in solchen Kontexten den Ruf des (potenziellen) Ausbeuters, Schlägers oder Vergewaltigers haben, doch sie werden weder materiell enteignet, noch von anderen Machtpositionen gestoßen.

Was ihnen bleibt, ist ein Knacks im Ego und ein schlechtes Gewissen, wodurch vielleicht die Unbeschwertheit ihres Lebens etwas getrübt wird, doch die vielen sozialen Vorteile sollten als Kompensation wohl ausreichen. Immerhin wird niemand müde zu betonen, dass nicht jede weiße, männliche, alte Person per se schlecht ist, sondern dass es eher um Strukturen als um Individuen geht.

Wo stünden diese Männer heute ohne weiße Frauen, die sich mit ihnen solidarisieren und sie für Selbstverständlichkeiten abfeiern, wie kein Ausbeuter, Schläger oder Vergewaltiger zu sein? Männer, die keine Frauen unterbrechen? Engel. Männer, die mal den Abwasch machen? Halbe Revoluzzer. Väter, die ihre Kinder nicht vernachlässigen? Nicht alle Helden tragen Umhänge.

Die Lächerlichkeit und Absurdität dieser Medaillenvergabe erreichte Dienstagabend ihren Peak, als die *Emma*-Redaktion auf Twitter nach »Vatertöchtern« suchte, um zu beweisen, dass es nicht nur den »vielgeschmähten ›alten weißen Mann‹ gibt«.

Was zur Hölle soll eine Vatertochter sein? Als erste Assoziation tauchen Mädchen und Frauen auf, die ein prägendes Verhältnis zu ihrem Vater haben – entweder weil er eine unterstützende Rolle in ihrem Leben eingenommen hat oder auch, weil er nie da war und statt Unterhaltszahlungen tief verankerte Daddy Issues hinterlassen hat. Tatsächlich meint die *Emma*-Redaktion aber Töchter von Männern, »für die eine Tochter so viel wert ist wie ein Sohn«.

Moment mal, es braucht 2019 noch Auszeichnungen für Väter, die ihre Töchter aufgrund ihres Geschlechts nicht als minderwertig erachten? Was kommt als Nächstes? Preise für Ehemänner, die ihre Frauen nicht schlagen? Gedenkstatuen für Arbeitgeber_innen, die noch nie ihre Angestellten sexuell belästigt und das Abhängigkeitsverhältnis missbraucht haben? Vielleicht noch eingetragene Feiertage für weiße Leute, die noch nie auf Geflüchtete geschossen haben?

Diese Maßstäbe aus früheren Jahrhunderten klingen nach Satire, sie implizieren jedoch eine Diskursverschiebung nach rechts. Anstatt dagegen anzukämpfen, dass sexistische oder auch rassistische Gewalt zur Norm wird, werden Einzelne dafür gelobt, anderen keinen Schaden zuzufügen. Natürlich gibt es neben den vielen missbräuchlichen, gewalttägigen und abwesenden Vätern auch korrekte Typen, doch die erkennt man nicht daran, dass sie mit grundlegendem Anstand hausieren gehen.

Juli 2019

Das große deutsche Sprachgejammer

Manchmal frage ich mich, wie Deutschland aussähe, wenn es für den Schutz von Menschen mit Gewalterfahrung dasselbe Engagement gäbe wie jenes gegen den Fortschritt in der Sprache. Absurd, ich weiß. Pappenheimer werten rassismus- oder gendersensible Formulierungen und Soziolekte als gesellschaftlichen Verfall, aber die alltäglichen Drohungen gegen linke Aktivist_innen, Journalist_innen oder Politiker_innen nicht.

Erst vor wenigen Wochen war das Gejammer groß: Der Duden will Personen- und Berufsbezeichnungen gendersensibel überarbeiten. Geduldig und witzig schrieb meine Kollegin Margarete Stokowski in ihrer Kolumne auf *Spiegel Online*[10] über die Lächerlichkeit des dazugehörigen Backlashes. Durch das Gendersternchen, den -gap oder aber das groß geschriebene Wort Schwarz (als politische Selbstbezeichnung), behaupten diese Pappenheimer, werde die deutsche Sprache verhunzt. Dieselbe Sprache, die Vornamen wie Horst, Dörte oder Gundula beherbergt. Dabei möchte ich niemaus mit diesen Namen beschämen, nur auf die Verhältnismäßigkeit hinweisen.

Ein weiterer Evergreen im Lingo-Diskurs: die Empörung über Slang oder »Internetsprache«. Nicht alle schreiben auf Social Media im Stil einer Abschlussarbeit oder eines amtlichen Briefs. Manche Leute verzichten auf Groß- und Kleinschreibung, andere auf Satzzeichen. Ich bin Leute. Dieser Style sowie das Gendern, meistens mit Gap, gehören zu mir wie meine randlose Brille, mit der ich deutschen MILFs eine Alternative zu ihren langweiligen Ehemännern biete. Maus gönnt halt manchmal.

Ich schreibe so, weil ich Bock drauf hab. Nicht unbedingt aus Protest, sondern weil es mich nicht juckt, wie es der deutschen Sprache geht. Das sage ich als Autor_in und als eine Person, die sich mit Linguistik auseinandersetzt. Diese reaktionäre, boomereske Haltung gegenüber der deutschen Sprache im Wandel schützt sie nicht – sie zerlegt sie nur in so unbrauchbare Teile, dass sie vor sich hin verwest. Sie verhindert nicht nur einen ziemlich normalen Veränderungsprozess, sie dämmt das poetische Potenzial ein. Die Ästhetik oder das Kunstvolle. Gott oder Sky Daddy hat uns das Konzept von Code-Switching gegeben, damit wir nicht alle paar Jahre darüber rumopfern müssen, dass junge Leute dumm werden, weil sie Rap hören, mit Abkürzungen chatten oder Fremdwörter integrieren. Sie halten dadurch die deutsche Sprache vital.

Vor allem sind Soziale Medien eben keine Behördenpapiere. Diese wiederum sollen alle ansprechen, deswegen müssen sie gegendert sein. So richtig zugänglich sind sie ohnehin nie gewesen, ein paar Sternchen dürften also nicht die Grenze der Barrierefreiheit setzen.

Und wenn die deutsche Sprache doch verfällt? Wäre das schlimm? Vielleicht würde es zum Verfall des überhöhten deutschen Egos führen, und wer weiß, was danach noch alles möglich ist.

Januar 2021

Ich will Bubatz statt Babys

Was kann ein Bauch in neun Monaten leisten? Meiner schaffte in diesem Zeitraum gerade mal den Abheilungsprozess des Nabelpiercings, das ich mir kurz nach meinem 30. Geburtstag stechen ließ. Genauso lange dauert eine Schwangerschaft. Für viele Menschen ist die eine Sache ehrenhafter als die andere, denn ständig werden Eltern und Menschen ohne Kinderwunsch gegeneinander ausgespielt. Ich liebe meine Freund_innen und ihre Kinder, trotzdem will ich auf keinen Fall eigene. Für meine Freund_innen total verständlich, für viele andere Eltern scheinbar nicht. Für sie scheint es schockierend zu sein, dass ich ihr non-stop Gelaber über ihre Kinder uninteressant finde. Jedes Mal, wenn sie ihre Abhandlung mit einem »Das ist normal, oder?« abschließen, denke ich: Digga, woher soll ich das wissen? Ich hatte noch nie Kinder, und normal ist sowieso keine Koordinate in meinem Wertesystem.

Als Lesbe ohne Kinderwunsch wird maus leicht in eine unangenehme Schublade gesteckt: Frauen mit Karrierewunsch. Dabei bin ich gar keine Frau, nur leider gebärfähig, auch wenn ich diese Körperfunktion sofort auf Kleinanzeigen verticken würde, wenn ich könnte. Oder an Menschen verschenken, die damit mehr anfangen können. Oder eintauschen gegen einen anderen Skill, zum Beispiel Laktose und Gluten verdauen können. Ja, ich würde lieber ohne Konsequenzen eine Pizza verputzen können, als Babys zu werfen.

Keine Kinder zu wollen, kann viele Gründe haben. Ich verstehe Leute, die sagen, dass sie wegen Klimakrise, Kapitalismus und Nazis kein Bock haben, Kinder in die Welt zu setzen. Eigentlich wäre das ein gutes Druckmittel für die Politik: Reproduktionsstreik, bis sich endlich mal was ändert! Eine niedrige Geburtenrate könnte effektiv sein, nur sicherlich wären gerade Nazis die Streikbrecher_innen.

Sonstige häufig genannte Gründe, keine Kinder zu bekommen: Kein Geld, keine Zeit, keine Bezugsgruppe, zu krank. Was traurig ist, denn Kinder sollten nichts sein, was man sich »leisten« können muss. Doch auf das größte Verständnis trifft das Prinzip Karriere statt Kinder. Es mag sein, dass manche gebärfähigen Personen ihre Freizeit lieber für noch mehr Lohnarbeit aufopfern als für Reproduktionsarbeit, andere schaffen mit Hilfe beides, doch es muss nicht immer um eine kapitalistisch-völkische Logik à la »Wenn schon kein menschliches Wachstum, dann wenigstens finanzielles für Babacountry Deutschland« gehen.

Ich will keine Kinder, ich will keine Karriere. Mein Grund, keine Kinder zu wollen, ist nicht so nobel: Ich will bis an mein Lebensende ausschlafen, feiern, unterwegs sein, Geld verprassen, schreiben, meine Freund_innen zu jeder Tages- und Nachtzeit treffen, zig Crushes haben und meine Ruhe. Ich will Bubatz statt Babys. Mir geht es nicht darum, meine Verantwortung von der Kleinfamilie in die Wirtschaft zu verlagern, sondern sie abzugeben, zugunsten eines spaßigen Lifestyles, gefüttert mit dem Drive, sich in Richtung Utopie zu organisieren. Wenn ich die Welt in 30 Jahren noch miterlebe, will ich meinen Tag mit meinen Friends und einer Tüte in einer hoffentlich besseren Gesellschaft einläuten. Live. Love. Laugh.

Dezember 2021

HERBSTGEFÜHLE

Zutritt nur für Arier

Ganz schön viel Terror diese Woche: Beate Zschäpe stieg im NSU-Prozess vom Unschuldslamm zur Mittäterin auf, ein salafistischer Prediger, der eine IS-nahe Terrormiliz unterstützt hatte, wurde zu fünfeinhalb Jahren Haft verurteilt und in Güstrow nahm die Polizei am selben Tag drei Männer wegen des »Verdachts der Vorbereitung einer schweren staatsgefährdenden Gewalttat« in Gewahrsam. Durchsucht wurde nach Sprengstoff, gefunden bisher nichts. Vermutet wird ein islamistischer Hintergrund.

Stellen Sie sich jetzt mal vor, einer dieser Männer würde im gleichen Fitnessstudio wie Sie trainieren. Hätte vielleicht neben Ihnen Gewichte gehoben, während Sie mit der Beinpresse auf einen Hintern à la Nicki Minaj hinarbeiteten. Vermutlich hätten Sie mal voreinander geduscht. Oder was, wenn er im Vorbeigehen Ihrem Kind zugelächelt hätte, das Sie dort immer betreuen lassen? Na, schwitzen Sie schon?

Was, also, würde das Pumpen sicher machen? Das Team eines Güstrower Fitnessstudios hatte da eine Idee. Einer der mutmaßlichen Täter war Mitglied bei ihnen. Und er war nicht nur vielleicht Terrorist, sondern hatte auch noch ... einen Migrationshintergrund. Was wäre also die Konsequenz? Entweder einfach weitermachen wie gehabt oder den Laden dicht, bis man weiß, was Sache ist?

Die Leute von EasyFitness hatten allerdings einen eigenen Einfall. »Liebe Mitglieder«, stand mit blauem Filzstift auf einer Flipchart, die vor Ort fotografiert wurde. »Auf Grund jüngster Ereignisse (Terrorverdacht + Festnahmen) & zum Schutz unserer Mitglieder, werden wir ab SOFORT keine Mitbürger mit Migrationshintergrund mehr aufnehmen. Wir bitten euch um Verständnis. (...)«

In Zeiten von Fake-News war ich skeptisch, als das Foto aufpoppte. Also rief ich in der Filiale an und fragte einen Mitarbeiter, was da los war. Dieser betonte, dass ich die Reaktion verstehen müsse. Ich fragte ihn, woran er denn Menschen mit Migrationshintergrund erkenne und für wen die Regel gelte. Was wäre beispielsweise mit Franzosen? »Hauptsache, er sieht nicht aus wie aus der IS«, sagte er. Mit genau diesen Worten.

Ich erzählte ihm von der Verhaftung des Salafisten. »Der hieß Sven Lau.« Er war überrascht. »Lau?« »Ja«, sagte ich. »Kein Migrationshintergrund.« Er kam in Erklärungsnot: »Das ist einer, der radikalisiert wurde, die meisten Islamisten sind ...« Kanaken? Interessante Annahme in einem Land, in dem die bekanntesten Salafisten weiße Konvertiten sind. Sven Lau und Pierre Vogel. Die könnten je nach Klamotte einfach nur als Wannabe-Hipster oder Bären gelesen werden. Hätte einer der beiden in dem Fitnessstudio einen Anschlag geplant, wäre es ihm trotz Racial Profilings gelungen. Wie gefährlich können Kartoffeln schon sein, nicht wahr?

Terror machen immer die anderen. Die Kanaken, äh, Muslime, äh, Islamisten. Fahrlässige rassistische Annahme? Come on. Und der NSU? Und die übrigen Attentate, die von (mehrheitlich weißen) cis Männern verübt wurden? Vielleicht hätte der Fitnessclub eher die ausschließen sollen. Dann würden einer_einem auch weniger nervige Typen auf den Arsch geiern, während man ihn trainiert.

Juli 2017

Schnick-Schnack-Schelle

Seit dem rechtsradikalen Terroranschlag in Charlottesville wird wieder prominent diskutiert: Wie umgehen mit Neonazis? Diese Frage sollte Dauerbrenner sein. Aber da einige Teile der Bevölkerung nicht permanent wegen Neonazis um ihre Existenz fürchten müssen, wird lieber über den letzten »Tatort« oder angezündete Autos gesprochen.

So sind viele Leute immer noch davon überzeugt, dass der beste Umgang mit Neonazis (und Nazis) der Dialog sei. Ich weiß nicht, ob sie sich mit Geschichte auseinandergesetzt haben, aber das letzte Mal, als ich nachgeschaut habe, wurde der Nationalsozialismus nicht durch innovative Gesprächsformate beendet, sondern mit einem Krieg. Wer die Geduld hat, mit Neonazis zu reden und zu versuchen, sie zu überzeugen, soll ruhig sein Glück probieren – vielleicht klappt es mal bei Einzelnen.

Menschen zu verurteilen, die sich nicht auf dieser Illusion ausruhen, ist aber Haramstufe Rot. Es sind die gleichen Leuten, die immer erwarten, dort, wo sie stehen »abgeholt zu werden«, anstatt sich selbstständig mit politischen Themen auseinanderzusetzen. Ich setze nicht bei allen Leuten den gleichen Wissensstand voraus und erkläre dort, wo es nötig ist, auch gern mal was.

Aber zu viele Leute machen es sich mit ihrem Abholschein gemütlich. Ich bin kein Shuttlebus, der Leute von A nach B kutschiert. Vielleicht einfach mal selbst hinlaufen oder ein Taxi nehmen, anstatt darauf zu bauen, dass Leute Arbeit in Leute reinbuttern, die ihnen am Ende noch mit so Nonsens wie umgekehrtem Rassismus und Sexismus gegen Männer kommen.

Natürlich müssen Neonazis (und Nazis) auf die Fresse kriegen – das steht nicht zur Debatte –, damit ist der Job allerdings nicht erledigt. White Supremacy ist Terror. Aber Weißsein wird nicht erst dann zum Problem, wenn ein Neonazi mit dem Wagen in eine Black-Lives-Matter-Demo reinfährt und Menschen ermordet.

Rassismus passiert auf einer Skala. Ich habe im Netz ein Pyramidenschema gefunden, auf dem Rassismus in aktiv/gesellschaftlich verurteilt und passiv/gesellschaftlich akzeptiert aufgeteilt wird. Der aktive Part ist nur die Spitze des Dreiecks. Darin befindet sich etwa Hasskriminalität, Polizeigewalt oder Racial Profiling. Der latente Teil trägt jedoch viel mehr in sich: Hass gegen Migrant_innen, Paternalismus, die Instrumentalisierung von nichtweißen Personen zum Reinwaschen des eigenen Images, kulturelle Aneignung oder das Leugnen weißer Privilegien.

Mordende Neonazis haben eine ganz andere Dimension als Kartoffeln mit Wursthaaren. Aber nur, weil das eine schlimmer ist als das andere, ist das andere nicht okay. Dieses Gegeneinanderaufwiegen soll Betroffene mundtot machen: Solange Schwarze Menschen ermordet werden, gibt es vermeintlich keinen Grund, sich über minimal weniger bedrohliche Zustände zu beschweren. Und: Weiße Leute haben so eine Ausrede, sich nicht mit ihrem Rassismus auseinandersetzen zu müssen, weil sie sich einfach von Neonazis abgrenzen können. Aber außer Abgrenzen tun sie halt wenig bis nichts gegen die. Und das ist auch haram.

August 2017

Antifa, aber mit mehr Fashion

Es ist Sonntag, früher Abend. Als der blaue Balken in der Infografik am dritthöchsten steht, frage ich mich, warum er nicht braun ist. Warum er so hoch ragt, frage ich mich nicht. Das wussten meine Freund_innen und ich schon lange.

Ich denke auch: Hätte es ihn schon vor Jahren gegeben, wäre er vermutlich nichts Neues gewesen. Im Bundestag hat es schon seit 1949 Nazis gegeben. Und andere Rassist_innen, die keine Nazis sind. Jetzt gibt es eben eine faschistische Partei, die mit Steuergeldern ihre menschenfeindliche Ideologie umsetzen kann.

»Und?«, fragt eine Freundin, als ich auf mein Smartphone starre. »13«, murmele ich. »Denkt ihr, ich werde auf der Demo als Klassenfeind_in betrachtet, wenn ich meine Fake-Gucci-Cap trage?«, frage ich nur semi-ernst gemeint und entscheide mich am Ende doch für eine andere Mütze.

Mit bereits angezogener Bomberjacke trage ich mir noch meinen Rihanna-Glitzerlipgloss auf, dann steht das Demo-Outfit: Antifa, aber mit mehr Fashion.

Wir fahren mit der U-Bahn Richtung Alexanderplatz. Was mich nicht loslässt: das Abrissbedürfnis. Während wir gestresst rauchen, denken wir uns Parolen wie »Rauchen gegen Deutschland« aus. Wie in der Schulzeit, damals aber ohne Kippen. Dass ein von AfD-Leuten gebuchtes Taxi ohne Licht in die demonstrierende Menge fährt und mehrere Personen verletzt – eine davon schwer –, erfahre ich erst später. In einer Randnotiz.

Am nächsten Morgen starre ich mit leerem Blick in den Spiegel. Eigentlich wie jeden Montag. Aber dieses Mal ist es anders, schwerer. Ich suche auf YouTube nach »Cat People« von David Bowie, ein Lied aus dem Soundtrack des Tarantino-Films »Inglourious Basterds«, und höre es in Dauerschleife. Beim Schminken und auf dem Weg ins Büro.

Permanent fühle ich mich on edge – wissend, dass jede Person, die mir begegnet, rechts gewählt haben könnte. Meine Fäuste sind geballt. Gut, dass ich mit 14 den gelben Gurt in Taekwondo gemacht habe. »Punch a nazi« ist kein Meme, sondern ein Lifestyle.

Über den Tag hinweg erhalte ich mehrere Nachrichten zur Organisierung von politischen Aktionsgruppen, Austauschtreffen und mehr. Bei einem dieser Zusammenschlüsse lande ich am Abend. Wir haben viele Ideen und setzen ein paar Strategien auf. In der Luft liegt Motivation.

Am Dienstag verbringe ich drei Stunden in einem Nagelsalon und steige mit spitzen, holografischen Krallen aus Gel im Nail-Game auf. Meinen rechten Mittelfinger ziert ein Nazar-Symbol, damit Kartoffeln im Allgemeinen und Nazis im Speziellen kein Auge machen.

Auf dem zehnten Finger brennt eine Flamme als Reminder für AfD-Anhänger_innen, dass wir ihnen die nächsten Jahre die Hölle heiß machen werden. Mit diesen Nägeln werde ich sie zerstören: körperlich, diss_kursiv und emotional. Antifa ist Handarbeit.

Mittwochnachmittag schreibe ich diesen Text und weiß: Wenn es in vier Jahren kein Deutschland mehr gibt, kann die AfD auch nicht wiedergewählt werden. Es gibt viel zu tun.

September 2017

Döner for none

Von der Böller-Attacke zum Anschlag sind es manchmal nur ein paar sprachliche Feinheiten und ein bisschen Wohlwollen entfernt. Das zeigt jüngst ein Fall aus Zinnowitz auf Usedom, wo ein 37-jähriger Mann betrunken einen »Polenböller« gegen das Ladenfenster eines Döner-Imbisses warf. Bei der Explosion zersprang das Fenster, ein paar der Splitter landeten auch im Hintern des betrunkenen Täters, der daraufhin mit dem Rad ins zwölf Kilometer entfernte Krankenhaus fuhr. Immerhin: Verletzt hat er nur sich selbst und nur leicht, der Schaden beträgt 1500 Euro.

Und die örtliche Polizei? Verkündet die Tat auf ihrem Twitter-Account fröhlich als aufgeklärt. Denn dem »Suff-Radler«, wie die BILD den Täter liebevoll nennt, sei kein rassistisches Motiv nachweisbar. Die Ermittlungen ergaben nicht etwa Parallelen zu rechtsextremen Angriffen auf migrantische Lokale, wie man sie seit Jahrzehnten größtenteils unbeteiligt in Deutschland beobachtet, sondern eine sehr simple und für die Polizei anscheinend sehr glaubwürdige Begründung: Er sei mit dem Service unzufrieden gewesen. Das Essen habe ihm nicht geschmeckt. Ach so!

Ein bisschen wie der Attentäter vom Münchner Olympia-Einkaufszentrum: Sein Amoklauf war laut CSU keine Konsequenz seiner rechtsradikalen Ideologie, wie er sie in einem Manifest niedergeschrieben hatte, sondern schlichtweg ein Racheakt für das einst erlittene Mobbing.

Oder wie in Rudolstadt, wo die Polizei antisemitische Graffiti zu banalen Schmierereien von Fußballfans entpolitisiert. Wer da keinen »klaren Fußballbezug« erkennt, übersehe das Offensichtliche. Als hätte es nie eine Tradition der Verharmlosung von rechter Gewalt gegeben. Auch die NSU-Morde wurden jahrelang zu innergemeinschaftlichen Bandenkriegen relativiert.

Das öffnet auf jeden Fall ganz neue Lesarten für Taten, die wir sonst nur in einem politischen Kontext betrachten. Schon mal darüber nachgedacht, dass die Autos in München neulich nicht aus Protest gegen Gentrifizierung angezündet wurden, sondern, weil sie schlecht geparkt waren? Vielleicht wurde die Hamburger REWE-Filiale während der G20-Proteste ja auch nur geplündert, weil die Leute vom schlechten Sortiment frustriert waren.

Um in der Zukunft sicherzustellen, dass man ihm kein rassistisches Tatmotiv zuschreibt, könnte sich der Usedomer Attentäter, äh, Restaurantkritiker ja ein Vorbild an seinen Mitbürgern wie den Rappern Bushido oder Haftbefehl nehmen und Beschwerdebriefe schreiben. Dann geht es auch nicht so nach hinten los.

Februar 2018

Lauter als jede Kirchenglocke

Was sagt man, wenn Leute ein Nazisymbol von einer Kirchglocke entfernen? Ganz einfach: Dankeschön! Für manche Almans scheint das nicht so simpel zu sein. Seit Ewigkeiten klebte im niedersächsischen Schweringen das Hakenkreuz an der Glocke der Dorfkirche wie Hundescheiße am Schuh bei einem Spaziergang durch Neukölln.

Man hätte eigentlich schon 1945 darauf kommen können, das Hinterbleibsel aus dem Nationalsozialismus zu vernichten. Bei einem Frühjahrsputz nahmen sich anonyme Held_innen die Straßenweisheit »Antifa ist Handarbeit« zu Herzen und machten das, was schon so lange überfällig war: Das Hakenkreuz wurde weggeflext. Ein schöneres Ostergeschenk hätte man der Gemeinde kaum machen können.

Aber wie Almans nun mal so sind, blicken nicht alle dem Geschenk euphorisch entgegen. In den Kommentarspalten platzen Wutbürger_innen wie ein Joghurtbecher in der Waschmaschine. Sie tun das, was sie am besten können: jammern und absurde Vergleiche herstellen. Dieser Akt der Selbstverständlichkeit sei Vandalismus. Ja, Sachbeschädigung »historischer Kunst«! Sprechen wir hier nicht eher von einem ultimativen Upgrade für jeden Kirchenfan, der dieses Gebäude als Ort des Friedens genießt?

Eine Vielzahl der selbsternannten Opfer beklagen, dass die Verschönerung der Glocke bestimmt ihren Klang beeinflussen würde. Ah, der Klang der Demokratie, wer liebt ihn nicht? Ob das stimmt, wird derzeit geprüft. Da anfangs niemand bemerkt hat, dass die Glocke überhaupt berührt wurde, bezweifle ich, dass es so schwerwiegende Veränderungen sein können. Aber selbst wenn: Ist das nicht egal? Glockengebimmel nervt doch eh. Niemand würde denken: »Ich mach das jetzt statt meines Yann-Thiersen-Goodbye-Lenin-Soundtrack-Klingeltons aufs Handy!«

Ein anderer Mensch mit Jammer-Abo befürchtet, dass morgen Teile der Autobahn fehlen würden, weil, genau, ohne Hitler gäbe es die vermutlich nicht. Als ob sonst niemand anderes auf die Idee gekommen wäre. Ein Nazi-Symbol mit so etwas wie der Autobahn, die zufällig in der NS-Zeit entstanden ist, zu vergleichen, ist nicht nur peinlich, sondern auch absurd.

Andere bezeichnen die Beseitigung verfassungswidriger Symbole als extremistisch. »Eine unschuldige Glocke«, heult jemand und zeigt, dass nicht nur Hunde, sondern sogar Gegenstände mehr Mitgefühl in diesem Land bekommen als rassifizierte und_oder jüdische Menschen, denen täglich richtige Gewalt angetan wird.

Eigentlich ist es ja auch ein religiöses Symbol, finden so ein paar Leute. Hitler hat sich das selber abgeguckt. Um es mit Guido Westerwelle zu sagen: Es ist Deutschland hier. In diesem Land hat dieses Symbol exakt eine Bedeutung. Und die ist menschenfeindlich. Sie prägt einen Abschnitt der Geschichte, der niemals vergessen werden darf. Kein edgy Tattoo der Welt und keine noch so fröhliche Kirchenglocke werden daran etwas ändern können.

April 2018

Deutsche Kontinuitäten

Deutschland: Das ist das Land, in dem Schüsse auf eine Bäckerin mit Kopftuch nicht als rassistische Tat klassifiziert werden, der Staatsschutz aber wegen geklauter Kleidung eines rechtsextremen Politikers ermittelt.

Es ist dasselbe Deutschland, das eine rassistische Mordserie zunächst als »Dönermorde« bezeichnet und die Betroffenen kriminalisiert hat. Die Unschuldsvermutung für mordende Neonazis wiegt mehr als die für antifaschistische Aktivist_innen, die wegen Verdacht auf Sachbeschädigung mit Freiheitsstrafen belegt werden.

Es ist auch das Land, das den NSU-Komplex nicht nur nicht auflöst, sondern die Aufklärung systematisch sabotiert und verhindert, die Täter_innen schützt und sie sogar trotz Beihilfe zum Mord freilässt.

Es ist ein Land, in dem das Ganze Tradition hat: Schon immer wurden Verbrechen von (Neo-)Nazis verharmlost und Antifaschist_innen und Kommunist_innen verfolgt. Schon immer war die Empathie mit den Täter_innen größer als mit den Ermordeten und ihren Angehörigen. Hierzulande scheitert man weiterhin an der Entnazifizierung, während deutsche Waffen auf der ganzen Welt morden.

Es ist dasselbe Deutschland, dessen Verfassungsschutz Die Linke überwacht, die AfD nicht[11], und den NSU jahrelang gestützt hat. Ein Land, dessen Politiker_innen Schweinefleischpflicht in Kantinen fordern, überrascht nicht, wenn Teile des Bundestags die Shoah verharmlosen und sich Überlebenden seiner Vernichtungsindustrie gegenüber respektlos verhalten. Was für Leitkultur, yani?

Sein Innenminister ist hochgradig inter- und transfeindlich, stimmte vor gut 20 Jahren für das Recht, seine Ehefrau zu vergewaltigen, und hält es für eine witzige Anekdote, dass an seinem 69. Geburtstag 69 Menschen in ein Land abgeschoben werden, in dem regelmäßig Bombenanschläge stattfinden. Einer von ihnen, Jamal Naser Mahmodi, erhängte sich am Tag seiner Ankunft. Das BAMF twittert sein Beileid. Würden Migrant_innen offen so menschenverachtende Haltungen vertreten wie Seehofer, würden auch sie abgeschoben werden.

All dies findet im selben Land statt, in dem Politiker_innen und Journalist_innen rechte Kampfbegriffe normalisieren. In genau diesem Land besteht der BAMF-»Skandal« darin, dass 1200 Menschen »unrechtmäßig« Asyl gewährt wurde und nicht etwa in den vielfachen illegalen Abschiebungen.

Dieses Land lässt ein Seenotrettungsboot voller Menschen tagelang im Stich, anstatt sichere Fluchtwege zu schaffen. Dieses Land kriminalisiert Hilfeleistung und diskutiert ergebnisoffen über Menschenrechte. In diesem Land werden Abschiebelager errichtet, und man bezeichnet das als »Masterplan«.

Und ausgerechnet in diesem Land fordern Menschen aus der Sehnsucht, endlich wieder unverkrampft nationalistisch sein zu dürfen, einen Schlussstrich für seine Verbrechen? Stolz? Ich empfinde nur Scham.

Juli 2018

Deutsche Fantasy

Deutsche haben eine blühende Phantasie. Ihre »Kultur« finden sie erhaltenswert, ihre Sprache vor genderneutralen Ausdrücken und Anglizismen schützenswert und ihre Körperpflege gegenüber »unzivilisierten Muslimen« überlegen. So weit, so peinlich. Als zögen sie allein deshalb nicht schon genug bedrohliche Register (von Beleidigungen und Bedrohungen über körperliche Gewalt bis hin zu Mord), hängen sie sich seit einiger Zeit an einem ganz besonderen Topos auf: dem Gefährlichen Ausländer™.

Der Gefährliche Ausländer™ inspiriert Politiker_innen wie Beatrix von Storch dazu, im Nachrichtensender BBC live in die Kamera über Kriminalstatistiken zu lügen. Nachdem Trixie sich vor der ganzen Welt blamiert hat, haben ihre Nazi-Follower noch nicht genug Demütigung erfahren und spielen weiter Harry Potter. Sie wünschen sich Dinge dort, wo sie nicht existieren. Doch im Gegensatz zum britischen Zaubererstar haben sie nicht im Alter von zehn Jahren eine Einladung nach Hogwarts bekommen, haben keine magischen Kräfte, nur ein rassistisches Weltbild. Und während der September in Hogwarts für den Schulbeginn steht, toben Deutsche sich hier momentan so richtig aus.

Anfang September gab es in der Berliner U-Bahnlinie U7 einen Messerangriff von einem Neonazi auf eine Person, die ihn wegen seines Nazi-Tattoos als »Fascho« bezeichnet hatte. Beide Personen sind weiße Deutsche. Auf der vielfach im Netz geteilten Videoaufzeichnung der Tat war ein Aggressor mit schwarzen Haaren zu sehen, wodurch er vom Neonazi zum »Südländer«, dann zum »Araber« und schließlich zum »Moslem« gemacht wurde. Nicht, weil es dafür Indizien gab, sondern weil es diese große deutsche Sehnsucht danach gibt, nicht-weißen Menschen Verbrechen zuzuschieben. Unangenehm, wenn sich diese Fake News als solche entlarven.

Rechten reicht es nicht aus, geschehene Angriffe durch Fehlinformationen neu, nämlich rassistisch zu erzählen, sondern sie faken sogar welche, um ihr Opfer-Abo aufrechtzuerhalten. Deutschland, bist du von Sternzeichen Krebs, oder warum siehst du dich auch dann als Geschädigter, wenn du selbst das Messer zückst? Ein paar Tage nach dem Fall in Berlin gab sich im bayrischen Neustadt ein 42-Jähriger besonders viel Mühe. Er stach sich eiskalt mit dem Messer in den Bauch und schob die Tatschuld »drei dunkelhäutigen Männern« zu. Diese drei Männer hat es jedoch nie gegeben.

Leider ist er nicht der einzige Deutsche, der sich die Welt zurechtlügt. Eine 30-Jährige aus Ismaning bei München behauptete ebenfalls diesen Monat, sie sei nachts in der U-Bahn-Station von einem Araber begrapscht und beklaut worden. Stellt sich raus: Sie war einfach besoffen, und es ist nie irgendwas vorgefallen. Vielleicht fühlte sie sich inspiriert durch die 28-Jährige aus der Nachbarstadt Germering, die einen Raubüberfall durch einen Asylbewerber vorgetäuscht hat. Ist nämlich auch nie passiert. Deutschland, bist du ein Land oder ein Opfer?

September 2018

Deutschland im Herbst

Der Herbst klingelt Sturm und die ersten Selfies mit Pumpkin Spiced Latte in der Hand fliegen wie Laub durch meine Timelines. Zur deutschen Herbsttradition gehören jedoch nicht nur ausgehöhlte Kürbisse oder 23 Rezepte für einfallsreiche Eintöpfe, sondern auch das systematische Von-nichts-gewusst-Haben, während rassistische und antisemitische Gewalt im ganzen Land begangen wird. Der Topf, in dem dabei kollektiv gerührt wird, ist gefüllt mit brauner Suppe, angereichert mit rechter Propaganda und Hass. Sturmwarnung als Alltag: Der kälteste aller Winde weht von rechts.

Opferverbände haben allein im ersten Monat nach den Pogromen von Chemnitz 93 rechte Übergriffe in Deutschland gezählt: Angriffe mit Messern, Eisenketten, Baseballschlägern. Über die wenigsten von ihnen gab es über die Lokalpresse hinaus Berichte.

Am 17. September fand man im Raum Pforzheim die Leiche eines 47-jährigen Deutsch-Irakers, der durch zwei Schüsse in die Brust ermordet wurde. Wer die letzten sieben Jahre aufmerksam war, könnte eine Parallele zu den Taten des NSU ziehen, zumal jüngst die rechtsextreme Terrorgruppe »Revolution Chemnitz« aufgedeckt wurde. Davon lässt sich die lokale Polizei jedoch nicht blenden, sie ermittelt »ergebnisoffen in alle Richtungen«. Warum auch nicht.

Als hätte der Zufall es drauf angelegt, verschwand ein paar Kilometer weiter bereits Ende August ein Jäger. Auch dessen Leiche tauchte nun auf. Was jedoch verschwunden bleibt: die 30 Waffen, die der Mann legal besaß. Könnte es vielleicht sein, dass jemand ihn gezielt ermordet hat, um an seine Gewehre zu kommen? Und könnte dieser jemand Teil einer Gruppe Menschen sein, die schon länger ein Interesse daran hat, an Waffen zu kommen? Der deutsche Betreiber des Waffenshops »Migrantenschreck« wurde im Frühjahr dieses Jahres gefasst. Davor hatte er mindestens 198 Deutsche illegal mit Waffen versorgt.

analyse & kritik postete auf ihrer Facebook-Seite folgenden Hinweis: In Baden-Württemberg gibt es nicht nur ein aktives Neonazi-Netzwerk, von dem auch Uwe Mundlos schwärmte, sondern dort wurde 2007 auch die Polizistin Michèle Kiesewetter vom NSU ermordet, 50 Kilometer von Pforzheim entfernt. Am 4. November 2011 flog der NSU auf.

Die afrodeutsche Dichterin May Ayim schrieb 1992 in ihrem Gedicht »deutschland im herbst« über die Kontinuitäten von der Reichspogromnacht am 9. November 1938 zu rechtsextremen Gewalttaten in den 1990ern: »deutschland im herbst, mir graut vor dem winter«.

Das ist 26 Jahre her, der Herbst läuft jedoch auf Repeat. Aber wir sollten uns trotzdem nicht den kalten Winden hingeben. Jeder Sturm kann von einem mächtigeren Orkan weggefegt werden. Slogans wie »unteilbar« und »wir sind mehr« sollten keine Metaphern bleiben.

Oktober 2018

Liebe ist politisch

Für die meisten Heten steht der 14. Februar im Zeichen der romantischen Liebe. Auch ich denke an diesem Tag über Liebe nach, jedoch nicht im Sinne des kapitalistischen Feiertags. An diesem Valentinstag wäre der 29. Geburtstag von Burak Bektaş gewesen, einem jungen Berliner, der nie älter als 22 wurde. Am 5. April 2012 wurde er in Berlin-Neukölln erschossen, die Tat wurde bis heute nicht aufgeklärt, doch seine Angehörigen sowie die »Initiative für die Aufklärung des Mordes an Burak Bektaş« gehen von einem rassistischen Mord aus. An seinem Geburtstag gedenken wir seiner mit einer Mahnwache.

Gar nicht bis kaum aufgearbeitete Fälle rassistischer Gewalt, das hat in Deutschland fast Tradition. Von den Morden des NSU über die Morde an Oury Jalloh und Amad Ahmad bis zu den Angriffen auf die Frankfurter Anwältin Seda Başay-Yıldız durch den »NSU 2.0«: Rechte Gewalt – ob durch Beamte oder Nichtbeamte – juckt die meisten Deutschen nicht. Für den eingeschläferten Aggro-Hund Chico gab es mehr Empathie als für bedrohte oder ermordete rassifizierte Menschen.

Letztes Wochenende wurden in Berlin innerhalb von 24 Stunden vier Jugendliche of Color angegriffen. Eine Frau in Neukölln hat etwa versucht, einem 12-jährigen Mädchen das Kopftuch vom Kopf zu zerren und sie mit einer scheinbar mit Blut gefüllten Spritze zu stechen, während sie an ihren freigewordenen Haaren gerissen, sie rassistisch beleidigt und gepfeffert hat. Was geht?

Nicht einmal vor Kindern wird Halt gemacht – und dann auch noch auf so eine perfide Art. Die verbalen und körperlichen Erniedrigungen scheinen der rassistischen Täterin nicht gereicht zu haben, sie musste noch eine höhere Dimension der Abgefucktheit betreten und eine verdammte Spritze auspacken. Selbst wenn die Spritze safe war, zeichnet sich ganz klar eine völkische Blut-und-Boden-Symbolik ab: mit dem vermeintlich »richtigen« Blut eine Spritze füllen, die ein Mädchen mit dem vermeintlich »falschen« traumatisieren soll.

Wie die breite Öffentlichkeit reagiert hätte, wären es weiße Kinder gewesen, können wir uns nur ausmalen. Die Aufklärung über queere, trans und inter Lebensrealitäten nehmen besorgte Deutsche als Gefahr für ihre Kinder wahr. Wie krass würden sie ausrasten, wenn es sich um eine reale Bedrohung wie bei den Vorfällen in Berlin handeln sollte? Fest steht: Kinder gelten als unschuldig und besonders schützenswert, solange sie weiß sind. Sobald es sich um rassifizierte Kinder handelt, wird ihnen irgendeine Schuld zugewiesen, oder es ist Leuten schlichtweg egal – weil ihr Leben nicht als dem weißer Menschen gleichwertig betrachtet wird, weil ihnen Mitgefühl und Liebe verwehrt werden.

Am 14. Februar dachte ich also über Liebe nach. Die für Freund_innen, Geschwister, Partner_innen, Familie, Community und mich selbst. Liebe ist nicht immer romantisch, dafür aber oft politisch.

Februar 2019

Patriotische Glückseligkeit

Es heißt immer wieder, alle Gefühle hätten ihre Berechtigung. Doch es gibt sie, die falschen Gefühle zur falschen Zeit. Etwa bei der frisch vereidigten Verteidigungsministerin Annegret Kramp-Karrenbauer, die mega Bock auf ihre anstehende Zusammenarbeit mit der Bundeswehr zu haben scheint. Anfang der Woche schwärmte sie in einem Interview mit der *FAZ:* »Die Fahne, die Nationalhymne, die aufmarschierten Soldaten, da bekomme ich eine Gänsehaut.« Weird flex but ok.

Im Hinblick auf das rechte »Hannibal«-Netzwerk oder nazimäßig anmutende Anwerbeplakate, aber auch aufgrund grundsätzlicher Mobbingstruktur und toxischer Maskulinität in der Bundeswehr, stellen sich sicher bei sehr vielen Leuten beim Gedanken an ein solches Szenario ebenfalls die Armhaare auf. Nur wird bei ihnen dieser körperliche Zustand durch Ekel und nicht, wie bei Kramp-Karrenbauer, durch patriotische Glückseligkeit getriggert.

Für AKK sind Soldat_innen keine potenziellen Gefährder_innen, sondern eher Held_innen, bewaffnete Engel für Deutschland sozusagen. Trotz Verbindungen zwischen rechtsextremen militanten Strukturen und der deutschen Bundeswehr, will Kramp-Karrenbauer von einem Generalverdacht gegen Soldat_innen nichts wissen. »Wenn Männer und Frauen bereit sind, für dieses Land solche Gefahren auf sich zu nehmen, dann haben sie unser Vertrauen und unsere Unterstützung verdient«, sagt sie im Interview.

Bei ihrer Vereidigungsrede am Mittwoch kristallisiert sich heraus, dass dieses Vertrauen auf Kosten der Vernunft geht. Für

Neonazis sei in der Bundeswehr kein Platz, sagt sie, doch was sie gegen die bereits etablierten und ausgebildeten Rechtsextremen in KSK und Co. unternehmen will, dazu hat sie nichts zu sagen.
Bis konkrete Maßnahmen ersichtlich werden, bleiben ihre Abgrenzungen von rechtsextremen Soldat_innen, aber auch von der AfD, ein bloßes Lippenbekenntnis. Wo sie aber sehr konkret wird, ist in der Stärkung des Soldat_innen-Images. Sie kündigt in ihrer Rede außerdem an, mehr Geld für eine bessere Ausrüstung locker zu machen.
Warum bittet sie eigentlich nicht gleich in der »Nordkreuz« Telegram-Gruppe um einen PayPal-Link oder fragt die Terrorist_innen persönlich, welche Waffen sie ihnen auf Rechnung der Steuerzahler_innen einkaufen soll? Staatlich bezahlter Terror? Wenn man bedenkt, dass V-Männer im Umfeld des NSU verdächtig mitmischten, muss man sich das ernsthaft fragen.

Juli 2019

Rassismus ohne Rassist_innen

Was macht eine Straftat zu einer antisemitisch oder rassistisch motivierten Straftat? Ist es das Machtverhältnis zwischen Täter_innen und Opfern? Die Art der Straftat, etwa wenn antisemitische oder rassistische Beleidigungen hinzukommen? Eine bisherige Laufbahn oder mögliche Anbindungen zu einschlägigen Milieus? Ab wann ist ein Milieu einschlägig? Müssen es vorbestrafte Neonazi-Terrorist_innen sein oder reicht ein deutscher Background?

All diese Faktoren könnten relevant sein. Leichter wäre es jedoch, wenn Täter_innen ein Bekenntnis liefern. »Ich bin ein Rassist« wäre beispielsweise ein sehr eindeutiges. Wobei in Deutschland, wo das BKA 2018 etwa 7700 antisemitische und rassistische Straftaten zählte – 20 Prozent mehr als 2017 –, niemand je Antisemit_in oder Rassist_in gewesen sein will, zumindest nicht seit 1945.

Wenn in Deutschland, dem Land des Rassismus ohne Rassist_innen, jemand von sich aus behauptet, ein_e solche_r zu sein, dann muss es was heißen. So geschehen am vergangenen Mittwoch in Bielefeld, wo ein 39-Jähriger eine Schulklasse am Bahnhof mit Reizgas attackierte und dabei zehn Schüler_innen sowie eine Lehrerin verletzte.

Als die Polizei den Mann, gegen den bereits ein Haftbefehl vorlag, nach seinem Motiv fragte, erklärte er, dass er die Kinder nervig fand und außerdem ein Rassist sei. Trotzdem betonte Carsten Bente, Polizeisprecher der Bundespolizei in Münster, dass sie Rassismus nicht als Hauptmotiv werteten und keine Zugehörigkeit zur rechten Szene bekannt sei. Der Täter habe bei

der Tat keine rassistischen Sprüche skandiert und sei alkoholisiert gewesen.
Interessant, dass die Polizei hier so sehr auf eine fehlende Zugehörigkeit pocht, um die Tat nicht als Hasskriminalität einzustufen. Der Mord an Walter Lübcke wurde übrigens zunächst ebenfalls nicht so eingestuft, trotz offensichtlich rechtsextremer Aktivitäten des Täters Stephan E.
Um antisemitisch oder rassistisch zu handeln, muss niemand einen Lebenslauf mit Neonazi-Praktika oder einen KKK-Mitgliedsausweis vorlegen. Man muss nicht einmal Neonazi-Memes in Gruppenchats oder Textsicherheit bei Frei.Wild-Songs nachweisen. Und die wenigsten Antisemit_innen oder Rassist_innen werfen noch schnell einen Hitlergruß hinterher, wenn sie entsprechend handeln. Manchmal handeln sogar vermeintliche Linke antisemitisch oder rassistisch.
Natürlich würden sie sich niemals selbst Antisemit_in oder Rassist_in nennen, doch diese Begriffe sind auch keine Selbstbezeichnungen, sondern beschreiben menschenfeindliches Denken und Handeln.
Und selbst wenn: Seit wann juckt es Deutsche – das sind diese Leute, die politische Selbstbezeichnungen wie Schwarz oder People of Color erfolgreich aus dem gesellschaftlichen Wortschatz verdrängen –, wer sich selbst wie nennt?

Juli 2019

Männlich, middle-aged & mittelmäßig

Beim Staffelfinale der Hufeisenserie in Thüringen offenbarten sich Abgründe, vor denen schon seit Jahren gewarnt wird. Der Opportunismus als Konstante des Liberalismus etwa: Das Einzige, worauf du dich bei der FDP verlassen kannst, ist, dass sie dir das Messer in den Rücken rammt, sobald es Profit verspricht.

Die fatalen Folgen des traditionellen Antikommunismus: Bevor bürgerliche Parteien auch nur in die Nähe der Linken gehen, paktieren sie mit Faschist_innen. Der Bürgi-Drip erreichte schließlich Arktis-Level, als das Mitte-Mythos-Dilemma betrauert wurde: Das Gefühl, wenn du den Faschismus zwar nicht leiden kannst, aber Antifaschismus für dich trotzdem nicht infrage kommt. Inmitten dieses Zirkus, gehostet von den Clowns der CDU und FDP: der Egotrip mittelmäßiger Männer. Wenn der Faschismus Sturm klingelt, wirken Genderanalysen unbedeutend wie kleine Knospen in einem Meer blühender Veilchen.

Die Dreistigkeit und Selbstüberschätzung, überhaupt zu kandidieren, wenn man knapp die 5-Prozent-Marke geknackt hat, ist die konsequente Fortsetzung eines sozialen Phänomens, das sich von jedem Dorfbetrieb bis zur krassesten Chefetage abspielt. Überall gibt es diese mittelmäßigen cis Männer – oft, jedoch nicht immer weiß und bürgerlich –, die trotz bestehender Alternativen und bei fehlender Erfahrung oder Kompetenz die besseren Positionen besetzen. Die Plätze, für die es mehr Lohn, Anerkennung oder Komfort gibt. Mehr Macht.

Solche Typen fragen sich nie, ob es nicht verantwortungslos oder einfach falsch ist, Anspruch auf eine Position zu erheben, die ihnen nicht zusteht. Es ist ihnen nicht mal peinlich, sich so aufzuspielen. Währenddessen verzichten viele geeignete Frauen und nichtbinäre Personen – insbesondere jene, die aus einer Arbeiter_innenfamilie stammen und/oder nicht weiß sind – auf solche Beförderungen oder nehmen diese nur mit vielen Selbstzweifeln an.

Sowohl Christian Lindner als auch Thomas Kemmerich bedienen sich gewohnter Rhetorik. Die Floskel »Wir haben von nichts gewusst« ist nicht nur die deutscheste aller Lügen, sondern eine strategische Naivität, die man auch von hinterlistigen Schlangen jedes Betriebs kennt. Es bleibt jedoch ein Trugschluss zu glauben, man komme besser weg, wenn man sich selbst als abgrundtief dumm darstellt, statt zu seinem Kalkül zu stehen. »Oh, was für eine Überraschung!«

Wer mit Faschist_innen kooperiert, hat keinen Anstand. Solche Männer besaßen ihn jedoch noch nie. Kemmerichs Move ist nicht nur eine gefährliche Farce auf Kosten der Demokratie, sondern auch ein Symptom der Männlichkeitskrise. Lieber geht Kemmerich ein unmoralisches Bündnis ein, übergeht den Wunsch der Wähler_innen und überschreitet eine Grenze, die ab jetzt immer wieder überschritten werden kann, statt zu akzeptieren, dass er ein Niemand ist.

Februar 2020

Ein Land probt »den Schock«

Wussten Sie, dass man als Mitglied des nazipositiven Milieus (so nennt Autorin Amina Aziz die bürgerliche Mitte, die gern mit Nazis redet, feiert und Waldspaziergänge macht, kurz NPM), auch »bürgerliche Mitte« genannt, einen Abschluss in Schauspiel gratis dazubekommt? Klar, absolviert hat man den Kurs nicht wirklich, deswegen bekommt man auch nur die Betaversion der Kompetenzen. Eigentlich nur einen einzigen Stunt: den »Schock«. Immer wieder zu beobachten ist »der Schock« als Reaktion auf freidrehende Deutsche.

Wenn die seit Jahrzehnten vor sich hin brühende Querfront zu Tausenden »wegen Corona« in der Hauptstadt zusammenkommt, sind viele aus dem NPM entrüstet: Wie kann es sein, dass so ein »buntes« Bündnis an der Seite von Rechtsradikalen Party macht? (Wobei es ungefähr so bunt zugeht wie in der Currypfanne einer weißdeutschen WG, die nur nach Sojasahne schmeckt.) Um »den Schock« so überzeugend performen zu können, braucht es eine seit 1945 eingeübte strategische Naivität – oder den längsten Powernap der Welt.

Das NPM hat eine Affinität für manipulative Gedankenspiele. Zum Beispiel »Des Teufels Anwalt«. Das heißt: aus Prinzip mal die Gegenposition einnehmen, auch wenn man sie gar nicht vertritt. Sich mal kurz in die Nazis reinversetzen. Aber der Teufel ist sicher kein bedürftiges Wesen, das auf anwaltlichen Beistand angewiesen ist, schon gar nicht von Lauchs wie Ihnen oder mir. Für wen hält man den Teufel? Für die alte Katze im Tierheim um die Ecke, die man mit einer monatlichen Spende von 8 Euro am Leben hält?

Ein weiteres Werkzeug aus der Trickkiste ist Gaslighting. Diese Taktik geht so: Täter_innen terrorisieren ihre Opfer mit winzigen, für Außenstehende nahezu unbemerkbaren Aggressionen, während sie selbst so tun, als wäre gar nichts passiert, so dass die Opfer anfangen, an ihrer eigenen Wahrnehmung zu zweifeln. Das gelingt in individuellen Beziehungen gleichermaßen gut wie auf einer strukturellen Ebene, etwa wenn die Berichterstattung über sexualisierte oder rassistische Gewalt von der Grundsatzdiskussion begleitet wird, ob wir überhaupt in einer sexistischen oder rassistischen Gesellschaft leben. Wer von solchen Machtgefällen profitiert, möchte diese natürlich aufrechterhalten. Perfide ist es hingegen, wenn es die vermeintlichen Verbündeten sind, die fleißig dabei mitmachen, Betroffenen ihre Erfahrungen abzusprechen. Von »War doch nicht so gemeint« über »Bist du sicher, dass das so passiert ist?« bis hin zu »Also das ist doch nicht -istisch!« werden die Evergreens der Mind Games rauf- und vor allem runtergespielt. Damit nehmen sie dem NPM viel Arbeit ab.

Faschismus ist keine Skala, in der man sich zwischen 0 und 10 verortet. Entweder, man ist antifaschistisch, oder man ist es eben nicht. Mir geht es nicht um eine totalitäre Denkweise, in der Menschen danach eingeteilt werden, ob sie »für« oder »gegen« »uns« sind, sondern um eine logische Konsequenz politischen Handelns. Wer nicht vehement Faschismus bekämpft, begünstigt ihn. Schweigen ist eine Form der Zustimmung, doch meist geht es darüber hinaus. »Wehret den Anfängen« wird zu häufig als Appell zur Stigmatisierung bis hin zur Kriminalisierung von Antifaschist_innen uminterpretiert.

Noch ein Spiel: Täter-Opfer-Umkehr. Man findet irgendeine Kabarettistin schlicht scheiße? Cancel Culture! Satirische Kolumnen und Videos über die Polizei? Geistige Brandstiftung! Eine

Verbesserung der demokratischen Gewaltenteilung? Kein Generalverdacht! Antifaschismus? Der wahre Faschismus! Im Hufeisenwurf? Eine Ehrenurkunde!
Es ist fast wie eine Choreographie: Rechte Anschläge und Aufmärsche sind keine einmaligen Ereignisse, sie wiederholen sich ständig, das macht sie so bedrohlich, denn wenn etwas Furchtbares passiert, wissen wir: Es kann immer wieder passieren. Unmittelbar nach diesen Fällen führt das NPM ihre Schock-Stunts vor. Und dazwischen nährt es den Boden, auf dem der Faschismus blüht und gedeiht.

September 2020

Trauer ist kein Wettbewerb

Bei den unzähligen Fällen von Behördenversagen rund um den rassistischen Anschlag in Hanau fällt es schwer, noch mitzukommen. Angehörige der Ermordeten sowie die Überlebenden stellen ihre Fragen unermüdlich: Warum ermittelte die Staatsanwaltschaft nicht gegen den Täter, obwohl ihr sein antisemitisches, rassistisches und misogynes Manifest schon vor dem 19. Februar 2020 vorlag? Warum konnte er legal Waffen besitzen, obwohl er polizeibekannt und mit Zwangseinweisung in der Klinik war? Warum wurde keine Sterbeurkunde auf Vili Viorel Păun, sondern auf den Namen seines lebenden Vaters ausgestellt?

Warum wurden die Ermordeten ohne Einverständnis der Angehörigen obduziert? Warum überhaupt, die Todesursache war doch offensichtlich? Warum war der Notausgang in der Arena Bar, einem der Tatorte, versperrt? Warum wurden die Angehörigen so spät informiert? Warum wurden sie wie Täter_innen behandelt? Und nicht vor dem Vater des Täters, der die Ideologie seines Sohns fortsetzt und möglicherweise vom Anschlagsplan wusste, gewarnt?

Für alle bisherigen Erkenntnisse ist nicht etwa exzellente Polizeiarbeit, wie Hessens Innenminister Peter Beuth die Behörden lobt, verantwortlich, sondern die Überlebenden, Angehörigen und Journalist_innen. Bei diesem Ausmaß klingt institutionelles Versagen beinahe nach einer Untertreibung.

Hinzu kommt das gesellschaftliche Versagen. Der 19. Februar 2020 war ein Angriff auf ein Viertel der Gesellschaft. Mindestens. Auf der einen Seite gibt es jene, für die seitdem kein Tag vergeht, an dem sie nicht an Ferhat Unvar, Hamza Kurtović, Said Nesar Hashemi, Vili Viorel Păun, Mercedes Kierpacz, Gökhan Gültekin, Sedat Gürbüz, Fatih Saraçoğlu und Kaloyan Velkov denken. Die auf Demos, Kundgebungen, Sozialen Medien und durch lokale Arbeit erinnern.

Auf der anderen Seite stehen jene, die am 20. Februar 2020 Karneval feierten, oder jene, die am vergangenen Freitag auf Twitter »Breitscheidplatz« zum Trenden brachten. Sie fühlten sich durch Hanau in ihrem Gedenken an den islamistischen Anschlag vom 19. 12. 2016, äh, benachteiligt. Viele Profile dieser Personen lassen vermuten, dass sie außer der Forderung nach Racial Profiling und Abschiebungen wenig gegen Islamismus unternehmen.

Auf linken Demos gegen Islamismus wird man diese Leute wohl nicht treffen. Auch die Arbeit des Untersuchungsausschusses zum Breitscheidplatz wird sie kaum interessieren, obwohl hier ebenfalls von Behördenversagen die Rede ist. Ihr »Kampf gegen Islamismus« wird ein völkischer sein, oder er wird nicht stattfinden.

Dass der Jahrestag von Hanau als Anlass genutzt wird, um ein Leid gegen das andere auszuspielen und vom Trauern abzulenken, ist unerträglich. Beide Anschläge waren ein Angriff auf die Gesellschaft. Sie trifft sich in Shisha-Bars und Kiosken und auf Weihnachtsmärkten. Wer nur letzteren Ort als ihr Symbol wahrnimmt, ist Teil ihres Versagens.

Februar 2021

Mal 'ne coole Deutschlandkarte

Erinnert sich noch wer an den Sommer 2020, als nach dem Mord am US-Amerikaner George Floyd global die Black-Lives-Matter-Proteste erneut aufflammten? Ich hoffe es sehr, denn damals zeigten sich auf sozialen Medien immerhin sehr viele nicht-Schwarze Personen betroffen und sogar engagiert.
Auch außerhalb der USA gingen Zehntausende auf die Straßen. Neben Demonstrationen kam es auch zu radikaleren Formen des Protests, in Minneapolis zündete jemand ein Polizeirevier an, und andernorts stolperten Kolonialdenkmäler ins Wasser. Wahrscheinlich ist es eben diesen Protestformen geschuldet, dass für rassistische Polizeigewalt plötzlich endlich eine breite Aufmerksamkeit da war.
Doch auch in Deutschland blieb die Protestwelle nicht nur beim Posten schwarzer Kacheln auf Instagram. Besonders nennenswert ist die interaktive Karte auf tearthisdown.com, eine künstlerische Intervention der Initiative Schwarze Menschen, des Peng! Kollektivs, des Zoff Kollektivs und Swoosh Lieu. Zu sehen gibt es auf der Website eine Deutschlandkarte, auf der koloniale Namen im öffentlichen Raum gekennzeichnet sind. Straßennamen zum Beispiel. Ein Blick auf diese Karte verdeutlicht: Deutschland hat eine Kolonialgeschichte, und sie ist vor lauter Glorifizierung schwer zu übersehen.
Für die Staatsanwaltschaft ist die Thematisierung dieser Verbrechen offensichtlich schlimmer als die Verbrechen selbst. So fanden am 15. Juli Razzien in Privatwohnungen und Büroräumen des Peng! Kollektivs und Zoff Kollektivs statt, als hätten sie einen Terroranschlag geplant. Was für eine Gefahr soll

schon von einer Deutschlandkarte ausgehen? Schließlich handelt es sich nicht etwa um eine Auflistung von Geflüchtetenunterkünften, wie sie vor einigen Jahren von einer rechten Partei veröffentlicht wurde, oder um eine Liste mit personenbezogenen Daten linker Personen, in denen sie zum Abschuss freigegeben werden.

Manche Deutschlandkarten sind rechte Brandsätze, diese aber nicht. Die Staatsanwaltschaft sieht in dem Begleittext zur Aktion trotzdem eine Aufforderung zu Straftaten. Die unverhältnismäßige Repression ist zwar absurd, jedoch nicht überraschend in dem Land der Nazi-Positivität.

Das zeigte auch die Verhaftung der Antifaschistin Lina oder die Räumung der Berliner Liebig34 in den vergangenen Monaten: Die Einschüchterung von Linken wird zum Event gemacht. Dass es diesmal Aktionskünstler_innen trifft, stellt eine Zäsur dar: Denn dass das Projekt von der Kunstfreiheit gedeckt ist, dürfte klar sein. Doch als Anlass, einen Einblick in linke Netzwerke zu erlangen und ein Exempel zu statuieren, reicht es allemal. Und es zeigt, dass antirassistischer Protest hier so bedrohlich zu sein scheint, dass er kriminalisiert wird. Ob der Fall weitere, explizit deutsche BLM-Proteste anschiebt und vielleicht antirassistische und weiße linke Aktivist_innen enger zusammenschweißt? Inshallah.

Juli 2021

Der Terror der Rat-Licker

Neulich saß ich mit einem Corona-Leugner an einem Tisch. Es war ein gemeinsames Abendessen im Rahmen einer Literaturveranstaltung, an der großen Tafel saß er als Begleitung einer Autorin neben mir, und in diesem Moment war mir noch gar nicht bewusst, mit wem ich es zu tun habe. Vielleicht hatte ich eine leise Ahnung, aber ich befand mich noch im Prozess, mein eigenes Bauchgefühl zu unterdrücken und mir einzureden, paranoid zu sein.

Suchen meine Freund_innen bei mir Rat, so neige ich immer zu einem Plädoyer für die Intuition. Sie sollen sich bloß von niemaus erzählen lassen, ihre Wahrnehmung sei gestört. Trotzdem gaslightet uns die Gesellschaft alltäglich, etwa indem sie faschistoide Dynamiken, Verhaltensweisen und Aussagen verharmlost oder normalisiert. Ich kenne diese Mechanismen, und trotzdem erwischte ich mich dabei, wie ich mir selbst die Skepsis gegenüber diesem Typen ausgeredet habe.

Aber woran kann ich einen Rat-Licker aka Maskenverweigerer überhaupt erkennen?

Trekking-Kleidung oder Eso-Fashion allein reicht nicht, klar. Stundenlang mit demonstrativ unter die Nase gezogener Maske im Innenraum zu hocken macht hingegen schon ziemlich verdächtig. Für cis Typen, bei denen oft unklar ist, ob sie nur dumm tun oder es wirklich sind, ist dieser Style zwar auffällig populär – das Manspreading in Zeiten der Pandemie, wie es so schön heißt –, aber macht er allein Menschen zu Verschwörungstheoretiker_innen? Es könnten schließlich auch nur rücksichtslose Arschlöcher sein? Ich überlegte. Der Mann ist Mediziner. Er sollte eigentlich wissen, dass das Atmen durch Nase und Mund funktioniert – und somit auch aus beiden Öffnungen Aerosole ausgestoßen werden.

Dann die Tischgespräche. Tipps, wie maus auf Zugfahrten durch das Verweilen im Bordbistro um das Tragen einer Maske käme. Warum sollte es in meinem Interesse sein, im überfüllten ICE ungeschützt rumzusitzen, dachte ich beim Zuhören. Und bei seinem Nörgeln darüber, wie anstrengend das Maskentragen generell sei, dachte ich nur: Was für eine nervige Memme.

Auf dem Heimweg dann die Auflösung: Er ist nicht nur irgendein Corona-Leugner, sondern auch noch ein hoher Funktionär der MFG (mit freundlichen Grüßen hat diese Partei leider nichts zu tun, sie ist das österreichische Pendant zu »Die Basis«). Warum schockierte mich die Info, obwohl ich ohnehin geahnt hatte, dass er aus diesem politischen Spektrum stammen könnte?

Einerseits hatte ich – naiverweise – nicht damit gerechnet, auf so einem Kultur-Event einem verschwörungsideologischen Hardliner zu begegnen beziehungsweise hatte ich mir die Wahrscheinlichkeit dafür kleiner ausgerechnet, weil maus sich das Leben irgendwie aushaltbar machen muss. Andererseits fügt sich diese Anekdote hervorragend in den gesellschaftlichen Umgang mit Corona-Leugner_innen ein: kleine Hints für ignorieren und den Frieden bewahren, bis sich die Bedrohung nicht mehr übersehen lässt.

Die Warnungen vor der Querfront waren sehr früh sehr laut. Die Gewaltbereitschaft von Corona-Leugner_innen war kein Geheimnis. Wer sie auf die Maskenpflicht hinwies, kassierte oft aggressive Reaktionen. Weitere Eskalationen häuften sich: Von Angriffen auf Journalist_innen über Anschläge auf Impf- und

Testzentren bis hin zum Mord an dem Tankstellenmitarbeiter Alexander W. in Idar-Oberstein steigerte sich das Ausmaß in den letzten anderthalb Jahren kontinuierlich.

Anstatt sich zu fragen, wozu eine Gruppe, die Feindeslisten anfertigt und in den Bundestag stürmt, außerdem fähig ist, setzen rechtsaußenoffene Politiker_innen noch immer auf die Empathieschiene. So auch CDU-Kanzlerkandidat Armin Laschet, der in seinem am Montag erschienenen Wahlkampfspot unter anderem mit dem Corona-Leugner Thomas Brauner schnackt. Selbst nach Bekanntgabe des Anschlags von Idar-Oberstein blieb das Video online. In einschlägigen Chat-Gruppen gibt es für die Tat Lob und Verständnis. Selbst für die Union, die trotz des rechtsterroristischen Mordes an ihrem Parteikollegen Walter Lübcke vor einem »Linksrutsch« warnt, ist diese Anbiederung niederträchtig.

Auf das Bauchgefühl zu hören und trotz Einschüchterung zu intervenieren erfordert Mut – den hat Alexander W. am Wochenende bewiesen und musste mit seinem Leben bezahlen. Es hätte nie so weit kommen dürfen. Durch ihr Appeasement gegenüber Rechten trägt auch die Union Verantwortung – vor allem dafür, dass sich eine solche Gräueltat nicht wiederholt.

September 2021

Deutsches Traditionsbewusstsein

Obwohl die Zahl der Corona-Infektionen erneut steigt und es immer wieder zu Impfdurchbrüchen kommt, kehrt langsam die prä-pandemische Normalität zurück. Für die Literaturbranche bedeutet dies konkret: Nach anderthalb Jahren gibt es wieder eine richtige Buchmesse – nicht online, nicht in abgespeckter Form, sondern fast so wie früher. Buchmessen sind für Verlagsleute, Literaturagenturen und viele Autor_innen so etwas wie Klassentreffen, zwar mit Stress verbunden, aber eben auch ein schönes Wiedersehen.

Unter den Traditionen der Frankfurter Buchmesse ist auch die unnötigste zurück: die Diskussion über die Präsenz rechter Verlage. Unnötig nicht etwa, weil das Thema endlich normalisiert werden sollte, denn es wird auch in zehn Jahren nicht hinnehmbar sein, dass antisemitische, rassistische, antifeministische Propaganda locker zwischen Krimis und Liebesromanen beworben wird. Trotz Halle, trotz Hanau, trotz des Mordes an Walter Lübcke und zig Polizeiskandalen made in Hessen. Als ob die geistige Brandstiftung nichts mit dem rechten Terror zu tun hätte, der auch im Bundesland Frankfurts stattgefunden hat und stattfindet.

Unnötig ist die Tradition deshalb, weil die Möglichkeit existiert, rechte Verlage von der Messe auszuladen. Stattdessen argumentieren die Organisator_innen mit der Meinungsfreiheit und legitimieren Antisemitismus, Rassismus und Antifeminismus als einen Dissens, den man in einer Demokratie aushalten muss. Das wichtigere, unausgesprochene Argument ist wahrscheinlich jedoch die teure Standmiete, die auch solche Verlage zahlen.

Die Anwesenheit eines rechten Verlags bedeutet nicht nur einen schäbigen Nazi-Stand in den Messehallen, sondern ein schäbiges Nazi-Publikum, das dort rumflaniert. Als wären es nicht auch Nazis gewesen, die während des Nationalsozialismus Bücher – Werke jüdischer, kommunistischer und queerer Autor_innen – verbrannt haben.
Für einige wird die Teilnahme an der Buchmesse eine moralische Abwägungsfrage, für manche eine existenzielle, etwa weil sie selbst Bedrohungen von Nazis erfahren. So etwa die Autorin Jasmina Kuhnke. Diese Woche ist ihr Debütroman erschienen, sie war eingeladen, ihn in Frankfurt als Überraschungsgast vorzustellen, aus Sicherheitsgründen unangekündigt also. In ihrem am Dienstag erschienenen Statement sagt sie den Auftritt ab, auch sonst vermeidet sie aufgrund der Gefährdungslage Lesungen mit Publikum. Nikeata Thompson und Annabelle Mandeng haben sich Kuhnkes Messeboykott kurze Zeit später angeschlossen.
Die Messe-Organisator_innen nehmen lieber in Kauf, dass bedrohte Autor_innen fernbleiben und darauf verzichten, ihre Bücher dort vorzustellen. Wessen Meinungsfreiheit (und körperliche Sicherheit) sie schützen, haben sie deutlich gemacht und das bereits vor Kuhnkes Statement. Die Message buchstabieren sie nicht aus und doch ist sie unmissverständlich: Wer sich vor Nazis schützen will, muss sich halt aus der Öffentlichkeit zurückziehen und Sichtbarkeit einbüßen – in einer Zeit, in der Autor_innen jede Aufmerksamkeit für ihre Bücher gebrauchen können. Noch so eine unnötige deutsche Tradition.

Oktober 2021

Jeden Tag Herbst in Deutschland

es ist nicht wahr / daß es nicht wahr ist / so war es / erst zuerst dann wieder

Als die afrodeutsche Poetin May Ayim 1992 ihr Gedicht »Deutschland im Herbst« veröffentlichte, gab es den NSU wahrscheinlich noch nicht. Bis zu ihrem ersten Sprengstoffanschlag waren es noch sieben Jahre, bis zu ihrer Selbstenttarnung gut zwei Jahrzehnte. May Ayim schrieb über die Pogromnacht der Nazis vom 9. November 1938, den Mord an Antonio Amadeo am 24. November 1990 und die rassistischen Ausschreitungen von Rostock-Lichtenhagen im August 1992. Obwohl seitdem noch viele antisemitische, rassistische und rechte Anschläge und Morde gefolgt sind, verliert das Gedicht nicht an Aktualität. Jeden Herbst lese ich es. Und immer sticht ein Begriff hervor: *einzelfall.*

2011 wurde »Döner-Morde« zum Unwort des Jahres gewählt. Als wären die rassistischen Morde des NSU nicht schon grausam genug, konnten Journalist_innen nicht auf menschenverachtende Sprache verzichten. Auch sie sind Teil des Versagens, ebenso wie Behörden, die im Zusammenhang mit rechtem Terror noch immer von »Einzelfällen« sprechen.

Der 4. November 2021 markiert nicht nur ein, sondern mindestens zwei Jahrzehnte Behördenversagen in Deutschland, wobei »Versagen« bei diesem Ausmaß ein Euphemismus ist. Dass der Verfassungsschutz trotz seiner Querfinanzierung des NSU und trotz der Ermittlungssabotagen noch weiterexistiert, ist ein Skandal. Dass sein damaliger Chef Hans-Georg Maaßen für den Bundestag kandidieren konnte, ebenfalls.

Bis heute sind die Behörden den Angehörigen der Ermordeten eine lückenlose Aufklärung und Konsequenzen für die Mittäter_innen schuldig. Wie wenig Lehren aus dem NSU-Komplex gezogen wurden, dürften etwa die Überlebenden sowie Angehörigen der Ermordeten von Halle und Hanau wissen. Bis heute passiert nichts, um zu verhindern, dass so etwas Grausames wieder passiert. Diese Strategie der Fahrlässigkeit übernimmt auch die neue Ampelregierung, die in ihrem Sondierungspapier »Linksextremismus« in eine Reihe mit Antisemitismus und Rassismus als Form der »Menschenfeindlichkeit« stellt. Wer weiß, ob der NSU bis heute aufgedeckt gewesen wäre, hätte es die Selbstenttarnung vor zehn Jahren nicht gegeben.

so war es / so ist es: deutschland im herbst / mir graut vor dem winter

Mit diesen Zeilen beendete May Ayim ihr Gedicht. Wie düster und kalt der deutsche Herbst noch werden sollte, hat sie nicht mehr selbst bezeugen können. In Deutschland ist jeden Tag Herbst. Heute gedenken wir Enver Şimşek, Abdurrahim Özüdoğru, Süleyman Taşköprü, Habil Kılıç, Mehmet Turgut, İsmail Yaşar, Theodoros Boulgarides, Mehmet Kubaşık, Halit Yozgat und Michèle Kiesewetter.

November 2021

Der Kampf gegen Nazis muss global sein

Meine Vorfahren waren nicht am Holocaust beteiligt. Das ist kein Flex, auch wenn ich zugebe, dass ich froh darum bin. Ich habe keine deutsche oder österreichische Familie. Keiner meiner (Ur-)Großeltern war in der Wehrmacht, bei der SS, der SA, in der HJ, im BDM oder in der NSDAP. Niemaus in meiner Familie war KZ-Wärter_in oder hat Nachbar_innen verpetzt. Die Mehrheit der Deutschen kann das nicht von sich behaupten. Ich denke nicht, dass es mich zu einem besseren Menschen macht. Aus Kindern und (Ur)-Enkel_innen von Faschist_innen können immer auch Antifaschist_innen werden. Leider funktioniert das Ganze auch andersrum.

Für meine politische Verantwortung spielt es keine Rolle, was meine Verwandten (nicht) gemacht haben. Würde ich nach, sagen wir, Kanada ziehen, würde ich mich schließlich auch mit dem Genozid an den First Nations auseinandersetzen und entsprechend handeln. Nicht, dass sich ein Verbrechen mit dem anderen vergleichen ließe, doch die Essenz bleibt: Die Geschichte des Ortes, an dem ich lebe, muss nichts mit meiner Familie zu tun haben, um heute Konsequenzen daraus zu ziehen.

Trotzdem beobachte ich manchmal, dass Menschen, deren (Groß-)Eltern oder die selbst erst nach 1945 nach Deutschland gekommen sind, sich einen Freifahrtschein ausstellen, um sich nicht mit Antisemitismus auseinandersetzen zu müssen. Nicht, dass weiße Deutsche gut darin sind, Verantwortung aufgrund ihrer Geschichte zu übernehmen, aber das ist keine Ausrede.

Als sei es eine ausschließlich deutsche und nicht globale Verantwortung, wenn es um die Aufgabe geht zu verhindern, dass sich so etwas wie der Holocaust wiederholt. Kurze Geographiehilfe: Colleyville, Pittsburgh, Alexandria, Ravenna, Isfahan, Évora oder Basra liegen woanders.

Offensichtlich können manche Menschen Zusammenhänge ganz gut voneinander trennen: Eine nationalsozialistische Vergangenheit von einer postnationalsozialistischen Gegenwart, Antisemitismus vom Holocaust oder die Shoah von Israels Existenz. Wie oft habe ich letztes Jahr am 27. Januar auf Social Media gesehen, dass Leute unbedarft »nie wieder« posten, während sie ihren von Doppelmoral und antisemitischen Narrativen getränkten Hass auf Israel kundtun.

Weil für sie nichts mit nichts zu tun hat. Solche Takes entstehen, wenn Leute denken, die Auseinandersetzung mit Antisemitismus sei für sie irrelevant, weil sie in der Schule was zur NS-Zeit gelernt, ein Buch über Antirassismus gelesen oder keine Nazivorfahren haben. Die Kolleg_innen werden nicht müde zu betonen, gegen Antisemitismus zu sein, ohne richtig sagen zu können, was Antisemitismus eigentlich ist.

Aber wie vage das Verständnis von Antisemitismus auch ist: Dieser Tag erinnert daran, dass es nicht reicht, ein System schlecht zu finden, um es zu verhindern. »Nie wieder« heißt kämpfen, egal, wo maus herkommt.

Januar 2022

STERNE

Mein Horoskop ist wichtiger als Deutschland

Ob in der Popkultur, im Netz oder auf Partys: Die Auseinandersetzung mit Sternzeichen ist zum regelrechten Trend geworden, und das schon lange, bevor Vetements eine Astro-Kollektion launchte. Nun ist nicht alles, was als cool gilt, tatsächlich erstrebenswert oder unproblematisch, denn der Habitus der Mehrheit ist meist einer aus der Hölle. Oder anders gesagt: Radikale Herrschaftskritik kann nie anschlussfähig für den Mainstream sein, denn sie greift ihn an. Obwohl das Interesse an Astrologie sich immer weiter verbreitet, würde ich nicht sagen, dass es ein Mainstreamthema ist – schon gar nicht, wenn von queerer Astrologie die Rede ist.

Als Feminist_in belastet mich die Erwartung, jegliche Theorien und Praxen, die religiös oder spirituell anmuten mögen, zu verachten. Nicht falsch verstehen: Kritik an Religion™ als Herrschaftsinstrument und menschenverachtende Ideologie finde ich genauso unverzichtbar wie Kritik an der Esoterik™ als rechts besetzte, essenzialistische Praxis. Wo Leute Anatomie an Geschlecht und Persönlichkeit koppeln, ist für mich keine Gesprächsgrundlage vorhanden: ob in »Frauen kommen vom Venus, Männer vom Mars«-Gelaber, transfeindlichem Radikalfeminismus oder im Eso-Laden in deiner Nachbar_innenschaft.

Mit Sicherheit gibt es auch problematische sowie verkürzte Auslegungen und Praxen von Astrologie. Doch wenn ich von queerer Astrologie spreche, dann meine ich weder das immer gleich klingende Horoskop aus der Frauenzeitschrift deiner Wahl noch die genderbinäre Interpretation, die eine_r bei einer oberflächlichen Auseinandersetzung mit Sternzeichen finden mag. Um die Welt zu verstehen, kann eine_r politische Geschehnisse und ihre Kontinuität nicht ausblenden. Das bestätigten mir schon die drei queeren Hexen, die ich vor etwas mehr als zwei Jahren in einer Reportage im Missy Magazine über das widerständige Potenzial von Spiritualität befragte. Sie waren sich auch darin einig, dass ihre spirituelle Praxis konkrete politische Handlungen nicht ersetzen kann – ein Trugschluss, dem viele Frauen in den 1970ern folgten, als sie sich lieber der Esoterik als der Frauenbewegung anschlossen.

Vielen meiner Freund_innen und mir macht es großen Spaß, über die Sternzeichen unserer Crushes zu diskutieren, uns Astro-Memes zu schicken und die Geburtstabellen von Promis zu ergoogeln – neben Debatten über Politik, dem Formulieren von Konsumkritik, dem gemeinsamen Erarbeiten von Strategien der Selbstfürsorge, Auf-Partys-Tanzen, Fashion-Talks, Demonstrieren und vielem anderen. Einige von ihnen sind außerdem sehr gut darin, Tarot-Karten zu legen und zu interpretieren, manche machen gemeinsam heilsame Rituale am Vollmond, ich lese ab und zu Kaffeesätze. Wichtige Entscheidungen treffen wir sehr unterschiedlich, die einen sehr rational, andere eher intuitiv, aber niemand wirklich auf der Grundlage einer Tarot-Lesung. Weil uns all diese Dinge eher ein Potenzial als Schicksalsprognosen eröffnen.

In Zeiten von Fake News und rechter Propaganda ist es wichtiger denn je, Informationen zu belegen und keine trügerischen Wahrheiten zu produzieren. Als Journalist_in überprüfe ich Zahlen und andere Daten für meine Arbeit mehrfach, weil das Verbreiten von falschen Tatsachen verantwortungslos wäre – und derzeit ein beliebtes Werkzeug für Rechte ist, die ihre hetzerischen Meldungen auf Basis von Bauchgefühl und Moralpanik raushauen. Wer aber glaubt, dass Wissensproduktion immer neutral verläuft, berücksichtigt viele Machtverhältnisse in der Wissenschaft nicht. Über diese Dekolonialisierung spricht etwa die Autorin, Künstlerin und Theoretikerin Grada Kilomba. Vor ein paar Tagen schickte mir ein Freund einen Radiobeitrag von Thomas Palzer im Deutschlandfunk[12] über die Anerkennung von Wissen. Darin heißt es:

Die Produktion von formalisierbarem Wissen beruht auf Rationalität – auf einer Rationalität freilich, die nur das Zerrbild dessen ist, was ratio im Sinne von Vernunft ursprünglich einmal bedeutet hat.
»Vernunft kommt von: vernehmen – altgriechisch: nous«.
Vernehmen, erschnüffeln, erspüren.
Ahnen.

Genauso, wie ich es für keinen Zufall halte, dass in gewissen Räumen – weiß, christlich/atheistisch und männlich dominiert – verächtliches Schnauben hallt, sobald ich über Spiritualität oder Astrologie spreche, halte ich einen Zusammenhang für unübersehbar: Zeitgleich zum Trend, sich mit Spiritualität_en auseinanderzusetzen, stieg auch die Tendenz, feminin konnotierten Attributen, Hobbys und Dingen – wie Verletzlichkeit, Emotionalität, Rosa in unterschiedlichen Nuancen von Millennial Pink bis Rosequartz als trendstiftende Farbe, Make-up, Glamour – mehr Raum zu geben.
Noch vor zehn Jahren wurden diese Dinge in linken, queeren und feministischen Kontexten missbilligt. Ihre Abwertung ist tief in Misogynie und Femmefeindlichkeit verwurzelt, denn in einer patriarchalen Gesellschaft gelten sie genauso wie Femininität wahlweise als künstlich, oberflächlich, schwach, irrational, unpolitisch/nicht radikal genug.

Widerständigkeit misst sich immer nur im Verhältnis zum gesellschaftlichen und politischen Status quo. So auch das subversive Potenzial von Spiritualität. Queere Spiritualität aber, die sich weder an ideologisch-menschenfeindliche Auslegungen von Religion noch in antispirituellen Kontexten anpasst, ist (fast) immer ein radikaler Akt. Ich schreibe fast, weil ich keine Ausnahmen ausschließen möchte.

So wundert es mich kein bisschen, dass die meisten Leute – denen ich begegnet bin –, die diese Rituale und Praxen als heilsam empfinden, rassifizierte Femmes sind. Queere und trans Personen. Viele von ihnen werden von der Gesellschaft beHindert, manche von ihnen sind arm aufgewachsen und/oder leben heute prekär, die meisten von ihnen sind Überlebende. Es handelt sich also nicht um ein Grüppchen privilegierter Bonzen, die in ihrem Elfenbeintürmchen an Mondwasser nippen, mit ihren Kristallen spielen und den Rest der Welt komplett ausblenden, sondern politisch Organisierte und Organisierende, die sich selbst heilen und ermächtigen, weil ihnen die Gesellschaft den Zugang zu vielen Dingen erschwert oder verunmöglicht.

Deshalb verdrehen sich meine Augen automatisch, wenn irgendein Jürgen sich über queere Astrologie lustig macht und mir jede Glaubwürdigkeit abspricht, weil ich spirituell bin. Es gibt wenige Themen (das Wetter und der Weg etwa), bei dem mich seine Expertise interessiert, die Bewertung meiner Über_Lebensstrategien gehört leider nicht dazu. Am witzigsten finde ich jene, die zwar nicht an »diesen Humbug« glauben, aber Gratis-Sessions verlangen. Warum sollte ich meine Zeit und Energie darauf verschwenden, Leute zu bekehren, die eh nicht offen für diese Erfahrung sind?

Ich höre manchmal den Einwand, es sei antiemanzipatorisch, Theorien anzuwenden, in denen die Persönlichkeit von Menschen vor ihrer Geburt bestimmt wird. Das Ding ist: In der Astrologie werden keine Persönlichkeiten festgelegt, sondern Potenziale und Tendenzen. Es muss nicht immer zutreffend sein, ich habe selbst jahrelang gar nicht an Horoskope geglaubt, bis ich queerfeministische las, etwa von Chani Nicholas. Astrolog_innen wie Chani Nicholas brechen die essenzialisierenden, gegenderten Zuschreibungen in der herkömmlichen Astrologie auf und verknüpfen astrologische Konstellationen mit politischen Ereignissen.

Habe ich schon mal eine Person allein aufgrund ihrer Sternzeichen (ich spreche bewusst von Plural, weil Menschen nicht nur ein Sonnenzeichen – das, was wir meistens Sternzeichen nennen – haben, sondern auch einen Aszendenten, ein Mondzeichen, Planeten, Häuser und Aspekte) gecancelt? Auf gar keinen Fall. Wenn eine Person ein Arschloch ist, dann ist sie eins und es spielt keine Rolle, ob sie Widder, Zwilling, Steinbock oder Fische ist.

In Astro-Memes kommen die unterschiedlichen Zeichen selten gut weg. Über manche Sternzeichen gibt es mehr Vorurteile als über andere. Aber meistens lacht eine_r über sich selbst, wenn die eigenen Sternzeichen in Memes oder von Freund_innen gegrillt werden. Denn Astrologie ist kein Herrschaftsinstrument, das strukturell oder institutionell dafür genutzt wird, Leute fertigzumachen. Niemand bekommt einen Job nicht, weil si_er Waage ist. Niemand wird von der Polizei festgenommen, weil si_er Skorpion ist. Astrologie steckt Menschen nicht in Kategorien, die sie für ihr restliches Leben einschränken. Das heißt auch: Menschen können ihr Arschloch-Verhalten nicht durch ihre Sternzeichen rechtfertigen. Verantwortung übernehmen müssen alle. Egal, ob ihr Aszendent Kröte oder ihr Mond Mansplainer ist.

Februar 2018

Der Arschlochfilter

Welches Sternzeichen ist denn nun das schlimmste? Eines der am häufigsten diskutierten Stammtischthemen ohne abschließendes Fazit. Schließlich bringt jede der zwölf astrologischen Figuren sowohl angenehme als auch unangenehme Eigenschaften mit sich. Ein übersichtlicher Guide:
Widder, das jüngste Sternzeichen, zeichnet sich durch Energie, Aggressivität, Abenteuerlust, Impulsivität und katastrophale Entscheidungen aus.
Ganz anders als Stier. Er wird oft als sturer, materialistischer Langweiler betrachtet, aber ganz ehrlich, wer genießt es nicht, geduldig und geerdet mit gutem Essen zu Hause zu chillen?
Zwillinge gelten als hinterlistig und fake, weil sie so viele unterschiedliche Persönlichkeiten haben. Fakt ist aber, dass sie lustige Zeitgenoss_innen sind. Sie haben Probleme, Entscheidungen zu treffen, aber neue Kontakte knüpfen sie leicht.
Der Krebs hingegen ist mehr als eine isolierte Heulsuse. Er ist sehr fürsorglich, liebevoll und so aufopfernd, dass er für sich selber auch das Opfer-Abo abschließt.
Wenn jemand nervtötend viel redet, aufgedreht ist und nach Aufmerksamkeit dürstet, ist die Person womöglich Löwe. Gut zu erkennen an Extravaganz, Loyalität und großem Ego.
Jungfrauen sagt man nach, Kontroll-Ottos mit Ordnungsfetisch und Beklemmungen zu sein. Sie sind wachsam – die Schäferhunde unter den Sternzeichen –, Kräuterhexen und auf einem »ride or die«-Level zuverlässig. Beyoncé ist Jungfrau.
Manche nennen die Waage intelligent und diplomatisch, andere bezeichnen sie als naive Mitläuferin. Ob sie mit einem flirtet

oder einfach nur charmant ist, spielt keine Rolle, sie ist eh unzuverlässig und verpeilt das Date.
Skorpione werden als Ehrenmörder_innen unter den Sternzeichen stigmatisiert: Sie lieben dich obsessiv, bis du ihnen unrecht tust. Dann wird aus sexy Sensibelchen ein Racheengel, vor dem sich jeder Sheytan fürchtet.
Kompromissloser Idealismus (lies: politischer Extremismus) und Autonomie sind dem Schützen wichtiger als Nähe, Verantwortung oder Realitätschecks. Geduld gibt es hier wenig, dafür gute Jokes.
Unterschätzt wird der Steinbock. Sein Gesichtsausdruck ist meistens eher so kein Bock, aber er ist ein perfektionistischer Streber, der sich in seiner Selbstkritik so sehr zermürbt, dass von seinem Körper lediglich ein emotionsloser Stein übrig bleibt.
Der Wassermann hat zwar kein Taktgefühl, aber dafür eine blühende Phantasie, in der seine Respektlosigkeit als Rebellion durchgeht, und eine exzentrische Ader. Die schönste Droge, an der er sich berauscht, ist seine Hybris.
Fische leben in ihrer eigenen Welt. Wer nicht freiwillig mit ihnen hineintaucht, wird so lange manipuliert, bis si_er dort angekettet liegt. Aus der niedlich-verträumten Persönlichkeit wird plötzlich ein Albtraum. Sie sind wie Gäste, sie stinken nach drei Tagen.

Februar 2018

Der feministische Astro-Guide

Es gibt nicht die eine Art, Feminist_in zu sein. Wir lieben sie aber alle! Erkennst du dich wieder?

Widder

21. März–20. April

»Sei doch nicht so wütend!« Du hasst es, diesen Satz zu hören, wenn du wieder mal auf Partys, Podiumsdiskussionen und Familientreffen rechtspopulistischem und antifeministischem Gelaber keine Chance gibst. Schonungslos, schlagfertig und unermüdlich diskutierst du jede_n an die Wand. Doch nicht nur rhetorisch, sondern auch körperlich bist du fit: Beim Armdrücken gewinnst du jedes Mal und gibst Selbstverteidigungsworkshops. Für Breitmacker machst du keinen Platz, weder in öffentlichen Verkehrsmitteln noch auf der Straße. Besorgte Freund_innen raten dir manchmal: Choose your battles wisely! Etwa, wenn du mal wieder knietief in einer argen Facebook-Diskussion gelandet bist.

Stier

21. April–20. Mai

Dein Mantra lautet: Gönn dir! Als Self-Care-Queen kennst du nicht nur die besten Meditationsapps und veganen Rezepte, sondern auch Anleitungen für Erholungsbäder und Detoxmasken. Über das schönste feministische Merch zum Verschenken weißt du genauso Bescheid wie über ermächtigende TED-Talks, die du dir bei einem Kakao oder einem Glas Wein auf deinem Fernseher anschaust. Von deinem smarten Umgang mit Geld profitiert auch deine Politgruppe, denn du bist ein Pro im Schreiben von Finanzierungsanträgen und hältst dein Projekt stets sicher über Wasser.

Zwilling

21. Mai–21. Juni

Die witzigsten Tweets? Die meistgeschauten Instagram-Storys? Die lustigsten Sprüche? Alles deins. Weil du so charismatisch und keck bist, betreust du immer den Stand für die Solishots oder verteilst Flyer auf Partys, denn du weißt das Partyvolk zu locken. Du lebst für Szene-Gossip, deine Ideen sind genial, doch leider bist du mit zu vielen Projekten gleichzeitig beschäftigt, um diese tatsächlich auszuführen. Darüber beschweren sich auch deine drei Beziehungspersonen. Doch dich reizen ein großes Netzwerk und abenteuerliche Festivals mehr als monotone, äh, monogame Beständigkeit. Und überhaupt, was soll dieses Slut-Shaming?

Krebs

22. Juni–22. Juli

Trennungsgespräche, Trösten, Beziehungsberatung – viele Wege führen zu Emotional Labor, und sie alle führen zu dir. Denn du bist fürsorglich, verständnisvoll und aufopfernd. Leider überschreitest du dabei häufig deine eigenen Grenzen und bist angepisst, wenn du die Einzige bist, die sich für die aufwendigen Arbeitsschichten bei Demovorbereitungen und Solievents einträgt. Obwohl du ständig das Einhalten von Grenzen und mentale Gesundheit predigst, fällt es dir manchmal schwer, selber Kritik anzunehmen. Da hört die Radical Softness auf. Dafür hast du einen klaren Zugang zu deinen Gefühlen, und manchmal musst du bei Kundgebungen weinen.

Löwe

23. Juli–23. August

Du liebst den Sommer, denn hier kommen die spaßigen Seiten des Aktivismus: CSDs, Lad(i)yfeste, Theoriecamps, Musikfestivals, yeah! Die Hochsaison beginnt für dich am 08. März und hört mit den Blockaden gegen die Abtreibungsgegner_innen im September auf. Mit deinen fulminanten Outfits siehst du aus, als wäre jeden Tag Pride. Du lebst für die #FreeTheNipple-Bewegung. Du bist Meister_in darin, spontane Eröffnungsreden zu halten. Manche finden dich oberflächlich, aber du bist sehr loyal, und deine engen Freund_innen wissen, dass keine Party der Welt so wichtig ist wie sie.

Jungfrau

24. August–23. September

Politisiert hast du dich über Tumblr, und das Internet ist für schüchterne Aktivisti wie dich ein wichtiges Werkzeug. Viele deiner Freund_innen hast du darüber kennengelernt, außerdem gibt dir die Suchmaschine Zugang zu sehr viel Information. Z. B. über Pflanzenheilkunde, Queer Theory, Einrichtungstricks für kleine Wohnungen, Anleitungen für Lavendeljoints und die besten Tipps gegen Beklemmungsgefühle. Wärst du nicht so introvertiert, würdest du mit deinem Wissen alle Leute in deinem Unikurs zerstören. Stille Wasser sind bekanntlich tief, und wer dich besser kennt, weiß, dass die_der Lieblingsstreber_in in der Bib nicht nur lernt.

Waage

24. September–23. Oktober

Du bist die_der Influencer_in der feministischen Community. Zwischen den unterschiedlichen Gruppierungen und Strömungen bist du gut vernetzt, denn du findest es wichtig, allen Aktivisti zuzuhören. Spaltungen hältst du nicht aus. Und obwohl du dir das Drama nicht ausgesucht hast, scheint es dich zu verfolgen. Bei den vielen Bündnissen, die du eingehst, bleibt es meist jedoch unklar, wie es um deine eigene Position steht, denn irgendwie bist du mit allem und jedem solidarisch. Als Social Butterfly gibt es kaum ein Event, auf dem du nicht bist – wenn auch mit zweistündiger Verspätung. Das verfolgen deine Follower, Fans und Hater fleißig auf Social Media.

Skorpion

24. Oktober–22. November

Dein Gedächtnis ist Das Archiv Aller Problematischen Dinge, Die Jemals Getan Wurden e.V. Ob übergriffige Macker, transfeindliche Frauenräume, Anfeindungen gegen Sexarbeiter_innen, rassistische Intermezzos oder Doppelmoral jeder Art: Nichts von alldem bleibt deinem wachsamen Auge verborgen. Bei dir gilt: kein Vergeben, kein Vergessen. Deswegen kann deine Anwesenheit samt Resting Bitch Face einschüchternd wirken. Niemand möchte von dir entlarvt werden. Doch deine ehrliche und direkte Art wissen viele auch zu schätzen. Genauso wie deinen düsteren Humor. Das feministische Potenzial von Rape- & Revenge-Horrorfilmen war dir schon als subkulturell gebildeter Teenager bekannt. Aus dieser Zeit gibt es einige Goth-Überbleibsel, die du mit Sportbekleidung und Harnessen kombinierst.

Schütze

23. November–21. Dezember

Von Bullengewalt lässt du dich nicht einschüchtern: Furchtlos unterbrichst du jede Polizeikette. Vor Autoritäten hast du keinen Respekt. Konfrontation bis zur Revolution, das ist dein

Motto. Deine Risikobereitschaft hat dich schon in einige Schwierigkeiten gebracht, doch ein Stückchen Unabhängigkeit ist dir den Struggle wert. Deshalb lebst du gerne auf dem linken Wagenplatz, fährst lieber Fahrrad und praktizierst Relationship Anarchy. Deine Freund_innen verbringen gerne Zeit mit dir, denn langweilig wird es in deiner Gegenwart nie. Und wer es in deine Nähe schafft, weiß, dass du es auch so meinst: Die Liste deiner Expolitgruppen ist um einiges länger als deine Geduld.

Steinbock

22. Dezember–20. Januar

Du verachtest den Spätkapitalismus, gleichzeitig gilt für dich: Lean in, du Girlboss! Wäre da nicht all der Stress. Deine Genoss_innen sind überrascht, wenn sie erfahren, dass du »nebenbei« eigentlich Jurist_in bist. Dafür hast du Topberatungskompetenzen, bist gegen Hassrede abgehärtet und strahlst Authentizität ohne Ende aus. Dein Ehrgeiz lohnt sich: Wenn dein Projekt aufgeben will, flippst du aus und hältst eine Rede darüber, dass deine alleinerziehende Mutter nicht nach Deutschland geflohen ist, damit du wegen Konflikten mit Almans deine politische Arbeit in den Sand setzt.

Wassermann

21. Januar–19. Februar

Du warst schon seltsam, bevor es cool war, »anders« zu sein. Dein Kleidungsstil ist exzentrisch – und das heißt auch, dass du manchmal im Nachthemd rausgehst und von Leuten gefragt wirst, wo das schicke Teil denn her sei. Generell machst du alles auf deine Art: Deine feministische DIY-Band hält sich nicht an die Regeln des Musikbusiness, du fandest Hunde schon immer süßer als Katzen, deine Demoplakate sind ein Hingucker und

Zuschreibungen wie »postmodern« oder »identitätspolitisch« sind dir völlig egal. Drogenaffin, witzig und frech bist du immer ein willkommener Gast auf Diskussionspanels. Manchmal wirkst du ein wenig abweisend, aber schließlich kannst du nicht überall zusagen.

Fische

20. Februar–20. März

Ob Hunde oder Katzen, das ist dir egal. Hauptsache süße Tiervideos! Die schaust du nicht nur selber an, sondern schickst sie deinen Freund_innen zu, wenn es ihnen schlecht geht. Für Ausschlüsse hast du kein Verständnis. Besonders der Lookismus in der Szene nervt dich. Wenn jemand schlecht behandelt wird, unterstützt du diese Person. Es heißt nicht umsonst Safer Spaces! Deshalb wenden sich Leute auch gern an dich. Deine Stärke sind nicht Realitätsschellen, sondern ein offenes Ohr und Empathie. Deine Freund_innen machen sich über deine symbiotischen Liebesbeziehungen lustig, aber es ist ja nicht deine Schuld, dass alle anderen Leute Bindungsängste haben. Das Leben ist zu kurz für oberflächliche Dating-Spielchen!

September 2018

Sternzeichen bleiben im Haus

Das Horoskop für alle, die gerade im Lockdown zu Hause bleiben.

Widder

Indoor-Parcours, Trinkspiele via Skype und jeden Tag drei neue Projekte: Deine Energie ist unbegrenzt, deine Geduld nicht. Zumindest den neuen Podcast willst du durchziehen.

Stier

Zu Hause ist ohnehin schon die Wohlfühloase. Vorräte an Snacks, Klopapier, Gras und Duftkerzen sind hier auch unabhängig von Corona stets aufgefüllt. Der größte Verzicht? Mal wieder richtig schön essen gehen.

Zwilling

Dein Handyspeicher ist kurz vor dem Platzen: Zig neue Apps wie Zoom, Quizduell, TikTok und Nike Training Club konkurrieren um deine Aufmerksamkeit. Bei den Shoutouts an Pflege- und Sorgearbeiter_innen vermisst du deinen Namen: Für die Memes, die du postest, kann man auch mal Danke sagen.

Krebs

Eigentlich wolltest du aufräumen, aber du bist über diese eine Postkarte gestolpert und jetzt liegen sämtliche Briefe der letzten Jahre vor dir ausgebreitet. Du fragst dich: Soll ich ihm_ihr verzeihen? Dann fällt dir ein, wie scheiße die Person war, und du verschickst Schuldzuweisungen per SMS.

Löwe

Die Bühne ist, wo du bist, nicht, wo die anderen sind! Mit Popmusik im Hintergrund besteht deine Tagesroutine aus Make-up, Styling, Selfies, Live-Sessions und Likes-Sammeln. Dein Ringlicht kommt endlich zum täglichen Einsatz.

Jungfrau

»Quarantäne« nennt man deinen Lebensstil also. Du siehst nur Vorteile: Du kannst mit Tipps zum Alleinsein klugscheißen, deine Freund_innen laden sich Online-Scrabble runter und deine Neurose ist plötzlich sozial kompatibel.

Waage

Insgeheim hoffst du auf Ausgangssperre, damit dir jemand endlich mal die Entscheidung abnimmt. Von deinem Bett aus recycelst du Nudes in sechs verschiedenen Chats und bist froh, dass auf Thirst Traps erst mal nichts folgen muss.

Skorpion

Irgendwie macht dich die Untergangsstimmung horny. Du erschaffst einen virtuellen Charakter, vögelst dich durch die Simulationscommunity, masturbierst nonstop nach dem Motto: Der Körper mag eingesperrt sein, die Gedanken sind frei.

Schütze

Du bist die Person, die von der Social-Distancing-Bürgerwehr von Häuserfenstern aus zurechtgewiesen wird, weil sie Corona-Partys schmeißt und Gruppenspaziergänge anführt. In deiner Zwangsquarantäne merkst du, dass dein revolutionärer Geist auch von zu Hause aus agieren kann.

Steinbock

Du freust dich darüber, endlich in keine Gruppenarbeiten gezwungen zu werden. Im Homeoffice bist du eh effizienter, da dich keine Kolleg_innen von der Seite anlabern. Außerdem lohnt sich die teure Wohnungsmiete viel mehr, wenn du kaum noch rausgehst.

Wassermann

Du nutzt die Pandemie als Gelegenheit, um mit Micro-Dosing kreativ zu arbeiten. Und die Verschwörungstheorien wieder zurückzuziehen, die du verbreitet hast, als sie in deinem Kopf noch Sinn ergaben.

Fische

Welche Kommunikationsapp kann die beste Nähe aufbauen? Wie viele Koch-Rezepte und Buchempfehlungen aus deiner Wohnung sind zu viele? Wie oft darf man sich pro Tag online verlieben? Ist Vermissen ein Corona-Symptom? Fragen über Fragen.

März 2020

Die Sternzeichen als Haftbefehl-Songs

Widder: Dann mit der Pumpgun
Stier: Saudi Arabi Money Rich
Zwilling: Engel im Herz, Teufel im Kopf
Krebs: Depressionen im Ghetto
Löwe: Glitza
Jungfrau: 4 Kanaken
Waage: 1999 pt 4 (Alo Alo)
Skorpion: Mann im Spiegel
Schütze: RADW
Steinbock: Bolon
Wassermann: Ich rolle mit meim Besten
Fische: Hotelzimmer

Dezember 2020

Der Habibitus-Geburtsstein-Guide

Ein neues astrologisches Jahr beginnt. Wo andere bei Sternchen hängenbleiben, schauen wir in die Sterne und auf Steine.

Widder: Ziegelstein

Du machst keine halben Sachen. Erst recht nicht, wenn du wütend bist. Wenn nicht mit Rap, dann mit dem Ziegelstein!

Stier: Pizzastein

Während Genoss_innen auf der Straße protestieren, bereitest du zu Hause mit hochwertigen Küchentools die KüFm (Küche für mich) vor.

Zwilling: Mandelstein

Wer so viel unterwegs ist wie du, wird körperlich nicht nur belohnt. Die chronische Mandelentzündung hält sich in Corona-Zeiten zwar etwas zurück, doch ab und zu hustest du einen kleinen Mandelstein aus.

Krebs: Souvenirsteine

Borkum im Sommer 2018, der Namensstein aus dem Harz-Trip im Herbst 2019 … Erinnerungen sind dir wichtig und während Corona das Einzige, was dich bei (guter und schlechter) Laune hält.

Löwe: Swarovski-Stein

Ob auf Ohrringen, Zähnen oder Kugelschreibern – bei Glitzer gilt: Mehr ist mehr. Auch Alltagsgegenstände verdienen Glamour.

Jungfrau: Steinharter Rücken

Pandemie hin und her – du bist ein Hustler ohne Grenzen. Die Quittung spürst du permanent. Gönn dir und deinem Rücken etwas Entspannung.

Waage: Stein der Weisen

Du liebst das Schöne, aber das heißt nicht, dass du oberflächlich bist. Für eine Intellello-Maus wie dich gehören tiefsinnige Gespräche zum gelungenen Abend genau wie ein hübsches Outfit. Dialektik halt.

Skorpion: Rosenquarz-Dildo

Was sonst? Ein Skorpion-Meme ohne Referenzen auf Sex oder Deepness ist langweilig. Doch auch du hast ein Herz, selbst wenn du es dir ungern eingestehst. Kein Stein erfüllt alle drei Bedürfnisse so akkurat wie deiner.

Schütze: Ton Steine Scherben

Popstars sind nicht für immer, aber Idealismus stirbt nie. Ob die Band oder Wurfgegenstände, entscheidest du. Wer auch sonst, du lässt dir ja von niemaus etwas vorschreiben.

Steinbock: Diamant

Du legst viel Wert auf Qualität. Also lieber ein paar Extraschichten schieben statt alles für Modeschmuck verprassen. Investition in die Zukunft. Wer wird denn angehauen, wenn das Hausprojekt Kohle braucht?

Wassermann: MDMA-Kristall

Dieser Stein sieht nicht nur schön aus, mit ihm fühlt sich auch alles schön an. Wenn die Realität dir Lockdown, steigende Fallzahlen und Verschwörungstheorien gibt, klinkst du dich lieber aus. Das Beste: Für diesen Family-Trip müssen deine WG und du nicht mal rausgehen. #StayAtHome

Fische: Massagestein

Für deine Friends und Genoss_innen bist du immer da. Ein offenes Ohr, eine helfende Hand und zwischendurch ein bisschen Wellness.

März 2021

STERNCHEN

Deine Mudda ist born this way

Ich muss elf Jahre alt gewesen sein, als ich zum ersten Mal auf dem CSD war. Es war ein sonniger Augustsamstag in Hamburg. Mit dabei hatte ich weder eine Regenbogenflagge noch einen asymmetrischen Haarschnitt, sondern meine Eltern, die mich an die Hand nahmen und so weit wie möglich von der Pride-Parade wegzogen. Sie wollten gar nicht dort sein, sie wollten einfach nur in die unterste Etage von Karstadt, wo es Markenware zu Sonderpreisen gab. Auf dem Weg zur Toilette des Kaufhauses traf ich zwei Drag Queens. Ich dachte im Vorbeigehen: »Komisch, ich wusste gar nicht, dass auf dieser Love Parade so viele Schwule sind.«

13 Jahre später kenne ich mich mit Techno und LGBTIQ-Realitäten etwas besser aus. Mit Letzteren ziemlich gut sogar, ich habe da diesen Probemonat mit einem der Buchstaben gemacht, dann gleich ein Abo abgeschlossen.

Das Coole daran: Ich konnte zwischendurch auch den Buchstaben wechseln und noch weitere hinzubuchen. 9 out of 10, would recommend.

Das Starter-Pack ist allerdings nicht optimal, was die Nutzer_innenfreundlichkeit angeht. Die Albensammlung von Tegan and Sara zum Beispiel musste ich mir komplett selber herunterladen. Noch schlimmer: Ich musste sogar erst mal herausfinden, dass es sie gibt. Bis ich auf dem aktuellen Stand war, stellte sich heraus, dass die Band »früher« viel bessere Musik gemacht hat. Im Laufe der Zeit fühlte es sich prätentiös an, zu betonen, wie viel besser »die alten Sachen« waren, obwohl ich erst beim letzten guten Album (»Sainthood« natürlich) eingestiegen bin (immerhin) und die Vorfreude auf die nächsten Platten eher abnahm.

Komplizierter war es hingegen mit den Frisuren. Vor jedem Termin recherchierte ich stundenlang Alternative-Lifestyle-Haarschnitte via Google-Bildersuche und druckte mir ein ganzes Moodboard aus, um die Friseurin ausführlich zu briefen. Es sah meistens schrecklich aus, was nicht ausschließlich an der Diskrepanz zwischen der Haarstruktur auf dem Foto und der auf meinem Kopf lag. Es dauerte Jahre, bis ich in Worte fassen konnte, warum mir eigentlich nach heulen zumute war, wenn ich die Katastrophe rings um mein Gesicht herum als »super, passt, danke« kommentierte: Herkömmliche Friseur_innen weigern sich häufig, gender-nonconforming Frisuren zu schneiden, deshalb sahen meine kurzen Styles lange eher nach Karen als nach New Yorker Lesbe der frühen 2000er-Jahre aus. Das ist neben finanziellen Fragen auch der Grund, warum DIY-Haarschnitte in queerer Kultur so etabliert sind.

Ein Handbuch mit Hinweisen wäre hilfreich gewesen, definitiv. Gleichzeitig war es aber auch okay, mir dieses Wissen ohne Anleitung zu erarbeiten. Erstens, weil genau dieser Prozess, seinen Platz in der Welt zu finden und dabei eigene Erfahrungen zu machen, Teil des Queerseins sind. Zweitens gibt es viele Arten, LGBTIQ zu sein und ich bin froh, meine Custom-Einstellungen vornehmen zu können. Ich mein, let's be honest, du weißt nie, wer da die Default-Settings einrichtet. Wenn du Pech hast, wachst du eines Tages mit der Erkenntnis auf, dass du lesbisch bist, und musst automatisch dein restliches Leben lang mit glatten blonden Haaren, fusseligem Beanie, offenem Jeanshemd, Röhrenjeans und weißen Chucks rumlaufen, als wäre Homofeindlichkeit nicht schon genug.

Auf einem CSD war ich zum Beispiel trotzdem noch nie so richtig und wenn ich ehrlich bin, weiß ich gar nicht, ob ich das ändern möchte. Sichtbarkeit schön und gut, aber bin ich wirklich stolz auf Kommodifizierung, Gentrifizierung, Nationalismus, Pride-Washing, der Inszenierung von Community, Misogynie, Hurenfeindlichkeit, Rassismus, Antisemitismus, Kink-Shaming oder die kapitalistische Vereinnahmung vom ursprünglichen Widerstand gegen Polizeigewalt und Transfeindlichkeit? Denn all das symbolisiert der CSD für mich heute.

Mit bunten Fahnen oder Federboas winken und mit etwas Glück zurückwinkenden Heten vom Straßenrand zulächeln, das wird mir gewährt. Aber existenzielle Bedrohungen von Queers – insbesondere transfemininen, armen oder rassifizierten – ernst nehmen, anstatt die Gewalt an ihnen für rassistische Propaganda zu instrumentalisieren, institutionelle Diskriminierungen bekämpfen oder eine adäquate Krankenfürsorge für alle? Diese Forderungen sind offenbar zu wild.

Heten packen lieber die entmenschlichende »Die können ja nichts dafür«-Rhetorik auf den Tisch und denken, sie hätten dem Vatikan seinen Vater besiegt. Ich habe keine Lust darauf, in meinem Begehren oder meiner Geschlechtsidentität nur dann respektiert zu werden, wenn sich diese Abweichungen von der cis und hetero Norm wie angeborene Krankheiten betrachten lassen, weil sie außerhalb meiner Macht liegen. Anstatt von der Dominanzgesellschaft in die Rolle hilfsbedürftiger Homos oder exotischer trans Personen gepresst zu werden, wünsche ich mir das Recht auf Selbstbestimmung. Das heißt: Ich entscheide, wie ich leben möchte, ohne dafür Abstriche in meinen Rechten und in meiner Sicherheit einzugehen.

Was im Queerdo-Starter-Pack allerdings definitiv fehlt, ist eine Funktion, die das Dating-Portal OkCupid bietet: Die Einstellung, Heten weder zu sehen noch von ihnen gesehen zu werden. Dann erübrigt sich auch das fragwürdige Konzept des Gaydars.

Juni 2016

Trans, homo und fascho? Na logo!

Bereits letztes Jahr sicherte die AfD sich einen Homo-Persilschein, als sie Alice Weidel neben Alexander Gauland zur Spitzenkandidatin ernannte. Eine lesbische Co-Parteichefin in einer rechten Partei, die nicht zuletzt für Antifeminismus und die Bewahrung der Heterokleinfamilie als Keimzelle der Nation steht – geht das? So widersprüchlich es erscheinen mag: Es geht sehr gut. Wer lesbisch, schwul oder bisexuell ist, wird nicht automatisch links oder LGBTIQ-Aktivist_in. So wie nicht jede Frau Feministin ist.

Nun outete sich Nico Wittmann, Mitglied der AfD-Fraktion in der Bezirksverordnetenversammlung Tempelhof-Schöneberg in Berlin, als trans – mit Sicherheit nicht die einzige trans Person in der AfD. Er grenzt sich klar vom »Gender-Sternchen« und so auch von queeren, feministischen Politiken ab. Obwohl es von AfD-Mitgliedern regelmäßig Diskreditierungen und Anfeindungen gegen all jene gibt, die von der sexuellen und geschlechtlichen Norm abweichen, versichern sie Kolleg_innen wie Weidel oder Wittmann ihre Toleranz – denn sexuelle oder geschlechtliche Identitäten sollen deren Privatsache bleiben.

Dabei muss sich die AfD gar nicht so charity-mäßig inszenieren und ihre barmherzigen Duldungen aussprechen. Eine Diversifizierung ihrer Mitglieder ist eine Win-win-Situation für die Partei: Sie kann Menschlichkeit und Unterstützung vorheucheln und sie gleichzeitig als Schutzschild gegen Diskriminierungsvorwürfe einsetzen. Sie kann ihr regressives Familien- und Geschlechterbild weiterpropagieren, LGBTIQ-Personen ihre Menschenrechte absprechen und trotzdem so tun, als ob

LGBTIQ-Leute für sie Menschen seien. Genauso, wie die Partei weibliche Mitglieder stark sichtbar macht und ihnen gleichzeitig keinerlei körperliche Selbstbestimmung oder reproduktive Rechte eingestehen will.

So greift sie sowohl die Stimmen konservativer Wähler_innen ab als auch die jener, die eigentlich bei ihrer Politik nicht mitgemeint sind. Die AfD verkauft etwa Homofeindlichkeit und Sexismus als islamische Exportprodukte – und macht sich so anschlussfähig für jene LGBTIQ-Personen und Frauen, die auch »irgendwie ein Problem mit Ausländern« haben.

Gelegentlich (immer, wenn es gut passt) führt die AfD einen Vorfall von Diskriminierung an – und präsentiert sich als Opfer der Presse und der »linksgrünversifften« Gesellschaft. So auch, als neulich in der heute-show ein geschmackloser Witz über den AfD-Politiker Dieter Amann ausgestrahlt wurde: Moderator Oliver Welke verspottete dessen Stottern während einer rassistischen Rede. Die AfD reagierte mit der Aneignung antifaschistischer Rhetorik, ließ ihr Selbstbild als »die neuen Juden« anklingen und verzichtete auch nicht darauf, ein »Wehret den Anfängen« zu droppen.

Liebe AfD-Ottos, »die neuen Juden« sind immer noch Jüdinnen_Juden, und über die Anfänge sind wir leider schon längst hinaus. Einen großen Teil davon haben wir euch zu verdanken.

Februar 2018

Stars und Sternchen

Gender und Sprache also mal wieder. Keine Sorge, um beziehungsweise gegen das generische Maskulinum soll es dieses Mal nicht gehen, sondern um das Sternchen hinter Begriffen wie »Frau« oder »Mann« oder »Mutter« oder »Aktivistin«. Manche Personen bevorzugen einen Asterisk, also ein *, hinter Pronomen oder gegenderter Bezeichnung, mit denen sie angesprochen werden, wie bei »Frau*« oder »Mutter*« oder »Ingenieurin*«. Das ist völlig legitim, aber ebenfalls nicht das Thema dieser Kolumne.

Worum es dann geht? Um den Gebrauch des Sternchens hinter gegenderten Begriffen als universale Lösung für alle. Denn wer ist schon alle? Als ich 2014 in die Missy-Redaktion kam, führten wir einige inhaltliche Diskussionen, die auch die Sprache betrafen. Humorvoll bezeichne ich den Prozess, meinen politischen Input bei Missy einzubringen, manchmal als Entwicklungsarbeit. Unter anderem forderte ich damals, anstatt mit dem Binnen-I, wie es bis Anfang 2015 als grundsätzliche Regel im Heft galt, mit einem Sternchen oder einem Gap zu gendern, denn es war mir wichtig, nichtbinäre Personen wie mich selbst damit einzubinden. Und außerdem: keine Sternchen hinter Begriffen wie »Frauen« und »Männer«. Denn was im ersten Moment inklusiv und progressiv aussieht, wirft auf den zweiten Blick vor allem Fragen auf: Wer sind eigentlich Frauen*?

Frage ich Leute, die von Frauen* sprechen, so höre ich meistens als Antwort, dass alle sich als Frauen angesprochenen Menschen gemeint seien. Okay, aber bei Frauen ohne Sternchen

sollte das doch auch zutreffen? Ja, heißt es dann, aber meistens werden trans Frauen oder nichtbinäre Leute ausgeschlossen und bei Frauen* sei dann klar, dass diese mitgemeint seien. Es geht also darum, sichtbar zu machen, wie eine_r sich gegenüber Cisnormativität und Geschlechterbinarität positioniert.
Doch der lange Rattenschwanz dieses nett gemeinten Sonderzeichens wird gerne ignoriert: Es impliziert, dass trans Frauen keine Frauen, sondern Frauen* sind. Also nur uneigentlich Frauen. Trans und cis Frauen machen nicht dieselben Erfahrungen, doch das tun schlanke und dicke, weiße und Schwarze Frauen und Frauen mit und ohne Behinderung genauso wenig. Doch für jüdische, muslimische, Schwarze, dicke oder arme Frauen – oder Lesben – setzt niemand ein Sternchen, um klarzustellen, dass sie mitgemeint sind – obwohl sie aus hegemonialer Weiblichkeit ausgeschlossen werden und in weiß-feministischen Kontexten quasi nicht als Teil der Schwesternschaft vorkommen. Heißt: Wenn im Mainstream über die Erfahrung von »Frauen« gesprochen wird, geht es in der Regel um *weiße*, heterosexuelle, mittelständische – meistens schlanke – cis Frauen ohne Behinderung. Auf wen diese soziale Position nicht zutrifft, dey kann sich schon fragen, ob dey als »Frau« ohne Sternchen mitgedacht ist. Doch kaum eine_r wird sagen: Dicke Frauen sind dicke Frauen, aber keine Frauen. Transmisogyne Sprüche wie »Trans Frauen sind trans Frauen und keine Frauen« hingegen fallen des Öfteren. Und diese Haltung manifestiert sich stärker, wenn trans Frauen nur als Frauen mitgemeint werden, wenn es Frauen* heißt.
Und nun zu nichtbinären Leuten, die als Frauen* mitgemeint werden: Ich bin nichtbinär. Ich bin keine Frau* und erst recht keine Frau. Und auch kein Mann. Die Tatsache, dass ich die meiste Zeit als Frau gelesen werde, führt dazu, dass ich Erfah-

rungen mache, die viele Frauen auch machen: Belästigung, Sexismus, eine eingeschränkte körperliche Selbstbestimmung oder Mansplaining zum Beispiel. Deshalb sind die Kämpfe von Frauen häufig auch meine Kämpfe. Einige meiner nichtbinären Genoss_innen fühlen sich als Frauen* aus diesem Grund angesprochen und sogar als sisters/sisters*. Doch es gibt mindestens genauso viele, die es nicht tun. Anstatt uns gegeneinander auszuspielen, erwarte ich von cis und binären Leuten, dass sie sich präziser ausdrücken und kein faules Sternchen setzen, mit dem vermeintlich alle Kästchen abgehakt werden.

Schließlich ist Cisnormativität in feministischen Kontexten nicht einfach erledigt, indem hier und da ein paar Sternchen auftauchen. Wenn ich beispielsweise an dem Satz »Frauen haben ein Recht auf Abtreibung« lediglich ein Sternchen an »Frauen« hänge, verschwindet die Transfeindlichkeit nicht automatisch. Nichtbinäre Leute und trans Männer haben ebenso sehr ein Recht auf Abtreibung, Abtreibungen sind für transfeminine Personen jedoch nicht das Hauptanliegen in reproduktiven Kämpfen, wenn sie bis vor Kurzem in der EU zwangssterilisiert wurden und weiterhin auf den Geburtsurkunden ihrer Kinder misgendert werden – eine Erfahrung, die sehr viele trans Leute in Deutschland machen. Während sich nichtbinäre Menschen teilweise als Frauen* mitgemeint fühlen, ist es eine ignorante Zumutung zu hoffen, dass es für trans Männer schon irgendwie okay sein sollte, weiblich adressiert zu werden – weil es ja keine »richtigen Männer« seien.

Gleichzeitig wäre das Sternchen als ausdrückliche Einladung für trans Leute redundant, wenn transfeindliche (meist Radikal-)Feministinnen einfach klarer formulieren würden, wer in ihrer Vorstellung von Frauen eingebunden ist – das sind meistens nur cis Frauen oder, ebenso essenzialistisch, nur Menschen, die als cis Frauen gelesen werden. Oder mit bestimmten Genitalien.

Beim nächsten generischen Sternchen lohnt es sich darum auf jeden Fall, kurz innezuhalten und zu überlegen, wie die Formulierungen präziser werden könnten. Auf wen trifft eine Aussage zu? Wen lade ich zu dieser Veranstaltung wirklich ein? An wen richtet sich jener Text? Meine ich Frauen? Oder nur cis Frauen? Oder Frauen und nichtbinäre Personen? Oder Frauen und Femmes? Oder Frauen und trans Männer? Oder nur Menschen, die eine Vulva haben? Oder nur Menschen, die menstruieren? Oder Menschen, die schwanger werden können? Oder Menschen, die sexualisierte Belästigung erfahren? Oder Menschen mit X-Erfahrung? Oder pauschal alle außer cis Männer? Alle Frauen, Lesben, inter und trans Personen? Dann sag es doch entsprechend. ¯_(ツ)_/¯

Mai 2018

Querer Pessimismus

Eine Zeit lang schien es, als würde die Welt zu einem besseren Ort für LGBTIQ-Personen. In Deutschland wurde 2017 die gleichgeschlechtliche Ehe eingeführt. Der Bundesgerichtshof entschied vergangenen Herbst außerdem, dass es inter und trans Personen gegenüber diskriminierend sei, wenn auf dem Papier nur zwei Geschlechter existieren – es muss für nichtbinäre Menschen eine sogenannte dritte Option geben. Einige Ämter und Behörden verstehen das sogar schon und brechen zumindest beim Gendern die Zweigeschlechtlichkeit auf. Noch weiter ist das Oxford English Dictionary: Es nahm das geschlechtsneutrale Singularpronomen »they« in seinen Wortschatz auf, nachdem dieses 2015 bereits zum Wort des Jahres gekürt worden war, und trotzte damit Sprachpurist_innen, die sich aus grammatikalischen Gründen geweigert hatten, nichtbinäre Menschen korrekt anzusprechen.

Die Fluidität von Geschlecht hat es also aus den queeren Subkulturen herausgeschafft. Immer mehr Promis outen sich als queer oder trans, immer weniger TV-Serien kommen ohne queere und trans Charaktere aus. Ihre Lebensrealitäten werden selbstverständlicher Bestandteil dessen, was auf unseren Bildschirmen läuft. War all das Ausdruck jener It-Gets-Better-Prognose, die der US-amerikanische Autor Dan Savage LGBTIQ-Jugendlichen bereits 2011 mit einem entsprechend betitelten Buch versprochen hatte? Die Aussicht auf eine bessere Zukunft nach dem Überleben der Schulzeit?

Ein Blick auf das, was politisch gerade Phase ist, desillusioniert. Der tatsächliche Gesetzesentwurf zur »dritten Option« bringt keine große Verbesserung für inter und trans Personen. Statt die Chance auf einen selbstbestimmten Geschlechtereintrag zu nutzen, setzt Innenminister Horst Seehofer weiter auf die Pathologisierung und Bürokratisierung von Geschlecht. Derweil ist der ungarische Premierminister Viktor Orban damit beschäftigt, die Gender Studies aus den Universitäten seines Landes zu verbannen. In Brasilien wurde ein frauenhassender, rassistischer und queerantagonistischer Faschist zum Präsidenten gewählt. Und Donald Trump will die Existenz von inter und trans Personen auslöschen. Dass ein entsprechender Gesetzesentwurf im Jahr 2018 überhaupt noch verfasst wird, ist erschreckend.

Solch deprimierende Entwicklungen machen keine Hoffnung auf *it gets better* – und vielleicht gilt dieser Spruch ohnehin nicht für alle Queers. Klar, die Schulzeit überlebt zu haben, nimmt einem bereits viel Leid ab, aber nicht jede Person kann danach in eine queere Community ziehen und Schutz in einer Blase suchen. Besonders in ländlichen Gegenden – und das ist geographisch gesehen der größere Anteil auf der Weltkarte – sind Queers oft isoliert, von Szenediskussionen abgeschnitten und höheren Aggressionen ausgesetzt.

Neben der Resilienz haben Queers jedoch eine ganz andere Stärke: Pessimismus. Oder sollten wir es Realismus nennen? Wenn etwa eine Studie der Uni Leipzig zum Thema Autoritarismus zeigt, dass ein großer Teil der Gesellschaft rassistisch ist und auch kein Problem mit einer Diktatur hätte, braucht man nicht viel Phantasie, um sich auszumalen, wem es als Erstes an den Kragen ginge, wenn das Feindbild erweitert wird. Parteien wie die AfD, aber auch CDU und CSU, haben für Feminist_innen und Queers nichts übrig. Und wenn doch, dann nur für ganz bestimmte.

Queerer Pessimismus ist also durchaus angebracht. Denn ihm wohnt keine verklärte Sicht auf die Gesellschaft inne. Die Ehe für alle? Ist ein scam. Sie gilt überhaupt nicht für alle. Was ist etwa mit Beziehungen von mehr als zwei Personen? Was wir eigentlich fordern sollten, ist die Abschaffung der Ehe – und Eheprivilegien für alle Menschen. Stattdessen setzen manche Menschen aus lesbischen und schwulen Communities ernsthafte Hoffnungen in konservative bis rechte Politiker_innen wie Jens Spahn und Alice Weidel, weil diese zufällig nicht hetero sind. Linke (und linksradikale) Queers lassen sich von solchen identitätspolitischen Tricks nicht blenden. Angela Merkel ist ja auch eine Frau und macht keine feministische Politik.

Was jedoch gefährlich ist: Pessimismus, der in Apathie mündet. Wenn wir tatenlos zuschauen, wie Rechte erstarken (und das tun sie: Ich schreibe diesen Text am 9. November 2018, genau 80 Jahre nach den Novemberpogromen 1938, und heute Abend marschieren Nazis im Rahmen einer bewilligten Demo zum Reichstag), dann werden sich unsere schlimmsten Horrorvorstellungen bewahrheiten. Also muss queerer Pessimismus zum Motor des Widerstands werden. Nur wenn wir strategische und solidarische Allianzen bilden, haben wir überhaupt eine Chance, den drohenden Supergau zu verhindern. Queers und Linke mögen gespalten sein, doch die umfangreichen Konsequenzen eines weiteren internationalen Rechtsrucks sollten ihnen zum Wake-up-Call werden. Kann Caitlyn Jenner auch dann noch den US-Präsidenten unterstützen, wenn dieser ihr das Geschlecht abspricht?

Was uns darüber hinaus antreiben wird? Pop. Die Musik der Zukunft ist jene, die unsere Trauer und unser Leid nachempfindet, uns aber auch Hoffnung gibt und ermächtigt.

Ich glaube nicht, dass Repräsentationspolitik die queere Befreiung herbeiführen wird, zumal sie einer marktförmigen Logik folgt und oft trotzdem Ausschlüsse schafft. Doch es schadet auch nicht, etwa in Fernsehserien unterschiedlichere Figuren und Geschichten zu sehen. Zwischen politischer Organisation, Gewerkschaftsarbeit und Allianzenbildung mag Popkultur als Motor vielleicht nach unnötigem Luxus klingen, aber ich halte es für eine falsche Strategie, einen Aktivismus ohne Lust und Genuss und Spaß zu fordern. Auch pessimistische Killjoys können tanzen und manchmal sogar lachen.

Dezember 2018

Hauptsache, Heten haben Spaß

gemeinsam mit Bahar Sheikh geschrieben

Auf Campingstühlen mit Getränken aus der Kühlbox im Schatten sitzend den lauten Wägen dabei zuschauen, wie sie über den Ku'damm ziehen, so unaufgeregt hätte der Berliner CSD für uns sein können. Doch wir verließen am Mittag unsere Komfortzone nicht, um uns selber dorthin zu drängen, wo die CSD-Klientel uns am liebsten hätte, an den Rand. Es war der 27. Juli 2019 und für uns beide die erste CSD-Parade. Wir wollten inmitten des Spektakels feiern und warteten oben am U-Bahn-Eingang nur auf den richtigen Wagen mit erträglicher Musik und nicht allzu peinlichem Sponsor. Wir warteten vergebens.

Queer und noch nie auf dem CSD gewesen, geht das überhaupt? In der Provinz mag das Pride-Event die wichtigste LGBTIQ-Veranstaltung des Jahres sein, in Berlin hat es für die meisten Queers jedoch keine so große Bedeutung. Wie wichtig kann ein kommerzielles Massenevent schon sein, wenn in dieser Stadt unzählige queere Veranstaltungen stattfinden? Besonders diejenigen, die sich mit radikaler queerer Geschichte und politischer Praxis auseinandergesetzt haben, wissen um die Kritik an Pride-Events. Zwischen Institutionen und Konzernen wie Bundeswehr, Polizei, Evangelische Kirche, PayPal oder Bayer ausgelassen zu feiern, während all jene das restliche Jahr über keinen positiven Beitrag für queere Communities leisten, erscheint nicht nur widersprüchlich, sondern auch heuchlerisch.

Besonders im Jahr 2019, wo jedes Label eine eigene Pride-Kollektion herausbringt und sich der legendäre Aufstand von Schwarzen trans Sexarbeiter_innen und Queers im New Yorker Stonewall Inn gegen Polizeigewalt zum 50. Mal jährt. Ein Anlass, den der Berliner CSD für sein diesjähriges Motto »50 Jahre Stonewall – Jeder Aufstand beginnt mit deiner Stimme« nimmt. Ein Appell an die politische Dimension von Pride oder einfach eine edgy Promo-Möglichkeit für Konzerne und Labels?

Anstatt den CSD aus der Ferne zu verurteilen, fanden wir uns auf dem Ku'damm inmitten einer Freund_innengruppe wieder, die natürlich nur ironisch mitfeierte. Auf den ersten Blick erinnerte die Menschenmasse an eine WM-Fanmeile, nicht zuletzt als sich ein von oben bis unten in Deutschlandfarben eingekleideter Typ uns annähern wollte. Wir baten ihn sich zu verpissen. Am Straßenrand kauften einige Menschen noch hastig die obligatorischen Regenbogenflaggen, andere kamen bereits darin eingewickelt an. Manche der Fahnen verschmolzen mit den Deutschland-Farben oder dem EU-Motiv.

Unser persönlicher Liebling war die Regenbogenflagge mit einem fetten »Ich liebe dich, Deutschland! Ich liebe dich, Axel« drauf. Jemand lief mit einem Shirt herum, auf dem die EU neben ermordeten LGBTQI-Aktivist_innen wie Marielle Franco, Marsha P. Johnson oder Harvey Milk im Stil eines Beatles-Shirts (»John&Paul&Ringo&George.«) aufgelistet wird, als säßen im EU-Parlament nicht Dutzende Rechte und als ließe die EU nicht mit aller Kraft Geflüchtete – ja, auch queere – im Mittelmeer ertrinken. Die Polizei verhielt sich größtenteils friedlich. Das mag daran liegen, dass selbst das Kiffen während des Dienstes kein Problem zu sein schien. Den Eindruck machte zumindest ein junger Beamter, der genüsslich an seinem Vaporizer zog, während seine Kolleg_innen Kondome mit Sprüchen wie »Schusssicher« und »Stehen bleiben« verteilten.

Auf eine Art ist die CSD-Parade eine vierstündige Dauerwerbesendung mit Wägen, auf denen zu viele Heteros eher eine Bad-Taste-Party feiern, zumindest ihren Kostümen nach. So scheinen sie Queers zu betrachten: nicht als Trendsetter_innen und politische Subjekte, sondern als ulkig gekleidete Schrullen, die nur ficken und feiern können. Frech und bunt.

Wir beobachteten den Zug, bis wir realisierten, dass nicht wir diejenigen waren, die auf die im Schneckentempo vorbeifahrenden Wägen starrten, sondern dass die Unternehmer_innen und Partygäste auf den Wägen auf Safari sind. Der Sinn einer riesigen queeren Party wie dem CSD sollte sein, queere Kultur in der Menge gespiegelt zu bekommen, ein Gefühl von politischer und sozialer Gemeinschaft zu entwickeln und nicht zuletzt sich einigermaßen wohlzufühlen: Stattdessen schlägt bei so mancher ein Gefühl der Entfremdung ein, denn was haben wir schon mit einem Haufen Almans gemeinsam?

Auf dem Dyke March am Vorabend kamen wir wegen Small Talks kaum voran. Auf dem CSD stießen wir auf keine einzige Person aus der queerfeministischen Community, denn diese nahm eher an der Alternative teil, dem »Radical Queer March« in Kreuzberg. Später erfuhren wir, dass dort Polizeigewalt und Antisemitismus zu Konflikten geführt haben.

Das diesjährige Riot-Motto erschien besonders zynisch: Wenn die Deutsche Bahn oder Vattenfall »Riots« promoten und der trans Block vom Siemens-Truck übertönt wird, ist man sich unsicher, ob sie wissen, was ein Aufstand ist. Im queeren Kontext steht er für den gewaltvollen Ausdruck der Unzufriedenheit und des Widerstands von sozial benachteiligten Gruppen – und nicht für irgendwelche weiße Hetero-»Allies« und bürgerliche Schwule, die besoffen zu dem einzigen türkischen Song tanzen, den sie kennen.

Nachdem wir uns das Elend angeschaut hatten, wünschten wir uns fast, die Organisator_innen wären trotz Kritik bei dem vorherigen Motto »Queer sind Berlin – JEMEINSAM!« geblieben. Dieses hatte wegen fehlender politischer Orientierung an 50 Jahre Stonewall ersetzt werden müssen, hätte sich aber durch seine Inhaltsleere viel besser mit der Veranstaltung vertragen.

Wenn der CSD Berlin nur eine Party für Deutsche und (deutsche) Unternehmen ist, dann gibt es auch keinen Grund sich radikale Rhetorik anzueignen. Deutsche Unternehmen schaffen es sogar, den ohnehin schon liberalen Diversity-Begriff zu verwässern: Vattenfall (»Powered by Diversity – 100 % Toleranz«) zum Beispiel kriegt es nicht mal hin, repräsentativ ein paar Token-Kanak_innen auf ihren Wagen aufzunehmen. Während die Schwarzen trans Frauen, die damals den Stonewall Riot auslösten, vor allem Sexarbeiter_innen und aus der Arbeiterklasse waren, wird das Event 50 Jahre später komplett von weißen Bürgis dominiert.

Auch im CSD-Member-Bereich, der nicht mehr als ein Biergarten war, bleiben nicht-weiße Menschen unterrepräsentiert – außer sie arbeiten in der Security. Als eine nicht-weiße Person einen dieser Mitarbeiter fragte, ob es in dem für sie abgesperrten Bereich denn Essen gäbe, antwortete dieser mit einem Grinsen: »Bestimmt, aber nicht für uns.«

In der Member-Area neben der Bühne am Brandenburger Tor, auf der bis Mitternacht ein nicht gerade berauschendes Rahmenprogramm geboten wurde, gab es schließlich kostenlose Getränke, Toiletten und jede Menge weißer cis Typen, die bei einem schlecht gemixten Drink der Vetternwirtschaft freien Lauf ließen. Das Resultat wird sich in der Verteilung von Senatsgeldern und anderen Ressourcen im kommenden Jahr zeigen. Bisher stauben weiße schwule Projekte wesentlich mehr ab als lesbische oder auch migrantische queere.

Um in diesen abgesperrten Bereich zu kommen, wurden limitierte Codes an LGBTIQ-Organisationen vergeben. Bei der Registrierung konnte eine_r sich in der Anrede zwischen »Herr« und »Frau« entscheiden. Die Dritte Option wäre in diesem Fall zu Hause bleiben. In einem Land, in dem »Vincent« von Sarah Connor als Gay-Hymne gilt und Heidi Klum den Ableger von RuPaul's Drag Race moderiert, ist die apolitische Dimension des CSD kein Stückchen überraschend, denn mal wieder gilt: Hauptsache, die Heten haben Spaß. Wir waren auf der Love Parade und alles, was wir bekamen, waren Regenbogenfahnen.

Auf Spotify gibt es die Playlist zum Text:
Wir waren auf der Loveparade

Juli 2019

Der Heten-Filter

Auf der Dating-Plattform OkCupid gibt es die Funktion »Don't want to see/be seen by straight people«. User_innen haben damit die Möglichkeit, mit einem einzigen Häkchen zu deaktivieren, dass ihre Profile für heterosexuelle Personen sichtbar sind – und vice versa.

Parallelgesellschaft per Mausklick sozusagen. Manchmal wünschte ich, es gäbe ein Real-Life-Plugin. Für ein paar Stunden, Tage, Monate oder ein Leben lang unsichtbar für Heten zu sein und keinen Heten begegnen zu müssen, würde vieles leichter machen. Klar, einige von uns würden ihre Familien nicht mehr sehen, und manche ihrer Freund_innen auch nicht, es gibt schließlich auch okaye bis tolle Heteros. Aber die Mehrheit dieser Demografie fickt einfach den Kopf. Wie würde sie aussehen, die gegenseitige Unsichtbarkeit von Queers und cis Heten?

Auf jeden Fall weniger brutal. Einfach in der Öffentlichkeit draufloszuknutschen wäre nicht mehr von der Angst begleitet, im nächsten Moment angegriffen zu werden. Ein Thrill, auf den ich gerne verzichte. Wie könnten Straßen aussehen, auf denen sich Menschen weniger verstellen, verstecken, kleiner machen? Hinsichtlich der Fashion würden Türen geöffnet: Endlich geile Outfits ballern, ohne als Freak zu gelten, ohne von den falschen Leuten gegeiert zu werden, und ohne die Tränen deiner local Anna-Lena, die sich neben dir langweilig fühlt, als wäre es per Zwangsvorschrift auferlegt, sich von Kopf bis Fuß in s.Oliver zu kleiden. Der Nachteil: Ohne den permanenten Anblick von Typen in Camp David und Frauen in Street One fehlt auf lange Sicht die Inspiration zum Camp.

Dafür gäbe es seltener Missverständnisse wegen Codes. Und bessere Witze. Verloren ginge jedoch Einiges an Meme-Material. Aber zumindest bliebe uns eine ganze Sparte an Comedy erspart. Der Karnevalsauftritt von Annegret Kramp-Karrenbauer wäre keine Referenz mehr. Generell weniger Fasching: Endlich wieder von Partys nach Hause kommen, ohne von Heteros auf der Tanzfläche vollgeglitzert zu werden.

Vielleicht ist das auch ein Wunschdenken, das die Transfeindlichkeit, die Misogynie, den Antisemitismus und den Rassismus unter Queers negiert. Was sich aber auf jeden Fall verbessern könnte: die Kopfschmerzen. Denn laut einer neuen Studie der University of California in San Francisco stellte sich heraus, dass lesbische, schwule und bisexuelle Personen zu 58 Prozent häufiger von Migräne betroffen sind als heterosexuelle[13]. Diskriminierung, Stigmatisierung und Vorurteile, so der Leiter der Studie, erhöhten das Stresslevel. Das wiederum löse Migräne aus. Zusätzliche Marginalisierungen könnten den Schmerzpegel erhöhen – eine Schwarze trans Person kriegt im Vergleich zu einem weißen schwulen cis Mann mehrfach ab.

Worauf sich alle einigen können: Heten ficken einfach den Schädel. In der Bekämpfung der Hetero- und Cisnormativität schlummert also ein Versprechen: das vielleicht effektivste Mittel gegen Kopfschmerzen.

Oktober 2020

Weiterkämpfen und Erinnern

Am Wochenende erfuhr ich über Instagram, dass ein_e Genoss_in aus Großbritannien von uns gegangen ist. Unsere gemeinsamen Freund_innen erinnerten an seine_ihre unermüdliche Arbeit und den klugen Humor, teilten Anekdoten und alte Fotos. Es war nicht das erste Mal, dass ich über soziale Medien vom Tod einer Person aus meiner Community erfuhr. Auch nicht, dass geographische oder soziale Entfernung das Ableben so abstrakt machen.

Ambiguous Loss lautet der Begriff für einen Verlust, dessen Trauerprozess manchmal nie vollständig durchlaufen werden kann, weil es … komplizierter ist. Zum Beispiel bei Fehlgeburten, dem Tod von Ex-Liebschaften, dem Verlust von Gedächtnis, dem Wohnort. In Coronazeiten haben viele Leute das Phänomen selbst erfahren, ich habe im Podcast »Feuer & Brot« zum ersten Mal davon gehört: Endlich ein Wort für etwas, das der queeren Community so häufig widerfährt. Trauern in Distanz war für uns bereits vor der Pandemie nichts Ungewöhnliches, doch egal wie oft wir es eingeübt haben, jeder Verlust hinterlässt einen eigenen Schmerz.

Seit ich queer lebe, erinnere ich mich an kein Jahr, in dem nicht eine trans oder queere Person, die ich kannte oder die in meiner Community war, gestorben ist. Meistens waren es rassifizierte trans Personen, oft durch einen Suizid. Ich denke oft an sie. Am Trans Day of Remembrance. Am Trans Day of Visibility. Während des Pride-Monats.

Jedes Mal, wenn ich mein Bücherregal scanne und gewisse Titel hervorstechen. Oder wenn Facebook mich an ältere Beiträge erinnert, in denen die Person noch lebte und wir uns gegenseitig YouTube-Links auf die Pinnwand posteten oder auf Gruppenbildern Grimassen schnitten. Ein Gruppenbild aus 2015 taucht jeden Sommer auf meiner Timeline auf. Es sind zu viele Menschen darauf, um sie aufzuzählen. Mindestens zwei von ihnen haben sich mittlerweile von uns verabschiedet.

Pride-Monat heißt für mich in erster Linie Weiterkämpfen und Erinnern. An die ägyptische LGBTIQ-Aktivistin Sarah Hegazi etwa, die am 14. Juni 2020 ihrem Leben ein Ende setzte. Am 12. Juni war der Anschlag im queeren Club Pulse in Orlando fünf Jahre her. Doch nicht nur die queere Community ist in saisonaler Trauer, diesen Monat jähren sich die NSU-Morde an İsmail Yaşar, Theodoros Boulgarides, Abdurrahim Özüdoğru und Süleyman Taşköprü.

Ich denke aber auch an Queers, die überlebt haben. Polizeigewalt. HIV. § 175. Die Trump-Ära. Und überleben: das TSG. Rechten (Psycho-)Terror.

Unsägliche Gendersterndebatten und Pride-Washing verdränge ich. Während reaktionäre Deutsche Menschen wie mich aus ihrer Sprache auslöschen wollen, existiere ich einfach trotzdem weiter. Während Brands und Konzerne ihre Logos in Regenbogenflaggen einfärben, trage ich schwarz und denke an unsere Unfähigkeit, Strukturen zu schaffen, die unsere Geschwister länger am Leben halten. Vielleicht ist das in einer marginalisierten Community so schwer, dass der Ambiguous Loss als Dauerzustand leichter zu ertragen ist.

Juni 2021

Die Projektionsflächen

Zum Pride Month kommt immer wieder Altes und Neues zusammen, zum Beispiel politische Kämpfe der Vergangenheit mit aktuellen Bewegungen. Aids-Veteran_innen mit der Generation TikTok. Und so auch die Frage, wo die Grenze zwischen queerem Gatekeeping und queerfeindlicher Aneignung verläuft.

Was gerade neu ist: das Musikvideo von Billie Eilish zu ihrem Song »Lost Cause«, in dem sie mit ein paar Frauen eine Pyjama-Party schmeißt und über einen unerwiderten Crush singt. Ob das als Metapher für ein Coming-Out steht? Auf ihrem Instagramprofil veröffentlichte Eilish letzte Woche noch einen Beitrag mit Fotomaterial hinter den Kulissen. In der Bildunterschrift: »i love girls«. Damit löste sie eine hitzige Debatte darüber aus, ob dieser Move ein süßes Eingeständnis oder doch nur kalkuliertes Queerbaiting sei – schließlich sei sie doch mit einem cis Mann zusammen.

An dieser Stelle kommen die nicht mehr ganz so neuen Dinge dazu, an vorderster Stelle die seit Jahren andauernde öffentliche Obsession mit Billie Eilish, insbesondere mit ihrem Körper und ihrer Sexualität. Selbst als sie noch minderjährig war, wurde die Musikerin ständig sexualisiert, ohne durch eine entsprechende Inszenierung suggeriert zu haben, zum Sexsymbol avancieren zu wollen.

Im Prinzip wurde an ihrem Exempel diskutiert, was Frauen dürfen. Ist es radikal, den Körper durch weite Kleidung unkenntlich zu machen? Begehen Frauen einen Verrat an der feministischen Sache, wenn sie sich doch für figurbetonte oder freizügige Looks entscheiden? Oder jetzt eben: Vermarktet Billie Eilish sich zum Pride Month als queer, obwohl sie es vielleicht nicht ist?

Keine Ahnung, kann nur sie beantworten. Aber Gegenfrage: Ist man automatisch straight, nur weil man gerade einen Boyfriend hat? Der einzige Weg aus dieser Kritik heraus wäre in diesem Fall ein erzwungenes Outing. Entweder als heterosexuell oder queer. So, wie die Sängerin Kali Uchis schon klarstellen musste, dass sie bisexuell ist, nachdem man auch ihr Queerbaiting vorwarf.

Billie Eilish ist es niemandem schuldig, ihre Sexualität zu offenbaren. Überhaupt, wer konnte das mit 19 schon, das eigene Begehren auf ein Label reduzieren? Als öffentliche Person ist der Druck zudem höher, mit der Definition der Identität bloß so klar wie möglich nach außen zu treten, das verdeutlicht die bisherige Debatte. Dabei waren wir uns doch schon mal einig, dass Sexualität etwas Fluides ist.

Weg von Billie und Kali, hin zu dem größeren Ganzen: Queerbaiting ist ein Phänomen, das es in unterschiedlichen Formen schon seit einer Weile gibt, also eher Kategorie »alt«. In seiner ursprünglichen Definition jedoch bezieht Queerbaiting sich nicht auf die Performance von einzelnen Promis, sondern auf eine Vermarktungsstrategie in Serien, Büchern und Filmen. Indem dort queere Plot-Lines und Figuren angedeutet, jedoch nie als solche explizit werden, bleibt ein queeres Publikum am Ball, während ein konservatives nicht abgeschreckt wird.

Ersteres wartet sehnsüchtig darauf, dass das Versprechen von queeren Inhalten irgendwann eingelöst wird, und schaut unbefriedigt weiter. Dabei widerlegen Serien wie »Orange Is The New Black«, »Pose« oder »Sex Education«, dass das Ausbleiben von expliziter Queerness ein Erfolgsrezept sei.

Während es bei Billie Eilish tatsächlich unklar ist, ob sie nun queer ist oder nicht, gibt es Fälle, in denen es offensichtlicher war. Das wohl bekannteste Beispiel ist das russische Popduo t. A. T. u., das Anfang der 2000er bekannt wurde. Das Image als lesbische Schulmädchen war keine externe Zuschreibung, sondern fester Bestandteil des Bandkonzepts. Der Name ist eine Kurzform des russischen Satzes »Та любит ту«, also »die eine liebt die andere«. In ihrem viralen Video zur Single »All The Things She Said« knutschen sie leidenschaftlich vor schockiertem Publikum herum. Die Gerüchte, dass die beiden Frauen wirklich zusammen waren, räumten sie in guter alter »No Homo«-Manier in einer Doku aus der Welt. Schnell wurde klar: Das ist kein schonungsloses Pop-Beispiel für lesbische Sichtbarkeit, sondern ein klassischer Fall von »Gay For Pay«, vorangebracht von ihrem Produzenten Iwan Schapowalow.

Über die Jahre äußerten sie sich mehrmals homofeindlich, insbesondere Julia Wolkowa. Ihre Kollegin Lena Katina grenzte sich von einigen Aussagen Wolkowas ab, doch der Vibe bleibt: homofeindliche Heteros, die mit lesbischem Image Geld verdienen. Trotzdem: So homofeindlich sie privat sind, t. A. T. u. werden in diesem Leben ihr Image als lesbische Ikonen oder zumindest Projektionsflächen für lesbisches Begehren nicht mehr los. Für sie war die Rebellion vielleicht nur Marketing, doch für ihre Zuschauer_innen war es ein Ausbruch aus den schnöden vorgelebten Optionen von Heterosexualität und Anpassung.

Gegen Ende des Jahrzehnts kam Katy Perry mit ihrer Single »I kissed a girl«. Vor dem männlichen Blick performt sie den Fauxpas, eine Frau geküsst zu haben. Hoffentlich nimmt ihr Freund ihr das nicht übel!

Viel höhere Wellen schlug der ikonische Gruppenkuss zwischen Madonna, Britney Spears und Christina Aguilera auf den MTV Video Music Awards 2003. Britney und Madonna haben ja be-

reits in ihrem Song »Me Against The Music« fleißig homoerotische Stimmung gemacht, der Dreierkuss war dann der popkulturelle Höhepunkt. Ob das nur Provokation oder ein Statement war, ist auch Jahrzehnte später ungeklärt.
Ausgerechnet wenn es um Abweichungen von Cis- und Heteronormativität geht, argumentieren Produzent_innen oder Autor_innen damit, Begehren und Identität lieber anzudeuten, anstatt die Dinge auszubuchstabieren. Komischerweise wird diese Diskretion selten auf Heterosexualität angewendet, diese wird dem Publikum eher zwanghaft ins Gesicht gehalten. Dabei hat das Geheimhalten von Queerness Geschichte, die sich zum Teil bis heute fortsetzt. Nicht ohne Grund spekulieren Queers über die Sexualität oder Geschlechteridentität verstorbener Bekanntheiten.
Ob sie mit ihrer Vermutung, die Person könnte queer gelebt haben, richtigliegen, wird selten verifiziert. Vielleicht ist es in diesen Fällen auch unwichtig. Denn egal ob queer oder nur so gelesen, verstorbene Ikonen sind immer eine Projektionsfläche – das kann auch etwas Gutes haben, denn sie geben Kraft, können Vorbilder sein. Ihre vermeintliche Heterosexualität ist häufig genauso spekulativ wie eine mögliche Queerness, warum also nicht automatisch von Letzterem ausgehen, wenn die Vibes passen? Es schwingt ein besonderes Gefühl mit, zum Beispiel daran festzuhalten, dass der Dichter Rumi, der durchaus auch eine große Fanbase in konservativeren Szenen hat, wahrscheinlich queer war. Genau, eure Ikone war genauso pervers wie wir! Was sagt ihr dazu?
Doch auch einzelne lebende Promis regen offenbar bestimmte Phantasien oder Projektionen an. Der Schauspieler Elliot Page etwa galt für viele lange vor seinem queeren (und später trans) Coming-Out als queeres Vorbild. Trotzdem: Beide seiner Coming-

Outs waren für LGBTQI-Personen von großer Bedeutung. Niemand schuldet der Öffentlichkeit ein Coming-Out, doch es macht einen Unterschied.

Natürlich ist es frustrierend, wenn berühmte Heten sich nur die coolen Aspekte von Queerness für ihre Marketingstrategie herauspicken und Geld mit einer vorgetäuschten Eigenschaft machen, die andere Menschen unter Umständen den Job, das Zuhause, das soziale Umfeld oder das Leben kosten kann. Während manche Promis also ihre Queerness verheimlichen, weil sie sich die möglichen Konsequenzen nicht leisten können, spielen ihre hetero cis Kolleg_innen Fasching, weil es gerade gut ankommt.

Der Ärger darüber ist berechtigt. Besonders dann, wenn es normschöne, konventionell feminine cis Frauen wie Bella Hadid, Katy Perry oder Ariana Grande sind, die niemals unter das Label »Kampflesbe« fallen würden, sondern genau den Male Gaze füttern, der stromlinienförmig in die Matrix der Heteronormativität im Kapitalismus passt. Wie subversiv kann das schon sein – selbst wenn die jeweilige Person sich in dem Moment ermächtigt fühlt?

Zudem birgt Queerness ein anti-identitäres Potenzial und zeichnet sich in seinem queertheoretischen Ursprung dadurch aus, Definitionen zu verweigern. Diese Vagheit eröffnet einige Möglichkeitsräume: Queerness trägt Widerständigkeit mit sich und geht eigentlich darüber hinaus, »einfach nur« lesbisch, bisexuell, schwul, trans oder inter zu sein, denn diese sexuellen oder geschlechtlichen Identitäten weichen zwar von der Norm ab, verleihen den betreffenenen Personen jedoch nicht per se eine politische Haltung. Obwohl »queer« mittlerweile als Synonym für »LGBTIQ« verwendet wird, erheben viele Queers Einspruch gegen diese Verallgemeinerung. Wer sich nicht gegen Herrschaftsinstrumente und -systeme wie den Kapitalismus, die Polizei oder Knäste positioniert, sondern diese im schlimmsten Fall auch noch unterstützt, gilt dieser Auffassung nach nicht als queer. Doch es ist umstritten, ob Leute, die nicht lesbisch, bisexuell, schwul, trans oder inter leben, aber in anderer Hinsicht deviante Lifestyles pflegen, jetzt nun queer sind oder nicht. Andere Teile queerer Communities hingegen befürchten, dass diese Offenheit langfristig zu einer »Gentrifizierung« von queerem Leben führt und LGBTIQ-Personen irgendwann überhaupt keinen Platz mehr im queeren Spektrum finden, weil es zu einem beliebigen »anything goes« geworden ist. Vielleicht ist nicht unbedingt die Frage relevant, wer als queer zählt und wer nicht, sondern wer für Queers sprechen und mit diesem Image Kapital generieren darf.

Also, wie stehen zu Queerbaiting? Ein abschließendes Urteil fällt schwer. Einerseits kann auch offensichtliches Queerbaiting zumindest temporär queeres Vergnügen auslösen, und geht es beim Entertainment nicht genau darum: sich unterhalten fühlen und Spaß haben? Andererseits verschärft es manchmal die »No Homo«-Rhetorik, nach dem Motto: »Iih, spinnst du, ich bin doch nicht wirklich gay!«

Letztlich führt das Thema zurück zur Frage nach dem Sinn von Diversität und Repräsentation. Zwar kann es sich gut anfühlen, Vorbilder zu haben, doch am Ende überwiegen die Kapitalinteressen und nicht das Bekenntnis zum politischen Kampf, wenn Superstars sich queer vermarkten.

Juni 2021

Gender ist eine Horrorshow

Vor vier Monaten etwa, da war der 8. März, und damit einher ging die saisonale Diskussion darüber, ob er Frauentag, Frauenkampftag, Frauen*kampftag oder Feministischer Kampftag heißen sollte. Auf Twitter kam der Vorschlag, den Tag einfach beim Frauentag zu belassen. Nichtbinäre Personen hätten ja den 14. Juli. Der 14. Juli, fragen sich manche jetzt vielleicht, was soll da sein? Genau. Der Internationale Non-Binary People's Day, wird sogar von einer ganzen Non-Binary Awareness Week umrahmt. Juckt scheinbar trotzdem keine_n.

Konzerne, die im Juni noch mit Regenbogen-Logos flexten, besinnen sich nun zurück auf ihre wa(h)ren Werte. Fulminante Feuerwerke oder Trans-Flaggen an offiziellen Gebäuden bleiben aus. Nicht mal Promo-Codes gibt es. Dabei wären Rabatte für nichtbinäre Personen nur fair. Jeder meiner Genderausdrücke hat einen eigenen Style. Knielange Basketballshorts mit weitem Sportshirt und Tennissocken an einem Tag, einen Juicy-Couture-Anzug am nächsten und direkt danach Kleidung im Stil von androgynen Kunststudis, also so beigebraune Stofffragmente mit nach außen gedrehten Nähten, die wie unfertige Schnittmuster aussehen.

Um dem gerecht zu werden, braucht es einen großen Kleiderschrank und ein noch größeres Budget. Oder? Innerhalb einer kapitalistischen Logik verschwimmt die Grenze zwischen Bedürfnis und Konsumlust sehr schnell. Löst dieses übergroße Hemdkleid in mir wirklich Gender Euphoria aus oder bin ich auf die Illusion reingefallen, ich könnte mich aus der Zweigeschlechtlichkeit rauskaufen?

Statt über die kapitalistische Vereinnahmung von queeren Themen, über die kolonialen Kontinuitäten, die Verortung nichtbinärer Personen in materialistischer Analyse oder trans Rechte zu diskutieren, bleibt es in Deutschland wie immer basic. Irgendwelche politischen Parteien fragen mich für Beiträge an, in denen ich als nichtbinäre Person zu Wort kommen soll und misgendern mich dabei. Oder ich muss beantworten, warum ich mich feminin präsentiere, wenn ich keine Frau bin.

Dabei gibt es so etwas wie nichtbinäres Aussehen nicht. Wenn du nichtbinär bist und zu deiner Geburt weiblich eingeordnet wurdest, sollst du dich maskulin geben, um authentisch nichtbinär zu sein, und vice versa. Die andere Option wäre, einen Mittelscheitel zu ziehen und die eine Körperhälfte vom Haaransatz bis zu den Zehen stereotyp maskulin zu dekorieren, etwa mit kurzer Frisur, Bart, eingerieben mit 9-in-1-Shampoo/Duschgel/Creme/Rasierschaum/Rohrreiniger, und die andere stereotyp feminin mit Schminke, Kleid und Ballerinas.

Mag sein, dass es an manchen ein geiler Look wäre, für mich klingt es eher wie Ich-wollte-zu-Halloween-im-Partnerkostüm-als-Heteropaar-gehen-wurde-aber-versetzt-und-trage-beide-gleichzeitig. Passt vielleicht gar nicht schlecht, denn Gender ist eine einzige Horrorshow. In dem Sinne: Gute Non-Binary Awareness Week!

Juli 2021

Das Revolutionäre Potenzial der Liebe

Für mich war der Valentinstag immer der schlimmste aller kommerziellen Feiertage. Der 14. Februar ist der Tag, an dem Ehemänner einen hässlichen Blumenstrauß und ein noch hässlicheres Schmuckstück für ihre Frau kaufen, die sie das restliche Jahr über betrügen und ausbeuten. Valentinstag gleich heteronormativer, kapitalistischer, pärchenzentrierter Kitsch! Aber auch jenseits von Hetero-Konstellationen verbinde ich den Tag mit Unbehagen. Pärchen-Content auf Social Media wird nicht cuter, weil er homo ist. So weit, so pessimistisch.

Wenn ich lange genug an der obersten Schicht meiner Abneigung kratze, löst sich der graue Film des Kapitalismus, der Hetero- und Paarnormativität wie bei einem Rubbellos. Was bleibt, ist Liebe. Auch sie löst im ersten Augenblick mein Abgrenzungsbedürfnis aus. Liebe, das ist so romantisch, so emo, irgendwie cringe. Obwohl als Kind mein größtes Idol Sailor Moon war, die Kriegerin für Liebe und Gerechtigkeit, bin ich in einer Welt aufgewachsen, in der wir für Gefühle bestraft werden. Nur eine kleine Bandbreite unserer Emotionen wird gesellschaftlich akzeptiert, der Rest ist zu beseitigen, mit einem nassen Tuch wegzuwischen wie starkes Make-up, das uns zu Mädchen statt zu Menschen machen soll.

Weiblich codierte Eigenschaften nicht als Schwäche, sondern als Stärke zu zelebrieren, hat eine queere, feministische Tradition, seit Jahrzehnten. Die Riot Grrrls taten es in den 1990ern, und in den 2010ern gewann Lora Mathis mit dem Konzept der Radical Softness alle Herzen auf Tumblr für sich. So weit, so durchgekaut.

Liebe zuzulassen muss nicht heißen, die Hetero-Kleinfamilie abzufeiern, sie kann auch Freund_innenschaften oder eine Community ins Zentrum rücken. Über das revolutionäre Potenzial der Liebe hat bell hooks ausführlich geschrieben. Meine Freund_innen liebe ich über alles, ich feiere sie jeden Tag. Sie bedeuten mir die Welt. In einer hetero- und paarnormativen Gesellschaft mag das radikal erscheinen, in meinem queeren Umfeld ist das nicht weiter nennenswert.

Meine Scham kommt eher auf, wenn es um romantische Beziehungen geht. Dabei spielt es keine Rolle, ob sie monogam sind oder nicht. Aus der Angst heraus, mich normativ zu verhalten, fällt es mir und vielen anderen linken Queers schwer, sich ohne Ironie positiv gegenüber romantischen Beziehungen zu verhalten. Dabei spenden sie, wie auch Freund_innenschaften und politische Gemeinschaften, Kraft, Mut und Freude. Sie bieten Raum für Fürsorge und Trost.

In einer Welt, in der Liebe und Sex nur dann etwas wert sind, wenn sie dem Erhalt unserer Arbeitsleistung oder der Fortpflanzung dienen, ist queere Liebe in jeder Form widerständig. Das Leben ist düster genug – besonders jetzt. Da habe ich keine Lust mehr, mich für die Dinge zu schämen, die meinem Leben Schönheit und Bedeutung verleihen. So weit, so kitschig.

Februar 2022

Durchzug, Durchdrehen, Durchfall

Ich hasse Kompromisse. Besonders auf Kosten meines Anspruchs »Live, Love, Laugh«. Die Zustände sind bedrückend genug, wenn ich die Wahl habe, entscheide ich mich für die Lebensfreude und gegen das Leid. Etwa, indem ich gewisse Themen mit cis Personen umschiffe. Scheiß auf den Dialog, ich will meine Ruhe.

Es gibt dieses Meme, darin sind zwei Bilder nebeneinander. Links spielt ein Kleinkind mit Steckwürfeln und versteht offensichtlich nicht, dass ein Quadrat nicht in ein rundes Loch passt. Rechts spazieren zwei Philosophen durch einen prächtigen Garten und unterhalten sich angeregt. Die Bildüberschrift: Wenn ich mit cis Personen über Geschlecht spreche vs. wenn ich mit trans Personen über Geschlecht spreche. Ich denke oft an dieses Meme, besonders, wenn cis Personen bei dem Thema nicht nur übergriffige Fragen stellen, sondern gleich cisplainen.

Cisplaining verhält sich analog zum Mansplaining. Verglichen mit der Wucht an Gewalt, die trans Leuten angetan wird, ist Cisplaning harmlos, aber trotzdem nervig. Bekäme ich jedes Mal einen Euro, wenn eine cis Person mir sagt, dass ihr Misgendering korrekt und meine Verbesserung falsch ist, hätte ich die knapp 8000 Euro für meine Top Surgery nicht aus eigener Tasche bezahlt. Dass ich nichtbinär trans bin, ist weder eine Neuigkeit noch ein Geheimnis. Ich benutze keine Pronomen und möchte genderneutral angesprochen werden. Hinweise darauf gibt es in meiner Mail-Signatur, meiner Bio und jeder weiteren Infogelegenheit. Die Leute müssten schon müde von dieser Info sein, so häufig, wie ich sie droppe. Trotzdem misgendern mich

Menschen nicht nur regelmäßig, sondern besitzen auch noch die Dreistigkeit, darauf zu beharren, im Recht zu sein, wenn sie fälschlicherweise sie-Pronomen für mich verwenden.

Einmal korrigierte meine damalige (ebenfalls nichtbinäre) Beziehungsperson einen alten Bekannten. Anstatt sich zu verbessern, gab er patzig zurück, es störe mich nicht, gegendert zu werden. Dass ein cis Typ, den ich alle zwei Jahre auf einer Großveranstaltung treffe, meint, mich besser zu kennen als eine Person, die ich über Monate jede Woche mehrmals gesehen habe? Geschenkt. Dass er glaubt, Misgendering störe mich nicht, weil ich ihn nicht jedes Mal belehre? Ein Irrtum. Es liegt nicht daran, dass es mir egal ist, sondern an den anstrengenden Diskussionen, die oft aus dem kurzen Hinweis entstehen. Es folgt meist keine Einsicht, sondern Cisplaining. Es ist das Gegenteil von Leben, Lieben, Lachen: Durchzug, Durchdrehen, Durchfall.

Ein weiterer Evergreen ist die Fehlannahme, das englische »Singular they« sei mit »sie« übersetzbar – im Sinne der dritten Person Plural. Widerspreche ich dem, pochen cis Leute darauf, recht zu haben. Das Fatalste daran ist nicht einmal, dass sie offensichtlich denken, trans Leute wären wirklich so dumm, dass sie lieber über achtzig Neopronomen erfinden, anstatt diese »offensichtliche Lösung« anzuerkennen. Nein, schlimmer als diese Überheblichkeit ist die Sturheit.

Dass gewisse nichtbinäre und transmaskuline Personen keine Frauen sind, scheint bei Leuten, die trans Menschen zumindest nicht hassen, angekommen zu sein, doch sie gelten insgeheim als »Frauen*« oder »Frauen light«.

Ich habe geschrieben, ich gehe keine Kompromisse ein, wenn es um meine Lebensfreude geht. Dabei stimmt das nicht ganz. Als rassifizierte nichtbinäre trans Person tue ich das ständig. Keine Pronomen zu nutzen und Hengameh zu heißen, bedeutet, dass mein Name nicht ab und zu, sondern mehrmals pro Satz falsch ausgesprochen wird. Damit habe ich mich abgefunden. Doch mit der Selbstgerechtigkeit von Cisplainenden werde ich niemals klarkommen. Das mag mich unsympathisch, schwierig oder gar arrogant erscheinen lassen, doch immerhin bewahre ich so meine Sanity.

März 2022

Die Mär vom Kinderschutz

Innerhalb trans- und queerfeindlicher Strömungen wird die eigene regressive Agenda gern als Sorge um Kinder und Jugendliche getarnt. Dabei ist die Mär vom Kinderschutz ein alter, stinkender Schuh, der ständig herumgereicht wird: Von der »Demo für alle« und AfD bis hin zu »GenderkritikerInnen«, die sich selbst als feministisch verorten. In Deutschland empören sich Springer-AutorInnen über öffentlich-rechtliche Beiträge für Kinder über queeres und trans Leben, in Texas sollen Drag Shows verboten werden, wenn Minderjährige im Raum sind. Wer Minderjährige wirklich schützen will, muss dabei gar keine gefährlichen Mythen verbreiten, denn die Liste tatsächlich vorhandener Probleme ist lang.

Was ist mit …
… heteronormativer Frühsexualisierung, bei der Erwachsene irgendwelche Kinder im Krabbelalter zu Liebespaaren erklären?
… den durch Mobbing und andere Formen von Gewalt erzwungenen Geschlechterpräsentationen, welche die Möglichkeit des Selbstausdrucks von Kindern schmerzhaft einschränken?
… Kindern, deren lesbische Mütter juristische Hürden überbrücken müssen, um dieselben Rechte wie andere Eltern zu erlangen?
… Kindern, die durch fahrlässiges Verhalten ihrer Eltern schwer erkranken und zum Teil sogar sterben, obwohl es durch eine Impfung vermeidbar gewesen wäre?

… Kindern, die während einer Pandemie ungeschützt zu Massenprotesten mitgenommen werden?
… chronisch kranken Kindern, die in den letzten zwei Jahren wegen Corona nicht am öffentlichen Leben teilnehmen konnten?
… Kindern, deren Eltern aufgrund von mangelndem Infektionsschutz auf der Arbeit an Corona gestorben sind?
… Kindern in den ersten Reihen von Anti-Abtreibungsdemos, die nicht nur mit fundamentalistischer Propaganda gegen Selbstbestimmung indoktriniert, sondern auch als Schutzschilder gegen feministischen Protest missbraucht werden?
… Kindern auf der Flucht, die von ihren Familien getrennt werden? Und menschenunwürdig unterkommen?
… Kindern, die ihre Eltern durch rechten Terror verlieren – obwohl die Behörden solche Anschläge hätten verhindern können?
… Kindern in armen Familien, die von niedrigen Hartz-IV-Sätzen und -Sanktionen genauso getroffen werden wie ihre Eltern?
… Kindern, deren Väter keinen Unterhalt zahlen und sie deshalb entweder weniger Zeit mit ihren alleinerziehenden, überarbeiteten Müttern verbringen oder arm aufwachsen?

Es sind nicht die reaktionären Vertreter_innen der Anti-»Genderideologie«, die sich für das Wohl dieser Kinder einsetzen. Die Queers aus meinem Umfeld – auch jene ohne eigene Kinder – hingegen schon. In dem Sinne: Happy Pride, Kids, wir stehen auch dann hinter euch, wenn eure eigene Familie es nicht tut!

Juni 2022

Der Große Maustausch

Heute möchte ich mit Ihnen über den Großen Maustausch sprechen. Im Stil der antisemitischen und rassistischen Verschwörungstheorie über den Großen Austausch™ bangt eine Querfront aus Fundamentalist_innen, Konservativen, Radikalfeminist_innen, Esoteriker_innen, WerteLinken™ sowie beleidigten Schwulen und Lesben nämlich den Umsturz durch die Transgender-Lobby.

Diesem Urban Myth zufolge demoliert die Vereinigung aus trans Personen ganz sneaky den deutschen Volkskörper, indem sie Kinder indoktriniert, rigide Konventionen infrage stellt und eine biologistisch fundierte Ordnung bedroht. Besonders trans Frauen sind Zielscheibe der Dämonisierung: Sie nehmen cis Frauen ihre Sitze im Bundestag, ihre Sicherheit auf Toiletten, ihre Umkleidekabinen, ihre Männer. Wir könnten dieses mit Essenzialismus, Transfeindlichkeit, Antisemitismus und Misogynie gespickte Narrativ analytisch auseinandernehmen und die regressive Ideologie dahinter entlarven.

Oder wir sagen: Zieht euch warm an, Bitches, und macht euch bereit für den Großen Maustausch. Die Mäuse kommen nämlich nicht für Krümel, sie wollen das ganze Weizenfeld, das diese horrenden Mengen an Gluten freisetzt und ihnen den Magen verdirbt. Doch wie sieht das in der Praxis aus?

Die Vertreter_innen der Transgender-Lobby erscheinen nicht in schlecht sitzenden Anzügen, denn Fashion Crimes sind illegal. Stylings wie auf den berüchtigten Horst-und-die-Heimatboys-Gruppenbildern werden Geschichte sein – ohne Yassifizierung kommt niemaus mehr vor die Kamera. Geschlechterzuschreibungen werden verunmöglicht. Kinder befreien sich dank antikapitalistischem Agit-Pop-Entertainment aus ihren biedermannhaften, langweiligen und restriktiven Gefängnissen der Kleinfamilie.

Na ja, die Kinder, die es dann noch gibt, denn aus einer Zwangslage heraus kommt niemaus mehr auf die Welt, sobald Abtreibungen an jeder Ecke beworben werden. In Kinos, Zeitschriften oder im Radio erfahren ungewollt Schwangere, wo sie zum Abbruch noch ein Plant-Based Long Chicken Menü oder einen Handventilator dazubekommen. Schuluniformen aus nichtbinärer Mode mit Drapage-Oberteilen, geschnürten Hosen und Plateau-Crocs werden eingeführt. Statt Sportunterricht gibt es Runway-Kurse. Bros werden zwangsfeminisiert, »unterwegs mit den Jungs« war gestern, ab morgen gehen wir alle »Bubble Tea mit den Mädels«.

Wer im Büro beim Drag-Donnerstag in Alltagskleidung erscheint, muss in die Iced-Coffee-Kasse einzahlen. Die Nationalhymne wird ersetzt durch einen SOPHIE-Bootleg, komponiert von einer KI, damit beim Pflichtdienst auf 160 BPM jegliche Ländergrenzen per Hand zerstört werden – mit dicken Gelkrallen kein Problem. Vergessen Sie, was Sie im Feuilleton über die Transgender-Lobby gelesen haben. Werden Sie noch heute Maus und Teil des Trends.

Juni 2022

Es bleibt nur Selbstverteidigung

Der 20. November steht für den Trans Day of Remembrance. An diesem Tag gedenken Menschen weltweit den Überlebenden und Ermordeten transfeindlicher Gewalt. 2022 wurde dieser Tag mit einer furchtbaren Nachricht eingeleitet: In der Nacht zum Sonntag wurde im Club Q, dem einzigen queeren Club in der konservativen US-Stadt Colorado Springs, ein Anschlag verübt.

Der 22-jährige Anderson Lee Aldrich tötete mit einer Schusswaffe fünf Menschen: die beiden Barkeeper Derrick Rump und Daniel Aston sowie die Besucher_innen Kelly Loving, Ashley Paugh und Raymond Green Vance. 25 weitere Menschen verletzte er. Zwei Clubbesucher_innen – der Veteran Richard Fierro und Drag-Performer_in Thomas James – waren in der Lage, ihn zu überwältigen und Schlimmeres zu verhindern. International ist es der dritte Anschlag dieser Art in 2022, bereits einige Monate zuvor kam es zu Anschlägen in LGBTIQ-Clubs in Oslo und Bratislava.

An jenem Abend gab es im Club Q eine Drag-Show – genau die Art von Veranstaltung, gegen die Rechte und Konservative dieses Jahr vermehrt hetzten. Republikanische Politiker_innen gehen seit jeher mit Kampagnen gegen queeres Leben auf Stimmenfang, auch jüngst anlässlich der Midterm-Wahlen. Vom erschwerten Zugang zur Gesundheitsfürsorge bis hin zur Kriminalisierung der bloßen Existenz forderten sie alles, um insbesondere trans Personen das Leben zur Hölle zu machen und verbreiteten das Narrativ der perversen Queers, die eine Gefahr für ihre Kinder seien. Auch in Europa gelingt es einer anti-trans Querfront, die Mär der Frühsexualisierung zu erzählen, als wäre die bloße Sichtbarkeit von queeren und trans Personen, vor allem für junge Menschen so bedrohlich, dass sie mit allen Mitteln bekämpft werden muss.

Der Hang christlicher FundamentalistInnen, Konservativer und anderer Rechter dazu, solche Geschichten aus dem Paulanergarten zu verbreiten, kommt nicht überraschend, schließlich ist die auf falschen Infos aufgebaute Moral Panic Teil ihrer regressiven Ideologien. Auch jene, die sich selbst als VorkämpferInnen des Liberalismus betrachten, übernehmen diese rechten Narrative. Schmerzhafter ist, dass sich auch beleidigte Schwule, Lesben und Radikalfeministinnen nicht zu schade dafür sind, sich an solchen Allianzen zu beteiligen.

Umso pietätloser erscheint es, dass ausgerechnet Gruppierungen wie die »LGB Alliance«, bekannt durch ihr anti-trans Engagement, öffentlich ihre Trauer zum Anschlag bekunden. Genau solche Zusammenschlüsse sind es, die unter dem progressiven Deckmantel die grassierenden anti-trans Ressentiments in den Feuilletons, den Sozialen Medien und in der Wissenschaft befeuern.

Tradition scheint auch die Regressivität in der Familie des Täters zu haben. So stellte sich heraus, dass sein Großvater mütterlicherseits der republikanische Ex-Abgeordnete Randy Voepel ist, der in Kalifornien von 2016 bis 2022 im Amt war. Dieser fiel 2021 mit Aussagen auf, in denen er den Putschversuch am 6. Januar 2021 verharmloste und zunächst abfeierte. Der Vater des Täters hingegen wurde nun in einem Video-Interview mit der Frage konfrontiert, wie er dazu stehe, dass sein Sohn fünf Menschen in einer queeren Bar ermordet hat. Seine Reaktion? Zuerst habe er Angst gehabt, sein Sohn könnte schwul sein. Kein Mitgefühl mit den Überlebenden und Angehörigen der Opfer. Keine Reue. Keine Trauer. Offenbar ist es ihm lieber, dass sein Sohn ein Massenmörder ist, als dass er homosexuell sein könnte. Er sei Mormone und Mormonen »don't do gay«.

Gay, gay, gay, war da nicht noch irgendwas? Ach ja, stimmt, Fußball-WM in Katar und die läppischen »One Love«-Binden. Dass die deutsche Nationalmannschaft keine Position für Menschenrechte beziehen will, hat sie bereits mit ihrer Teilnahme bewiesen. Sie hat gezeigt, worum es in der Männerfußballbranche wirklich geht: Nicht um Zusammenhalt, nicht um Demokratie, nicht um Integrität, sondern ausschließlich um Profite. Der Verzicht auf die »One Love«-Binde – ein Stück Stoff für schwammige Symbolpolitik – ist nur konsequent. Der queerfeindliche Terroranschlag in Colorado Springs und die Nachrichten über die Verbrechen des iranischen Terrorregimes, das täglich Protestierende ermordet und Queers schon seit jeher hinrichtet, verkommen zu bloßen Nebengeräuschen. Und diese Gräueltaten reichen offenbar nicht einmal aus, um sich zum Tragen eines popeligen Accessoires zu überwinden. Das ist bitter, das ist traurig, das ist Deutschland. Doch das fügt sich auch smooth in die DNA des Männerfußballs ein. Was jucken Profifußballer schon die Rechte von Queers oder Frauen? Fußballkultur ist bekannt für massive Homofeindlichkeit und ansteigende häusliche Gewalt während solcher Events. Auch wenn Spieler wie Thomas Müller betonen, Sport und Politik zu trennen, sprechen sowohl der in der Fußballkultur normalisierte Nationalismus als auch die Homo- und Frauenfeindlichkeit oder ein Exkurs nach Kroatien, wo der Spieler Manuel Neuer 2020 beim Singen eines rechtsnationalen Smash-Hits gefilmt wurde, Bände darüber, was als Politik gilt und was nicht.

Die Bilanz, die LGBTQI-Communitys nach diesem Jahr für sich ziehen können, ist also, dass sie für einander einstehen müssen, weil es sonst kaum jemand tun wird. Nicht einmal mit harmloser Symbolpolitik.

November 2022

DIE LAGE IST CRITICAL

»Bio« ist für mich Abfall

Eines meiner liebsten deutschen Wörter ist das Verb »verschlimmbessern«. Es ist eine Mischung aus »verschlimmern« und »verbessern« und bedeutet laut Wörterbuch »etwas durch eine gut gemeinte Aktion nur noch schlimmer, schlechter machen«.

Vielleicht mag ich den Begriff so gern, weil er etwas beschreibt, das ich ständig in meinem Umfeld beobachte. Zum Beispiel Deo auf Schweißgeruch. Oder als meine ehemalige Friseurin merkte, dass mein Pony scheiße aussah und ihn durch einen »fransigen« Look auflockern wollte.

Auch ich habe mal etwas verschlimmbessert: In der dritten Klasse wollte ich nicht, dass meine Eltern sehen, dass ich eine 3 in Mathe geschrieben habe. Eine 3 in Mathe hätte Fernsehverbot bedeutet und, dass ich so das Anime-Nachmittagsprogramm auf RTL II – mein größtes Hobby damals – verpassen würde. Wir mussten jede Klassenarbeit unterschreiben lassen. Also fälschte ich die Unterschrift meiner Mutter. Da ich aber fand, dass Druckbuchstaben nicht authentisch genug rüberkamen – sorry, Mama –, habe ich ihren Nachnamen in Schreibschrift geschrieben. Dann fiel mir ein, dass eine Neuerfindung ihrer Unterschrift mindestens genauso unglaubwürdig rüberkam. Also schnitt ich kariertes Papier aus und klebte es dem Klausurpapier millimetergenau angepasst über die falsche Überschrift. Ich rieb über die Kanten des aufgeklebten Papiers, in der Hoffnung, dass es irgendwann mit dem eigentlichen Papier verschmelzen würde. Zum Schluss setzte ich noch eine falsche Unterschrift drüber. Flog natürlich auf, und meine Eltern machten

eine Kindersperre in den Fernseher. Habe die Situation also insgesamt drei Mal verschlimmbessert.
Verschlimmbesserung gibt es allerdings nicht nur im Sinne individuellen Scheiterns, sondern auch als Massenbewegung. Etwa jedes Mal, wenn jemand »bio« vor etwas setzt, was kein Lebensmittel ist oder aus Pflanzen besteht. So wie »Biofrau« oder »Biomann« statt cis Frau oder cis Mann. Früher war es geläufig, heute ist einigen Leuten klar, dass Biologie und Geschlecht so viel miteinander zu tun haben wie Heidelberg und Heidelbeeren. Die Person will implizieren, dass sie weiß, dass es trans Personen gibt. Aber eben auch andere Frauen und Männer – nur echt mit Biosiegel.
Kein bisschen weniger furchtbar finde ich aber »biodeutsch«. Was zur Hölle soll das heißen, jemand sei biologisch deutsch? Deutsch ist eine Nationalität oder eine kulturelle Identität. Aber es gibt keine deutsche Biologie. Oder, wie die Autorin Felicia Ewert twitterte: »›Biologisch deutsch‹. Erkennbar am Deutschorgan, Deutschhormon und Deutschchromosom. Woher kenn ich das?« Ja, woher?
Dieser Begriff kommt straight out of Rassentheorie und behauptet, es gäbe so etwas wie »Rassen«. Leute versuchen, mit »biodeutsch« eine Norm zu benennen, nämlich weiße Deutsche, aber sie verschlimmbessern die vermeintliche Correctness. Sind »biodeutsch« alle, die blass wie Schlagsahne, blond und blauäugig sind? Heißt »biodeutsch«, dass beide Eltern aus Deutschland kommen? Wohl kaum. Denn nur, weil jemand hier geboren ist, wird dey lange nicht als »biodeutsch« bezeichnet. »Gut gemeint« ist oft trotzdem ein Desaster.

Oktober 2016

Ist Unterdrückungsneid auch Diskriminierung?

Wer war nicht schon mal die Person, die auf einer Mottoparty eingeladen war und bewusst kein Kostüm getragen hat, weil kein Bock, und sich dort den ganzen Abend überraschenderweise langweilig fühlte, weil alle anderen so toll aussahen? Ich noch nie, weil ich damit lebe, dass ich mein schwarzes XXL-Crewneck-Shirt einem 20 s-Kleid aus Polyester vorziehe und dafür nicht glitzere. Oder aber ich hab Lust auf High-Life-Performance und haue mich ins Zeug für mein Outfit. Was ich allerdings nicht mache: Die anderen für meine eigenen Entscheidungen verantwortlich. Ihre bloße Anwesenheit ist keine Abwertung meiner Existenz.

In den letzten Jahrzehnten hat sich die deutsche Gesellschaft verändert und macht Leuten mehr Platz, die unterschiedlichen Normen nicht entsprechen. Das können dicke_fette, queere, trans, rassifizierte Menschen sein oder jene, die in nicht-monogamen Beziehungen leben. Die zunehmende Sichtbarkeit ihrer Existenz, Kämpfe und Forderungen verdrängt zwar keine Gesetze, Institutionen und Strukturen den BMI als Eintrittskarte für manche Zuwendungen, den entmenschlichenden Prozess zu geschlechtsangleichenden Maßnahmen, das unfaire Wahlrecht, Racial Profiling oder die Ehe-für-Zwei, doch besonders in urbanen Milieus bewegen sich diese Gruppen mit einer größeren Selbstverständlichkeit. An diesen Orten sind wir keine Freaks mehr, gelten vielleicht sogar als cool, aber sind materiell betrachtet bestenfalls auf dem gleichen Level wie Normies, meistens jedoch nicht einmal das. Auf jeden Fall nicht privilegierter.

Das penetrante Schmollen der Normies vermittelt allerdings den Eindruck, die am meisten privilegierten Bevölkerungsschichten werden eigentlich benachteiligt. Es heißt etwa, eine_r werde dafür in politischen Spaces, queerfeministischen etwa, fertig gemacht werden, cis, schlank, monogam oder hetero zu sein. Das letzte Mal, als ich Nachrichten geschaut habe, wurden Queers weltweit verfolgt, dicke_fette Menschen pathologisiert und stigmatisiert, rassifizierte Menschen ermordet. Wo ist also dieser Queerfeminismus-Trend, von dem alle sprechen?
Außerhalb von den wenigen Schutzräumen, deren Dasein und Notwendigkeit für sich sprechen, stellen schlanke, weiße, cis und hetero Menschen die Norm dar. Trotzdem jammern sie in zahlreichen Thinkpieces darüber, vom Empowerment Schwarzer oder anderer rassifizierter, queerer, trans und dicker_fetter Personen nicht mitgenommen zu werden. Oder dass sie kein Tinder nutzen können, weil sie seit zwölf Jahren in einer monogamen Beziehung sind.
Hinweis: Wenn Leute sich mit ihrer Monogamie unwohl fühlen, weil es immer mehr Literatur und Gespräche über Polyamorie gibt beziehungsweise sich immer mehr Leute trauen, sich zu outen, dann ist das nicht das Problem derjenigen, die nicht-monogam leben.
Wenn sich cis Personen und binäre trans Personen davon bedroht fühlen, dass nichtbinäre Menschen momentan ein bisschen sichtbarer als in den letzten viertausend Jahren ihrer Existenz sind, dann sind nicht die nichtbinären Menschen daran schuld. Dass die Unterdrückungsneid-Perspektiven von beleidigten Privilegierten mehr Raum bekommen als jene, die von diesen Menschen unterdrückt werden, ist auch eine Taktik, die erst vor Kurzem ergriffenen Mikros wieder leiser zu drehen.

Es mag sein, dass ein Hetero-Paar in einer queeren Bar als langweilig und bemitleidenswert gilt, doch diese paar Quadratmeter machen einen kleinen Teil der Welt aus. Von dort aus werden weder diskriminierende Gesetze bestimmt, noch wird auf sie eingeprügelt, bloß weil sie nicht den Szene-Normen entsprechen. Meistens werden sie einfach kurz beäugt und dann ignoriert.
Wäre hammer, wenn diese Leute ihre privilegierten Tränen wieder in ihre Tagebücher verschütten könnten und nicht in mein Gesicht, das viele Salzwasser trocknet meine Haut aus.

April 2017

Anti gegen Anti

Wenn ich durch meine Abizeitung blättere und die Zeilen lese, die meine Ex-Mitschüler_innen über mich verfasst haben, stolpere ich häufig über das Wort »anti«. Angesichts des grundsätzlich konservativen bis rechten Mindsets meiner damaligen Umgebung erschien mir diese Zuschreibung wie ein großes Kompliment. Bis heute hat sich daran nichts geändert. Mein Status als Außenseiter_in war für meine Abgrenzungsprozesse sehr nützlich.

Heute ist meine Haltung zu Anti und Abgrenzung ambivalent. Innerhalb einer Gesellschaft, die sich zunehmend durch Feindseligkeit, reaktionäre Politiken und faschistoide Phantasien auszeichnet, nimmt die Relevanz der öffentlichen Abgrenzung zunächst einmal zu. Ob in der Politgruppe, auf der Mailing-Liste oder auf Instagram: Stellung zu beziehen und Kritik an der Gesamtscheiße zu üben, bleibt wichtig. Insbesondere dort, wo queere, feministische, linke Positionen unliebsam sind.

Gleichzeitig gibt es gerade in aktivistischen Zusammenhängen die Tendenz, im Namen der internen Kritik eine Kultur des Anprangerns zu zelebrieren und Einzelpersonen zu mobben. Diese Praxis ist weder neu noch an eine politische Strömung gebunden. Sie braut sich überall dort zusammen, wo Dogmatismus, Selbstdarstellungsdrang und (semi-)öffentliche Plattformen zusammenfallen. Ohne interne Kritik und Selbstkritik wären politische und aktivistische Szenen nicht nur inkonsistent, sie würden auch ihren eigenen Ansprüchen nicht gerecht werden. Bewegungen leben davon, ihre Ideale unentwegt zu hinterfragen, um mit den Debatten der Gegenwart mitzuhalten. Auch Aktivist_innen machen Fehler, und über diese muss gesprochen werden.

Wie das passiert, ist variabel. Selbstverständlich fühlt es sich besser an, privat auf Fehltritte angesprochen zu werden, als in der Timeline oder vor vergleichbarem Publikum öffentlich beschämt und geschmäht zu werden. Doch diese sogenannten Call-ins kosten viel mehr Zeit und Energie als kurze Kommentare oder Hinweise mit weiterführenden Links. Ich denke nicht, dass Kritik immer freundlich formuliert sein sollte, denn in ihr steckt sehr viel Fürsorgearbeit. Und diese stößt selten auf Wertschätzung bei ihren Adressat_innen. Zudem ist sie nicht für alle, besonders für Mehrfachbetroffene von Diskriminierung, immer zu leisten.

Von Betroffenen spontane Input-Vorträge zu verlangen und beleidigt zu sein, wenn diese dafür keine Zeit oder schlicht keine Lust darauf haben, ist nicht zuletzt deshalb schräg, weil es die eigene Verantwortung aus dem Fokus rückt. Manches lässt sich binnen Sekunden googeln, anderes bedarf ein wenig mehr Recherchearbeit. (Realistisch betrachtet, gibt es immer einen Mansplainer, der Sachverhalte von Herzen gern erklärt.)

Es ist okay, Wut und Verletzungen in kritischem Feedback sichtbar zu machen, denn Menschen sind keine emotionslosen Roboter. Manchmal überfordert es die Empfänger_innen jedoch und sie sehen in jeder Kritik einen Call to Action, der in einem Verbot münden muss. So bricht sofort Panik vor »Sprechverboten« oder »Maulkörben« aus, zwei Begriffe aus dem rechten Jargon übrigens. Sich auf einen sogenannten Hauptwiderspruch zu konzentrieren und das Aufzeigen Community-interner Machtstrukturen als identitätspolitische Befindlichkeiten abzutun, ist eine Methode, von der nur jene profitieren können, die gesamtgesellschaftlich ohnehin am wenigsten zu verlieren haben.

Trotzdem ist schonungslose Kritik nicht immer radikal. Wenn sie nur aus Prinzip an der Abgrenzung formuliert und Call-out-Kultur zur reinen Performance herabgestuft wird, verliert sie ihren Wert und nimmt toxische Formen an. Den Grad des politischen Bewusstseins aus der Zahl öffentlicher Anprangerungen und den zugehörigen Likes zu erschließen, ist tatsächlich mehr broke als woke. Einzelne Personen geraten immer wieder ins Fadenkreuz von Menschen mit hoher Reichweite und werden im Zuge von deren Online-Selbstinszenierung beschämt, verleumdet oder dämonisiert. Wen es trifft, hängt meist mit der Popularität der Person zusammen – und die Popularität wiederum oft mit der sozialen Positionierung und dem Befolgen von Szeneregeln. Missgunst, persönliche Abneigungen und -ismen spielen auch hier eine Rolle. Von wohlwollender, solidarischer oder schlicht konstruktiver Kritik bleibt wenig übrig.
Was stattdessen bleibt, ist Einschüchterung. Und die Konsequenz, dass sich Menschen vermehrt aus aktivistischen Zusammenhängen zurückziehen, weil sie keine Lust auf Mittelstufen-mäßige Auseinandersetzungen haben – und sich lieber auf ihre politische Arbeit konzentrieren würden. Aus Aktivismus wird innerhalb weniger Klicks Whacktivismus. Wo sich das radikale Anti gegen Establishment, Dominanzgesellschaft und Machtverhältnisse richten sollte, wird es zum Speer gegen Einzelpersonen, die auf neoliberale Art zu Platzhaltern in einer hierarchischen Gemeinde gemacht werden. Eine Community, in der Heilung, Verständnis, Solidarität und Wachstum im Fokus stehen, sieht anders aus.

Juni 2018

Ab heute bin ich wieder antideutsch

»Voll antideutsch, ey!« Ob in Kommentarspalten oder an Stammtischen: Wo Menschen ihre düstersten Gedanken ausschütten, fällt oft dieser Spruch. »Antideutsch« – als sehr schwammiges Synonym für »scheiße« – benutzen sowohl völkische, äh, besorgte Deutsche, die meine Kolumnen so bezeichnen, als auch andere Linke, die damit »irgendwie israelsolidarisch« meinen.

Zugegeben: Vor ein paar Jahren gehörte ich noch selber zu der Gruppe, die »antideutsch« mit einer Summe aus Israelsolidarität, Queerbashing, antimuslimischem Rassismus und Adorno-Groupietum (ich bin für Israelsolidariät und für Adorno) gleichsetzte. Ich schrieb Texte darüber, wie sehr es mich aufregt, dass Antideutsche als weiße, christlich sozialisierte Deutsche Jüdinnen_Juden gleichzeitig bevormunden und fetischisieren. Lese ich diese Texte heute, schäme ich mich für manche der Passagen.

Mittlerweile weiß ich: Nicht alles, was antideutsch ist, ist automatisch schlecht. Schließlich bin ich mit antideutscher Jugendkultur sozialisiert worden und habe von Antideutschen viel gelernt. Zum Beispiel, dass sich nicht alle antirassistischen Konzepte aus den USA ohne jegliche geschichtliche Transferleistung auf Deutschland übertragen lassen.

Oder über die Komplexität von Antisemitismus, der eben mitnichten einfach nur »was gegen Juden haben« bedeutet, sondern sehr häufig den Kitt bildet, der unterschiedliche politische Gruppierungen zusammenhält. (Gut, das meiste brachten mir meine jüdischen Freund_innen bei, aber auch antideutsche Kritik.) Es ist schade, dass nicht alle antirassistischen Aktivist_innen Antisemitismus mitdenken und dass sie ihn zum Teil sogar reproduzieren. Trotzdem sollte Anti-Antisemitismus nicht nur Kartoffeln überlassen werden. Insbesondere nicht jenen, die eigennützig handeln und sich nur dann für Jüdinnen_Juden interessieren, wenn sich diese für rassistische Politik instrumentalisieren lassen.

Von sogenannten »Rechtsantideutschen« über Kommunist_innen bis zu linksradikalen Antifaschist_innen ist die Bandbreite derer, die von anderen diffamierend als antideutsch bezeichnet werden, sehr groß. Auch hinter dem Label »Feminist_in« kann eine böse Überraschung stecken, man denke nur an Alice Schwarzer, Ivanka Trump oder Lena Dunham. Höre ich deshalb auf, mich als Feminist_in zu bezeichnen? Nein.

Es stimmt, dass zu viele antideutsch gelabelte Positionen ressentimentgeladen sind und einen Rattenschwanz aus Rape-Culture-Apologetik, antimuslimischem Rassismus, Kolonialismus-Relativierung, Transfeindlichkeit, Hurenfeindlichkeit, Mobbing oder Schmusereien mit Rechten hinter sich herziehen. All diese upgefuckten Dinge sind jedoch weder exklusiv antideutsch, noch treffen sie auf alle Antideutschen zu. Ein Blick auf die Entstehungsgeschichte der Bewegung zeigt, dass sie unverzichtbar ist – und dass Kritik an Antisemitismus in der deutschen Linken keineswegs selbstverständlich ist und war.

Vielleicht reclaime ich einfach diese Selbstbezeichnung aus meiner Jugendzeit: Ab heute bin ich wieder antideutsch! Ist doch auch schön: Das Einzige, was Almans mehr Angst bereitet als linksradikale, queere, trans, feministische, antirassistische, dicke Kanax sind antideutsche, linksradikale, queere, trans, feministische, antirassistische, dicke Kanax.

Dezember 2018

Anstandtifa nicht verfügbar

Throwback zu meinem letzten Podium vor Corona: Kaum hatte ich die Bühne verlassen, tätschelte eine Frau Ü30 meine Schulter. In Zukunft, riet sie mir, solle ich vor Auftritten ganz oft »ähm« sagen, um es mir danach beim öffentlichen Reden verkneifen zu können. Das sei professioneller. Ich bedankte mich für das unaufgeforderte Rhetorik-Coaching und wies darauf hin, dass mein Anspruch nie eine Tagesschau-reife Sprechperformance gewesen war. Später kam noch eine ältere Dame auf mich zu und kritisierte im breiten, badischen Dialekt mein »unverständliches Deutsch«.

Die Veranstaltung war kein Filmabend, fleißig projiziert wurde trotzdem: Da saß dieser vorbildlich integrierte junge Mann mit Sakko und Empathie für besorgte Bürger_innen und Formulierungen wie »mit Verlaub«. Daneben ich, mit langen Nägeln, Tattoos, Kader-Loth-Shirt, Jogginghose (mit Bundfalte), zeitgenössischer Sprache. Da fühlten sich wohl einige verpflichtet, mich mit Feedback wie nach einem Referat in der 3. Klasse zurechtzuweisen. Um die Assimilationsperformance meines Kollegen geht es nicht, ich hätte schließlich auch in Merkel-Drag kommen können. Der Subtext des Abends war jedoch nicht Mode, sondern Anstand.

Genau wie beim Style wird er einigen Menschen zu- und anderen abgesprochen. Unanständig ist etwa die Akademikerin und Rapperin Dr. Reyhan Şahin, die nicht nur selbstbestimmt über ihre Sexualität spricht, schreibt und rappt, sondern auch noch *wie eine Schlampe* rumläuft. Als Rapperin okay, aber in der Wissenschaft?!

Oder die Kabarettistin Idil Baydar neulich bei Maybrit Illner, die komischerweise beim Thema Polizeigewalt *aufgewühlt* war. Nur, weil die Spuren der zahlreichen Morddrohungen gegen sie auch zur hessischen Polizei führen, muss sie doch nicht gleich so emotional reagieren. Die anderen Gäste – sachliche und ruhige Männer in Sakkos – waren von ihrer Wut ganz verängstigt.
Und dann ist da Bodo Ramelow, Thüringens Ministerpräsident, der einem AfD-Abgeordneten den Mittelfinger zeigte, nachdem dieser die NSU-Mordserie verharmloste. Unverschämt!
Anstandsregeln statt Herrschaftskritik haben in nazipositiven Milieus Tradition, doch das Phänomen wird dadurch nicht erträglicher. Diese *Respectability Politics* gehen über die Maßregelung von Ton und Ausdruck hinaus. Sachliche oder höfliche Kritik lässt sich leicht ignorieren. Emotionale Betroffenheitsbeiträge mag man nicht leiden: zu weinerlich. Und wer frech wird, kommt erst mal auf die stille Treppe. Eine dringliche Frage lenkt vom Inhalt ab: Wie reden wir eigentlich miteinander?!
Was darf Anstand? Antisemitismus, Rassismus, Queerfeindlichkeit oder Sexismus anscheinend schon. Integrität, Gerechtigkeit oder das Zurückstecken des eigenen Egos hingegen sind optional. Klar. Ist schließlich kein moralischer Kompass, sondern Silencing.

August 2020

Bock auf Zoff

Meine Handbewegung ist bedacht, als ich die Karotte in streichholzgroße Stäbe schneide. So hat meine Freundin A. es mir für das Bibimbap aufgetragen. Währenddessen brät sie den Tofu an und spricht über Mark Fishers Buch »Capitalist Realism«. Ich müsse es unbedingt lesen. Und endlich diesen einen Vortrag über die Kritik an Edward Saids Orientalismuskritik schauen. Damit wir endlich darüber streiten können.

A. und ich, wir widersprechen uns oft. Ob in Instagram-Nachrichten, Gruppenchats oder beim Abhängen, unsere Gespräche folgen einem Zickzackmuster. Eine Person sagt etwas und die andere schiebt ein Gegenargument ein. So geht es stundenlang. Manchmal wird es emotionaler, wir gehen an die Substanz und piksen uns dorthin, wo es am meisten wehtut. Es gibt Augenblicke, da bin ich so sauer. Warum spricht sie jetzt so wie diese Leute, die wir vor ein paar Jahren noch gemeinsam leidenschaftlich gehasst haben, ist sie jetzt etwa auch so eine, ich dachte, wir wären befreundet?

Die dampfende Reisschale ist angerichtet, ich brate mir noch schnell ein Bio-Spiegelei als Topping, sie verzichtet und hört mir dabei zu, wie ich diese eine Bekannte mit der toxischen Social-Media-Präsenz doch irgendwie verteidigen muss. Das regelmäßige »hm« soll signalisieren, dass sie noch folgt, es impliziert aber auch, wie gern sie jetzt einhaken würde, obwohl ich noch nicht ausgesprochen habe. Sie unterbricht mich nicht.

An meinem Gaumen brennt es leicht, irgendetwas in der Schüssel war noch zu heiß, als A. ein besonders aufwühlendes Thema hervorholt. Es ist gut, dass ich für einen Moment nicht fähig bin zu reden, denn obwohl ich dachte, alle ihre Argumente schon zu kennen, stellen sich die meisten als unerwartet und überraschenderweise schlüssig heraus. Ja, ich stimme ihr zu, aber müsste das konsequenterweise nicht mein ganzes Gedankengerüst zum Zittern bringen? Wovor habe ich größere Angst: im Unrecht zu sein, oder, dass mein Selbstverständnis ins Wanken gerät?

In den wichtigsten Dingen sind wir uns einig. Unser grundlegender Konsens umgibt uns wie eine Spielfeldmarkierung: Antifaschismus und Feminismus finden wir super, jeden Antisemitismus und Rassismus hingegen scheiße, Kapitalismus sowieso, Sexarbeit muss entkriminalisiert werden, her mit trans Rechten, weg mit Nationalstaaten (Deutschland zuerst, Israel zuletzt), und we don't call the cops. Egal wie heftig wir uns bei allem anderen streiten, unsere Freund_innenschaft hält das aus. Wir vertrauen einander, uns nicht zu canceln, obwohl wir jede Uneinigkeit bis zum abschließenden Dissens ausdiskutieren. Wir lieben und respektieren uns nicht deshalb, weil wir davon politisch profitieren.

Als wir uns verabschieden, sind wir müde, aber glücklich, wir haben viel gelacht, auch wenn man es dem Text nicht anmerkt, und wir sagen: Das müssen wir öfter machen, das war schön.

November 2020

Hey Maus, lass mal ehrlich sein

Das Jahr 2021 kann nur besser werden. Mit diesen Vorsätzen für eine angenehmere Kommunikation zumindest ein kleines bisschen: Die Tage der gegenderten Anrede sind gezählt. Ab dem 1. 1. schreiben wir nicht mehr »Sehr geehrte Damen und Herren«, sondern »Liebe Businessmäuse«, für den lockereren Singular reicht »Hey Maus«, wenn es schnell gehen muss »Schatz, ganz kurz ...«. Statt jemand oder jemensch jemaus, statt niemand oder niemensch niemaus. Hätte mir jemaus gesagt, dass nach diesem Albtraumjahr so eine süße Wendung auf mich wartet, ich hätte es kaum glauben können. Generell möchte ich meinen Kopf nicht unnötig mit Negativität zumüllen, wenn ich es mir aussuchen kann.

So möchte ich auf das Phänomen der Hate-Clout weiterhin verzichten. Besonders auf Twitter passiert es häufig, dass Leute mit menschenfeindlichen Aussagen oder einfach hängen gebliebenen Argumenten in linken Bubbles eine hohe Reichweite bekommen, weil alle sich über sie aufregen. Aber, ganz ehrlich, was interessiert uns schon, was eine konservative Kolumnistin über Queerfeminismus denkt? Nichts, was sie zu sagen hat, haben wir nicht schon 2013 gelesen. Natürlich ist Gegenrede wichtig, doch wir müssen wirklich nicht auf jeden Troll reagieren. Es ist wie bei Myspace: Haters make them famous.

Glückwunsch, wir haben solchen Leuten die nötige Clout verschafft, wegen der sie heute Book-Deals abschließen. Aber selbst wenn sie damit kein Geld verdienen würden: Haben wir wirklich Bock, wie eine kaputte Kassette dieselben Diskussionen wie damals zu führen? Uns an Leuten abzuarbeiten, die noch nie in ihrem Leben was Kluges gesagt haben? Also ich nicht. Bevor es nun heißt, maus würde sich in einer Echokammer einschließen, wenn maus sich daran hält, reaktionäre Accounts zu ignorieren: Tut maus nicht. Twitter ist noch nie der Ort für Dialog gewesen. Und es gibt einen Grund, warum es auf Social Media Bubbles gibt. Als ob maus offline ständig mit allen möglichen Leuten ins Gespräch käme.

Das bedeutet schließlich nicht, dass es niemals mehr zu Uneinigkeiten oder Kritik auf Social Media führen sollte, denn selbst innerhalb von Bubbles gibt es sehr unterschiedliche Standpunkte. Und das ist gut so. Im merkwürdigen Debattenjahr 2020 ging jegliche Differenzierung verloren – und damit die Lust am Streit. Auf der einen Seite beobachtete maus den Vorwurf der Cancel Culture: Jede noch so fundierte und konstruktive Kritik wurde von den Adressat_innen als Versuch geframed, deren Existenz zerstören und sie zensieren zu wollen.

Auf der anderen Seite der Münze stehen Menschen, die sich ihre Karrieren darauf aufbauen, auf Social Media permanent Leute outzucallen, als wären wir immer noch im Jahr 2014. Im Gegensatz zu Kampagnen wie #metoo geht es nicht darum, Täter_innen zu outen, um weitere Missbrauchssituationen zu verhindern, sondern ausschließlich um Selbstprofilierung. Woran merkt maus, ob eine Kritik konstruktiv oder performativ ist? Bei ersterer Sorte findet maus neben Vorwürfen auch Forderungen sinnvoller Konsequenzen und nicht bloß eine öffentliche Abgrenzung mit dem Aufruf, eine Person aufgrund einer (meist persönlichen und mit politischen Schlagworten angereicherten) Abneigung zu boykottieren.

Diese Arten, Kritik zu formulieren oder zu empfangen, nerven und bringen niemaus etwas abseits von Aufmerksamkeit. Ich wünsche mir, dass wir uns einfach gegenseitig ansprechen können, wenn Fehler passieren, ohne dass sich eine der beiden Seiten im Opfernarrativ festbeißt. Dafür braucht es Ehrlichkeit und Vertrauen. Wie wäre es, wenn wir unsere Absichten transparenter machten? Mein Cousin aus Teheran schrieb mir im Frühjahr ohne künstlichen Small Talk oder Gruß: »So, wie du gemerkt hast, meld ich mich immer nur bei dir, wenn ich was brauche. Ich brauche was.« Die von ihm gewünschte Plüschblume bestellte ich ihm gerne. Wenn alle so direkt kommunizieren würden wie er, bliebe viel Kopfschmerz erspart. Leute könnten im Internet ruhig öfter zugeben, dass sie dieses oder jenes ausschließlich wegen der Clout machen.

Scheinkritiken könnten direkter formuliert werden, zum Beispiel: »Die Wahrheit ist, mir passt diese Person nicht und ich werde alles hassen, was sie jemals tun wird, weil ich ein misogynes und missgünstiges Arschloch bin.« Oder auch: »Corona hin oder her, kein Bock, dich zu treffen.«

Januar 2021

Die lässigste Legende der Welt

Zwischen dem Ausbruch der Coronamutationen bei geimpften Menschen, der Kriminalisierung feministischer Proteste und dem Gesetzesentwurf zur strafrechtlichen Verfolgung von Antifaschist_innen, die Nazis outen, gibt es derzeit wenig Grund zu lächeln. Wenn wir ehrlich sind, gab es das die letzten zwölf Monate kaum. Ohne Ihnen toxische Positivität ins Gesicht drücken zu wollen, möchte ich zum Ende der Woche trotzdem feiern, statt Fresse ziehen. Und zwar eine Person, deren Inhalte die Pandemie für mich erträglicher gemacht haben: die Autorin Nadia Shehadeh.

Wer sie noch nicht kennt, hat viel verpasst, muss sich aber nicht stressen. Sie können das noch nachholen. Das ist auch Nadias Vibe: Bloß keine Hektik und kein schlechtes Gewissen, weil maus einem Hype verspätet hinterherhechtet. Einer von unzähligen Punkten, die Nadia Shehadehs Internetpräsenz so wholesome machen.

Nadias Texte liest maus vielerorts: Etwa auf ihrem ikonischen Blog shehadistan.com, auf dem sie seit 2012 witzig und klug über ihre popkulturellen, politischen und manchmal auch kulinarischen Beobachtungen schreibt. Anfangs traute ich meinen Augen kaum. Menschen, die sowohl links als auch feministisch als auch witzig als auch trendaffin als auch popnerdig sind, existieren in Deutschland wirklich? Und sie sind nicht weißgewaschen? Heftig. Spreche ich mit Freund_innen über Nadia, folgt ein Liebesgeständnis dem anderen.

Seinerzeit hätte maus das mit einem Frittenbuden-Zitat kommentiert – »weil es da draußen nichts gibt« –, heute ist maus schon weiter, und draußen gibt es einiges, aber nichts ist wie der Content von Nadia. Zu lesen gibt's ihn auch auf dem queerfeministischen Blog Mädchenmannschaft.net, im Missy Magazine, im Neuen Deutschland, in der taz und in diversen Anthologien.

Doch das war's noch lange nicht. Nadia Shehadeh liefert sogenannten Trüffelschwein-Content aus den dunkelsten Ecken des Internets. Die absurdesten Videos, die lustigsten Memes, faszinierende Phänomene: Nadia ist ein Early Adopter, sogar Vorreiterin, und zwar eine extrem gönnerhafte, denn alles wird fleißig in sämtliche Social-Media-Timelines gespült, damit alle mitreden und lachen können. Und weil Nadia schon so lange am Start ist, checkt niemaus die Zusammenhänge des Polit-Gossips so akkurat wie sie.

Dank Nadias Hang zum Maximalismus und Oversharing verpasse ich keinen Konsumtipp mehr. Und alles, was ich ihr nachkaufte, bescherte mir eine höhere Lockdown-Lebensqualität. Am meisten bewundere ich diese Frau jedoch, weil sie etwas extrem Erstrebenswertes vormacht: älter werden und sich selbst stets treu bleiben, ohne in selbstgerechte Abwehrmechanismen zu verfallen. Vielleicht ist Nadia der 13. Prophet, vielleicht braucht es aber auch keine fragwürdigen religiösen Metaphern, um ihre Großartigkeit verständlich zu machen. Ich feiere Nadia Shehadeh jeden Tag, aber diese Woche ganz besonders.

Februar 2021

Das White Guilt Stipendium

Sie stehen vor einem Laden und bevor Sie merken, was abgeht, wirft Ihnen jemaus eine Münze zu. Sie wundern sich, ob Sie im richtigen Film sind. Haben Sie an der Ampel jongliert? Nö. Vor einem aufgeklappten Gitarrenkoffer einen Sting-Song performt? Irgendwie auch nicht. Es war Ihre bloße Existenz, die Passant_innen den Eindruck gab, Sie stünden hier mit der Bitte um Almosen.

In den letzten Jahren hat sich ein Social-Media-Äquivalent etabliert: Sie veröffentlichen einen Beitrag über gesellschaftliche Missstände, vielleicht basierend auf Ihrer Biographie, eventuell mit Infos, die nicht allen geläufig sind. Sie ernten Lob und auch Hass. Und manche bedanken sich bei Ihnen für Ihre »wichtige Arbeit« und fragen, ob Sie sich finanziell revanchieren können, über einen PayPal-Link etwa oder über Patreon. Anders gesagt: Sie wollen Ihnen das *White Guilt Stipendium* verleihen.

Doch Sie haben sich nie auf dieses Stipendium beworben. Nirgendwo haben Sie die Erwartung geäußert, dafür entlohnt zu werden, auf Wikipedia nachlesbare Sachverhalte zu paraphrasieren. Aber es könnte ja sein, dass Sie sich nicht trauen, öffentlich nach Geld zu fragen, weil das Thema ja recht schambehaftet ist und … Moment mal, wurden Sie gerade zur Subalternen gemacht? Versucht da wer, die eigenen, auf Privilegien beruhenden Schuldgefühle mit Charity zu kompensieren?

Natürlich sollte Arbeit bezahlt werden, und es gibt viele Bildungsarbeitende, die sich über Entlohnung freuen. Vielleicht verstehen Sie die steile These in Ihrer Instagram-Story jedoch nicht unbedingt als »wertvolle Analyse« oder qualitativ hochwertige »politische Bildungsarbeit« – und finden es schräg, dass andere Ihnen aufgrund Ihrer Identität wie bei einer Wahrsagerin Geld zustecken wollen.

Ob intendiert oder nicht, die Dynamik der gütigen Privilegierten versus die vermeintlich marginalisierten »Weisen« ist antiemanzipatorisch. Sie bringt zwei gleichermaßen unangenehme Rollen hervor: Entweder Sie werden zum Spiritual Leader, sollen für andere das kritische Denken übernehmen und sie von der Last der Verantwortung erlösen, indem Sie ihnen alles vorkauen. Oder Sie sind ein verwahrlostes Opfer, das außer auf Erfahrungen basiertem Wissen nichts besitzt.

Früher haben bürgerliche Linksliberale ihre Schuldgefühle in Form von Spenden an Unicef oder esoterische Gurus entladen, heute gehen sie auf Social-Media-Profile häufig nicht-weißer, meist studierter Menschen und fragen sie nach ihrem PayPal-Link oder posten gerührte Emojis unter ihre Beiträge, als sei dort ein abgemagertes Kind abgebildet, das sich über eine geschenkte Apfelsine freut. Fast jede_r liebt Geschenke, aber nicht, wenn es wie das White Guilt Stipendium nur dazu führt, die eigenen Schuldgefühle zu kompensieren. Wohltat und solidarische Umverteilung sind nicht dasselbe.

März 2021

Punkte, bei denen ich falschlag

Vor ein paar Jahren wäre ich wahrscheinlich lieber gestorben, als öffentlich zu gestehen, dass ich Kritik von linken Personen nicht automatisch unberechtigt finde, nur weil ich die Person unsympathisch finde. Unsympathisch deshalb, weil diese Personen ein politisches Lager vertreten, das mir ideologisch zuwider ist. Etwa weil dieses Lager in Punkten wie Queerness, Sexarbeit oder seinem Rassismusverständnis mehr mit der CDU als mir gemeinsam hat.

Dazu kommt ihre schwer auszuhaltende, gehässige und gemeine Art, Kritik zu äußern. Diese Leute haben so geschmacklose Witze über mein Aussehen oder mein Transsein gerissen, dass ich zu verletzt war, um ihre Argumente ernst zu nehmen. Für mich waren das einfach ein paar hängengebliebene Almans.

Die rassifizierten Bubble-Mitglieder dürsteten in meinen Augen nur nach der Anerkennung dieser Gruppe. Irgendwelche Tokens halt. Und ja, vielleicht fand ich diese Leute stylemäßig auch ein bisschen cringe, nach dem Motto: In deiner North-Face-Jacke brauchst du mir gar nichts erklären.

In einigen Punkten werde ich mit diesem Lager wohl immer streiten. Das ist auch gut so, vor einigen Wochen schrieb ich darüber, wie wichtig Reibung innerhalb politischer Kontexte ist. Vielleicht ist derselbe Streit beim achten Mal mühsam, aber manche Themen brauchen Zeit. Schließlich ist weder die Linke noch eine durch Betroffenheit zusammengehörige Gruppe homogen. Damals war diese Tatsache für mich schwer zu schlucken, heute denke ich: Na klar, was sonst?

Was sich außerdem geändert hat, ist mein Trotz. Ich war mir sicher, dass allein aufgrund ihrer Arschlochhaftigkeit niemaus aus diesen Bubbles jemals recht haben könnte. Mittlerweile muss ich in manchen Punkten zurückrudern und zugeben, dass ich in manchen Punkten falschlag und sie richtiglagen. Nicht, weil ihre ätzende Art, es mir einzubläuen, so effektiv war, sondern, weil ich vor fünf oder sechs Jahren die Komplexität mancher Dinge nicht so gut greifen konnte wie jetzt.
Zum Beispiel: Ich kann kulturelle Aneignung peinlich, kitschig oder hässlich finden, und definitiv spielen rassistische Exotikphantasien bei diesem Phänomen eine prominente Rolle, aber die Frisur oder die Klamotten einer Person sollten nicht strenger bewertet werden als ihr Handeln. Als die Sea-Watch-Kapitänin Carola Rackete für die Rettung geflüchteter Menschen in Italien verhaftet wurde, war für mich klar, dass ihre Dreadlocks in dem Moment scheißegal sind.
Zum Glück fand ihre Verhaftung 2019 und nicht 2016 statt, als ich meinen Rant über kulturelle Aneignung auf dem Fusion-Festival veröffentlichte, der viel, äh, Beachtung in der deutschen Linken fand. Hätte ich lieber über ihre Frisur als über ihre Verhaftung getwittert, wäre die Scham darüber noch größer als die Einsicht, dass manche weißen Macker mir auf Twitter argumentativ die Ehre genommen haben.

April 2021

Zwischen Kritik und Schadenfreude

Der Nachdenkmonat Juni ist vorbei, aber eine Mood wird bleiben: Keine Community oder Szene, egal wie links, feministisch oder queer, ist frei von Machtgefällen. Die perfekte Gemeinschaft gibt es nicht, wie sollte sie auch aussehen? Homogenität halte ich für so wenig erstrebenswert wie realistisch, eher Pluralität. Doch auch die birgt Reibungsflächen, wie nackte Oberschenkel, die in der Hitze beim Laufen ins Scheuern geraten. Ans Ziel tragen sie eine_n trotzdem.

Sei es Rassismus und Sexismus in weiß-männlich dominierten linken Räumen, Antisemitismus in der Antirassismusszene oder Transfeindlichkeit unter Feminist_innen: All diese Strukturen durchziehen zwar auch die Dominanzgesellschaft zur Genüge, doch unter Genoss_innen oder Geschwistern fühlen sie sich schlimmer an. Darüber wird viel gesprochen, aber noch lange nicht ausreichend. Manche dieser Debatten finden in geschlossenen Räumen statt, andere in der Öffentlichkeit. Gerade da wird es zu einem Balanceakt: Wo verläuft denn eigentlich die Grenze zwischen solidarischer Kritik und ressentimentgeladener Empörung?

Besonders out ist es noch nie gewesen, linke, feministische oder queere Szenen vor großem Publikum zu verreißen. Die Schaulust ist riesig, vor allem für Unbeteiligte: Ausgerechnet die, die sich vermeintlich moralisch überlegen fühlen, haben ihren eigenen Dreck am Stecken! Auf die Schadenfreude können sich Rechte, Konservative und Bürgis immer einigen. Ohne sich mit ihrer eigenen antisemitischen, rassistischen, misogynen, homo- und queerfeindlichen Haltung auseinandersetzen zu müssen, können sie genüsslich dabei zuschauen, wie die von ihnen verhassten Communities in der gegenseitigen Schussbahn stehen. Nicht, dass sie sich je groß für Feminist_innen, Jüdinnen_Juden, Schwarze Menschen, migrantisierte Leute oder Queers interessiert hätten –, aber Popcorn auspacken und zuschauen geht immer. Der Skandalfaktor befördert Mittelmäßigkeit auf die obersten Ränge der Hitlisten.

Jene, die von innen heraus Kritik äußern, werden manchmal von den dogmatischsten Mitgliedern ihrer Communities als Nestbeschmutzer_innen diffamiert – oder stoßen auf heftigen Gegenwind. Andere Personen, die nie Teil dieser Communities waren, beteiligen sich nur an der Kritik, auf der Suche nach Clout oder als Sprungbrett zu mehr Reichweite oder aus Spaß an der Schadenfreude. In ihre Zeilen ragt oft etwas Reaktionäres, das die eigentliche Kritik überschattet. Die Frage, wie viel zusätzliche Entsolidarisierung sie den politischen Szenen, die teils von staatlicher Repression betroffen sind, eigentlich zumuten können, stellt sich ihnen nicht. Wie aufrichtig kann das Interesse an Besserung sein, wenn sich in erster Linie ein regressives Publikum an dem Auslandungsprozess erfreut?

Juli 2021

Widersprüche machen einsam

Der 8. März war früher mein Lieblingstag. Feministische Praxis gilt das ganze Jahr, aber es fühlt sich besonders an, bei Frühlingswetter zwischen zig anderen Feminist_innen zu laufen, laut zu sein und gemeinsam die Straßen einzunehmen. Es ist einfach unser Tag.

Umso belastender, dass diese Euphorie von Unbehagen verdrängt wurde und sich Einsamkeit breitmacht. Widersprüchliche Lebensrealitäten und leidenschaftliche Grabenkämpfe sind schon immer Teil politischer Bewegungen gewesen. Doch manche Debatten überschatten diesen Tag so sehr, dass die Nuancen dazwischen nicht brillieren können.

Ein Evergreen: Frauenkampftag, FLINTA-Kampftag oder feministischer Kampftag? Solange es nicht »Weltfrauentag« heißt oder mich niemand als »Frau*« bezeichnet, kann ich mit allen drei Varianten leben. Ja, »Frau« als materielle Kategorie sollte nicht verschwinden. Nein, es wird niemaus »verboten«, sich als Frau zu identifizieren.

Ja, manchen Frauen wird der Einlass verwehrt, mal subtil, mal gewaltvoll. Nein, nicht alle, die unter dem Cis-Hetero-Patriarchat leiden, sind Frauen. Ja, biologistische Argumentationen schmecken völkisch. Nein, ich habe keine Lust darauf, bei Transfeindlichkeit und Misogynie Kompromisse einzugehen.

Die zweite Abwärtsspirale ist Antisemitismus. Schon zum zweiten Mal in Folge sucht maus bei der internationalistischen Demo vergebens nach der Einbindung jüdischer Feminist_innen im Aufruf oder auf der langen Redebeitragsliste. Scheint kaum wen zu stören. Gleichzeitig fragt maus sich bei Demos für

Moria, Hanau, Queer Pride, dem 1. Mai und auch am 8. März, ob maus gerade versehentlich auf einer »Free Palestine«-Demo gelandet ist.

Das Thema erscheint prominenter als das eigentliche. Natürlich wünsche ich mir, dass Palästinenser_innen in Frieden und Sicherheit leben können. Doch diese Forderung darf kein Ventil für Antisemitismus sein. Es ist zum Kotzen, dass es Antisemit_innen gelingt, fast jeden Protest für sich zu vereinnahmen. Wer auf einer Gedenkdemo für die Opfer und Überlebenden eines rechtsradikalen Terroranschlags über die Wünsche der Angehörigen hinweg die eigene politische Agenda platziert, wäre mit einem respektvollen Schweigen besser bedient als mit dem Singen von Parolen, in denen die Auslöschung Israels gefordert wird. Insbesondere, weil der Täter selbst ein glühender Antisemit war.

Auf Kritik an ihren Instrumentalisierungstaktiken antworten Anhänger_innen dieser Ideologie damit, Kämpfe »intersektional« zu denken. Komischerweise habe ich bei Kimberlé Crenshaw keinen Hinweis finden können, dass es cool sei, jedes Thema mit antisemitischer Rhetorik zu derailen und sich zwischen Bündnissen mit anti-Schwarzen Gruppierungen ein paar Begriffe und Konzepte aus Schwarzen Widerstandsstrategien und -kämpfen anzueignen. Also lieber zu Hause bleiben und ihnen die Straßen überlassen?

Die andere Demo, auf der weiße cis Frauen in lila Gauklerinnen-Kostümen gegen trans Leute und Sexarbeiter_innen Stimmung machen, kommt auch nicht infrage. Alles sketchy. Ambivalenz macht einsam. Für uns gibt es keine Großdemo.

März 2022

VOLL IM ARSCH

Fusion Revisited

Vor zwei Jahren hatte ich mir fest vorgenommen, endlich mal auf die Fusion zu fahren. Die meisten Leute in meinem Umfeld schwärmten von dem Festival, und obwohl ich meistens nicht dort sein will, wo Menschen sind, war ich sehr aufgeregt, als ich bei der Ticketverlosung gezogen wurde. Eine Woche vor dem Event machte ich allerdings den Realitätscheck: Ich war depressiv, stand zwei Wochen vor meiner Bachelorarbeit-Abgabe und stellte mir die Frage, was gerade schöner wäre, als fünf Tage lang inmitten von Druffis in der Pampa zu Techno zu tanzen. Die Antwort war: so ziemlich alles. Also verkaufte ich mein Ticket und genoss das leere Berlin in der Zeit.

Mittlerweile bin ich mir ziemlich sicher, dass die Fusion nichts für mich ist. Weil mein Selbsthass oder einfach der Wunsch, die Welt brennen zu sehen, mich manchmal überschüttet, fuhr ich Sonntagabend aber trotzdem in die Wursthaar-Hölle. Schon allein die Fahrt brachte mich an meine Grenzen. In der Regionalbahn begegneten mir zwei weiße Hippies. Der eine war ein Schwede und seine Filzfrisur löste Mitleidsschauer in mir aus. Die andere kam aus Barcelona und wirkte wie ein Charakter aus »The Tribe«. Über schlechte Boxen hörten sie Reggae und fühlten sich wie Freigeister, sprachen über das Reisen und die Schönheit der Welt. Ich beschloss, sie zunächst einmal zu ignorieren und mein Ding zu machen. Als mir meine Freund_innen schrieben, dass ich mir Leute zum Taxi-Teilen suchen sollte, da die Busse nicht mehr fuhren, lachte ich bei der Vorstellung, mit den beiden zu reden, leise in mich hinein.

Der Game-Changer begegnete mir auf dem Weg zum Klo in der Gestalt eines betrunkenen Nazis. Er fragte mich, wo der Snackautomat sei. Ich wies ihn auf die andere Seite des Zuges hin, damit er bloß nicht in meine Richtung kam. Für einen Moment hatte ich vergessen, dass die Fusion in einem Bundesland mit sehr vielen Nazis (leider wie fast alle Bundesländer in Deutschland) stattfindet und dass meine Angst vor dem Glatzkopf mit der 0,2 l-Wodka-Flasche berechtigt war. Es war zehn Minuten vor Fahrtende, und ich wusste, was zu tun war.

Ich fragte die Hippies, ob sie auch zur Fusion führen (eher eine rhetorische Frage) und ob wir uns ein Taxi teilen wollten. Sie freuten sich und wollten meinen Namen wissen. Ich stellte mich mit falschem Namen vor und tat so, als sei ich schüchtern, um nicht mit ihnen reden zu müssen. Ich beobachtete, wie der Typ sich mitten in der Bahn das Shirt umzog. Ich wurde auch Zeug_in ihres sentimentalen Flirt-Moments. Während sie über ihre White Supremacy bondeten, murmelte er ihr zu, dass sie süß sei. Sie lächelte, und in Zeitlupe näherte er sich ihr an, beugte sich über sie, und ich hörte (sic!) sie rummachen. Ich starrte auf mein Handy, versuchte das Scham-Lächeln in ein »Love is Love«-Lächeln umzuwandeln, um meine Mitfahrgelegenheit zu sichern.

Endlich hielt der Zug in Neustrelitz, und ich wäre am liebsten auf Rollschuhen rausgeflogen. Ich trug allerdings ganz normale Sneakers. Wir stiegen aus und trafen weitere Leute, die sich ein Taxi teilen wollten. Einer von ihnen hatte zwei kurze Dreads und ein Chelsea-Smile als Tattoo im Gesicht. Er lehnte sich schon ans Taxifenster, aber ich ging dazwischen, weil ich ihm nicht die Verantwortung über unsere Fahrt und unser Geld überlassen wollte. Ich machte dem Fahrer ein Angebot, das er nicht abschlagen konnte (»Wie viel?« –»50.« –»40?« –»45.« –»Ok.«), und rief in die Runde: »Ich sitze vorne, mir wird sonst schlecht.« Das war gelogen. Ich wollte einfach generell Körperkontakt und Konversationen vermeiden. Der Schwede aus der Bahn wollte auf jeden Fall seine Musik im Taxi anmachen, ich übersetzte es dem Fahrer aber so, dass er wirklich nicht »ja« sagen müsste. Ihm war es egal, wir waren eh fast da.

In Lärz angekommen, ging ich zum vereinbarten Treffpunkt mit meinen Freund_innen. Nun konnte ich meine Feldstudie beginnen. Trotz meiner tief verankerten Aversion war ich von der Lage überrascht. Ja, es war schlimmer, als ich es mir vorgestellt hatte. Alle behaupten immer, man dürfe Sachen erst scheiße finden, wenn man sie ausprobiert hat, und ich merkte, dass die Fusion bei mir besser weggekommen wäre, wäre ich zu Hause geblieben.

Wo fange ich an? Vielleicht bei der hohen Quote von weißen Personen mit Wursthaaren. Natürlich hatte ich damit gerechnet, dass es ihre Hochburg sein würde, jedoch nicht damit, dass sie die Mehrzahl bilden würden. Kurz dachte ich, ich sei auf einer »White Dreadlocks«-Convention gelandet. Ich fragte mich, wie viele weiße Personen mit Filzhaaren aus Deutschland eigentlich *nicht* zur Fusion gefahren sind. Zwei Infos hätten zum Thema weißsein und Dreadlocks weiter verbreitet werden müssen: dass es eine kolonialrassistische Praxis ist und zusätzlich einfach scheiße aussieht. Aber kann man nichts machen, fürchte ich.

Mir war klar, dass die Fusion sehr weiß sein würde. Aber *so* weiß? Das Verhältnis zwischen weißen und rassifizierten Personen stellte ich mir als 80 zu 20 vor. Nicht 99 zu 1, wie es in der Realität dann war. Lässt sich natürlich nicht immer am Äußeren einer Person ablesen, aber das war so der Vibe. Hinzu kam, dass ich fast alle Personen, die ich nicht als weiß gelesen habe, persönlich kannte. Diejenigen, die seit Anfang des Festivals vor Ort waren, bewegten sich emotional irgendwo zwischen Lebenskrise und Nervenzusammenbruch. Während wir am Lagerfeuer saßen, murmelte eine Freundin, »ein Schauplatz der White Supremacy«, und zog Ketamin von einem Holzrührstab für Kaffee. Vielleicht waren vor Sonntagabend noch mehr rassifizierte Personen dort gewesen und bei meiner Ankunft bereits abgereist. Mehrere Tausend werden es aber mit Sicherheit nicht gewesen sein.

Ob ihre Abwesenheit wohl der Anlass dafür war, dass weiße Leute rassifizierte Menschen cosplayten? Ihre stereotypen, rassistischen Kostüme waren jedenfalls überall. Neben Dreadlocks trugen weiße Menschen Kimonos, Kegelhüte, Oberteile mit random chinesischen Zeichen, Bindis, Saris, Federkopfschmuck, Tunnel, Turbane, Sharwals oder einzelne Federn auf dem Kopf (gerne einfach ins verfilzte Haar gesteckt). Wie Karneval der Kulturen in Berlin, nur ohne Kulturen. Wir schreiben das Jahr 2016 und bei der Mehrheit der Festivalbesucher_innen ist nicht angekommen, dass Red-, Black-, Brown- und Yellow-Facing unterste Schublade in der Garderobenwahl sind. Selbst beim Vice-Vertical Noise ist die Info bekannt. Warum ist es für so viele Leute so schwierig, ein Outfit zu finden, das andere nicht angreift? Wie wäre es mit einer Jeans und einem Shirt? Einem Blümchenkleid? Einem karierten Rock? Oder, wenn es dich glücklich macht, einem Einhornkostüm?

Ich fragte eine meiner Freundinnen, wie denn das Essensangebot so sei. Sie antwortete mit einer Gegenfrage: »Was hat die Fusion eigentlich gegen Gewürze?« Ein Rundgang auf dem Marktplatz mit den Imbissständen bot Ansätze für Theorien: Die meisten (fast alle) Stände wurden von weißen Personen betrieben, und der Geschmack war nach einem, nennen wir es, sensiblen Gaumen ausgerichtet. Was an sich ja in Ordnung wäre, würden sie nicht den Exotikfaktor erzwingen. Stichwort: Black and brown food served by white people.

Während meiner Suche nach einem Snack blieb ich ungläubig vor dem Stand stehen, der laut eigenem Schild »Indianisches (sic!) Essen« verkaufte. Wenn die Fusion wirklich so auf links und kritisch macht, warum gibt es null Sensibilität in puncto Rassismus? Wo ist hier der Unterschied zu einem Stadtfest in einer nordostdeutschen, bürgerlichen Provinz? Wahrscheinlich darin, dass die Besucher_innen des Stadtfests wenigstens ehrlich zu sich sind und gar nicht erst behaupten, antirassistisch zu sein.

Aus irgendeinem Grund hatte ich mir den Ort auch queerer vorgestellt. Zumindest zu einem gewissen Grad. Aber auch hier war ich in meiner Vorstellung zu wohlwollend gewesen. Das lag wahrscheinlich daran, dass die meisten meiner Bekannten, die hinreisten, überwiegend queer oder rassifiziert – oder sogar beides – waren. Vor Ort waren aber einfach ganz, ganz viele cis Typen. Auch einige von der bedrängenden Sorte. Ein Typ tänzelte über zwei Stunden um uns herum, obwohl wir ihm sagten, dass wir weder mit ihm kuscheln oder reden wollten noch in seinem Zeichenblock seine Eindrücke vom Drogentrip anschauen wollten. »Schön ... scheiße!«, schrieb er auf ein Stück Papier und hielt es vor mein Gesicht. Ich zuckte mit den Schultern und konnte mich an keinen Zeitpunkt erinnern, an dem mir die Gefühle eines weißen Typen egaler waren. Mit seinen zwei kurzen Dreads, der Feder in seinem Haar und seiner Teetasse aus Metall versuchte er es noch ein paar Mal, bis er endlich ging.

Wenigstens gegen Sexismus leitete die Festivalorga einige Maßnahmen ein. Das »No shirt, no service«-Schild am Infopoint feierte ich sehr. Ich wünschte nur, dass oberkörperfreie cis Typen nicht als einzige Form der Rücksichtslosigkeit verstanden würden. Cool war auch, dass es kostenloses Trinkwasser gab. Allerdings aus permanent aufgedrehten Wasserschläuchen, die niemanden zum Zudrehen animieren zu schienen. Wir haben's ja.

Ungefähr 15 Stunden später sitze ich mit meinen Freund_innen im Shuttle-Bus nach Neustrelitz. »Wir sehen uns in zwei Jahren«, hörte ich Leute beim Einsteigen rufen. (Nächstes Jahr setzt die Fusion aus, 2018 geht es weiter.) An meiner Schulter lehnt eine meiner dösenden Freundinnen und auf meiner Nase ein leichter Sonnenbrand. Ich fahre mit der Hand über mein Gesicht und spüre auf der Wange schon die ersten Stresspickel. I went to Fusion and all I got was bad skin.

Juli 2016

Die Islamisierung des Hinterns

Viele Kanak_innen erinnern sich an die Fragen von Almans, die nach dem Toilettengang bei ihnen zu Hause gerne wissen wollten, warum eigentlich eine Gießkanne neben dem Klo steht. Viele von uns waren damals zu angepasst für die Wahrheit und behaupteten, sie sei für die Pflanzen bestimmt und stehe im Bad, weil dort der Wasserhahn ist, kristallklar. Auch ich habe mich nicht getraut, ihnen zu sagen, dass wir das Ding (bei uns »aftabeh« genannt) dazu benutzen, um uns nach jedem Klogang mit Wasser zu waschen.

Manche unserer Familienfreund_innen gingen sogar den Extrakilometer des Komforts und montierten kleine Wasserschläuche neben dem Klo, um sich lästiges Auffüllen zu sparen. Oft waren diese allerdings schlecht installiert und leakten. Ich wusste nie, ob Böden im Bad bei Kanak_innen deswegen oft nasse Böden hatten oder weil wer beim Wud'u, dem Waschen vor dem Gebet, einfach fahrlässig mit dem Wasser des Waschbeckens um sich gespritzt hatte.

Die Regel war jedenfalls: Ohne Plastikschlappen betrat man kein Badezimmer. Hipster-Almans können mit ihrem Normcore-Style noch so sehr versuchen, sich Adiletten anzueignen –, sie sind und bleiben die Signatur des Kanaken-Badezimmer-Looks. Ist einfach so.

Auf Reisen nahmen wir PET-Flaschen mit aufs Klo, unser aftabeh-2-go quasi. Auch heute noch ein obligatorischer Tascheninhalt für mich. Das war jedoch nicht immer so. Als ich frisch von zu Hause ausgezogen war und in unterschiedlichen Wohngemeinschaften mit Almans lebte, assimilierte ich mich an deren Klopapierpolitik. In der Zeit fühlte ich mich immer unterschwellig dreckig und war auch körperlich am Arsch.

Außerdem wurde mir bewusst, wie viel Papier verbraucht wird, wenn mehr als zwei bis vier Blätter pro Person pro Klogang draufgehen. In meiner Drei-Personen-WG lag der Verbrauch bei fast einer Rolle pro Tag. Ich finde das exzessiv. Liebe Almans, was ist das für ein verschwenderischer Lifestyle? Statt »der Umwelt zuliebe« nur drei Minuten lang zu duschen, könnte an dieser Ecke gespart werden.

Die Papierindustrie schlägt natürlich Profit aus dieser Klonorm. DarkMatter, ein queeres Performance-Duo, sagten treffend: »Wenn wieder jemand fragt, wer den Regenwald zerstört, dann lautet die Antwort: weiße Arschlöcher!«

Jedes Mal, wenn ein Alman behauptet, Ausländer seien dreckig, frage ich mich, in welchem Tunnel diese Person steckt. Weil, ich weiß ganz genau, dass die Person mit großer Wahrscheinlichkeit nicht mal feuchtes Klopapier benutzt. Hat sie aus der Geschichte nicht gelernt? Weiß sie nicht, was da los war im Mittelalter, mit der Pest und so? Was ist das für ein Hygieneverständnis? Wenn ich irgendwo auf der Haut mit Scheiße beschmiert bin, tupfe ich es doch nicht nur sanft mit einem Tempo ab und erkläre den Job für erledigt! Nicht mal bei meinen Schuhen, eher würde ich sie verbrennen.

Meine Schwester ist seit Jahren auf einer Mission, sie ist zur absoluten Gießkannen-Agentin aufgestiegen. Allen Freund_innen, die sich nur mit Klopapier abwischen, legt sie das Wasser ans Herz. Beziehungsweise an den Anus. Alle, die sich darauf einließen, sind ihr für das neue Lebensgefühl dankbar. Wir gönnen uns einfach hart von Islamisierung des Hinterns her.

August 2016

Kampf der Kackkulturen

Aufruhr in Köln: Das Bürger_innenzentrum wird renoviert. Und neben Sitzklos soll es ab Ende 2018 auch ein Hockklo geben, das insbesondere muslimische Gäst_innen ansprechen soll. Eigentlich ein Grund zur Euphorie – doch von Wertschätzung keine Spur.

Vielmehr ärgern sich Kölner_innen über die vermeintliche Islamisierung ihrer Toiletten. welt.de[14] verstärkt den Unmut gerne und ordnet die Klos als »in islamischen Kulturkreisen üblich« ein, jaja, diese Kulturkreise mal wieder. Erst nehmen diese muslimischen Geflüchteten und Migrant_innen sich deutsche Smartphones, dann deutsche Frauen und jetzt auch noch die deutsche Art zu kacken.

Interessanterweise nennt man Hockklos gar nicht »muslimische Toiletten«, sondern französische. Und sie haben vor allem Vorteile. Es spart viel Zeit, auf ihnen das Geschäft zu verrichten. Erst mal hinsetzen, Mails beantworten und Instagram auschecken bietet sich im Hocken einfach weniger an.

Und dafür sind Hockklos ideal. In Hockstellung entspannt sich der Darm komplett, während er sich im Sitzen häufig verkrampft. Vor zwei Jahren warb eine Klohocker-Firma für sein Produkt mit einem animierten Einhorn, das im Hocken regenbogenfarbenes Softeis kackte. Der Clip ging viral und löste Geständnisse aus: In meinem Umfeld gaben viele Leute zu, dass sie sich häufig einen Eimer, eine Kiste oder einen Karton vor das Klo setzen, um beim Kacken die Hockstellung zu imitieren. Dieser Tipp findet sich auch im Standardwerk für Darmangelegenheiten »Darm mit Charme«.

Doch es ist wie bei der Frage »Wasser statt Klopapier« zum Reinigen nach dem Klogang: Jede_r Proktolog_in rät dazu, und wer es schon mal ausprobiert hat, weiß, dass es sich nicht nur besser anfühlt, sondern einfach mehr Sinn ergibt. Aber, weil unter anderem muslimische Personen von dieser Praxis Gebrauch machen, finden weiße Europäer_innen sie ganz schlimm, moralisch verkehrt, nicht empfehlenswert, bitte nicht zu Hause nachmachen.

Aber ganz ehrlich, Toiletten sind trostlose Orte voller Bakterien, warum sollte man da unnötig viel Zeit verbringen wollen? Öffentliche Toiletten sollen keine Wohlfühloasen zum Chillen und Entspannen sein, sondern eine Funktion erfüllen: eine Möglichkeit bieten, Blase und Darm zu entleeren. Die ganze Aufregung entstammt tiefem Selbsthass und Sturheit. Denn: Sorry, aber wer setzt sich in öffentlichen WCs denn bitte auf die Klobrille? Die Kritik am Hockklo kommt in dem Fall ja nicht von Menschen mit Behinderungen, die auf das Sitzen angewiesen sind, sondern von rassistischen Leuten, die denken, saubere Hintern und smoothes Kacken würde sie zum Islam konvertieren lassen.

Technisch gesehen ist das Hockklo die Zukunft, nicht die Plumpsklo-Vergangenheit, wie viele vermuten. Es spart Wasser, die Fäkalien werden nicht ins Abwasser gespült und der Sammeltank ist viel größer. Auf jedem Level ein Gewinn.

Man stelle sich vor, Deutsche würden ihre Arroganz mal beiseitestellen. Dem Hocken und dem Wasser mal eine Chance geben. Denn von Muslim_innen lernen heißt auch, richtig aufs Klo gehen zu lernen. Es würde die deutsche Kackkultur revolutionieren.

August 2017

Real Talk

Liebe Angelo Merte,
ich sage es ganz offen und ehrlich: Ich war nie Fan von Ihnen. Auch nicht ironisch. Höchstens, wenn Sie Girlboss-like Hörsten wie Horst Seehofer zeigen, wer die Hosen anhat. Ihr legendärer Blick beim Treffen mit Trump? Einfach nur ikonisch. Ihr Standhalten gegen Ihre reaktionären Parteikolleg_innen? Ehrenhaft. International gelten Sie fast schon als linksliberale Open-Border-Maus, und es wäre natürlich schön, wenn Sie es wären. Oder noch besser: linksradikal!
Als Sie 2005 Kanzlerin wurden, war ich 13 Jahre alt und nicht sonderlich begeistert. Ich hatte nicht das Gefühl, dass eine KanzlerIN eine radikale Verbesserung für mein Leben bedeuten würde. CDU halt. Aber jetzt, wo Sie Schluss machen wollen, wünschte ich, Sie würden noch ein paar Kandidaturen mitmachen, denn Sie sind tausend Mal besser als die Personen aus Ihrer Partei, die an Ihre Stelle treten könnten.
Zum Beispiel »Yesterday-Jens« Spahn[15]. Dieser weltfremde, frauenhassende Snob zeigt sich in sozialen, gesundheitspolitischen und demografischen Fragen absurd inkompetent. Klar, er würde sich in die Scharen reaktionärer, aber sonst eher peinlicher Herrklärer von Seehofer über Kurz bis Trump gut einreihen. Aber brauchen wir wirklich noch so einen?
Während weiße schwule cis Männer sich ausrechnen, was er als schwuler Kanzler für LGBTIQ-Rechte klären würde, möchte ich jetzt schon die Handbremse ziehen. Würde Repräsentationspolitik so funktionieren, hätten wir mit einer ostdeutschen Kanzlerin wie Ihnen keinen Topos der abgehängten Ostdeut-

schen. Nazis aus Chemnitz oder Köthen wüssten: »Wenn eine ostdeutsche Frau Kanzlerin werden kann, haben wir es geschafft. Jetzt können wir uns nur selbst im Weg stehen. Ausländer nehmen uns nicht mehr unsere Jobs weg.« Stattdessen werden Jobs geschaffen, mit denen »Ausländer« aus dem Weg geräumt werden.

Selbst mit Alice Weidel als Homo-Doppelspitze würde sich für LGBTI-Rechte nichts zum Positiven ändern. Beide gehören konservativen bis rechten Parteien an, die für LGBTI-Personen lediglich ein paar Alibi-Funktionen übrig haben. Da sehe ich bei Ihnen mit Ihren bunten Blazern und perfektioniertem Bitch-Face mehr lesbisches Empowerment. Und was erwartet man schon von einem Politiker, dessen Kollege Seehofer erst vor Kurzem die Chance eines selbstbestimmten Geschlechtseintrags genommen und reingeschissen hat? Mehr weiße schwule cis Männer als Leiter von Abschiebeknästen und Lagern?

Wie Mely Kiyak in ihrer Zeit-Kolumne[16] schreibt, wird mit Ihnen auch eine respektvolle Rhetorik gehen. Während Sie noch bemüht waren, trotz konservativer Politik menschlich aufzutreten, haben Ihre Kolleg_innen den Schuss schon lange nicht mehr gehört. Liebe Angie, bitte lassen Sie uns nicht mit diesen Nazis und Nazi-Sympathisant_innen alleine!

GaLieGrü, *Hengameh*

November 2018

Eine Kirche namens Eurozentrismus

Als die Notre-Dame in Flammen stand, empfand ich nichts. Das mag herzlos klingen, aber ich habe keine einzige Emotion verspürt. Es ist nicht einmal so, dass ich selbst nie in Paris oder in der Kathedrale gewesen wäre – es ist ewig her, aber ich war dort und habe sogar eine dieser weißen Kerzen angezündet – oder dass ich gleichgültig reagiere, weil ich nicht christlich sozialisiert bin.

Kirchen kann ich generell nichts abgewinnen. Während meine Mutter vor jeder mittelmäßigen Kathedrale, an der sie je vorbeigelaufen ist, zig Fotos haben will, bin ich höchstens die Person, die genervt den Auslöser der Kamera betätigt.

Deswegen hat mich der Schock und die Trauer, die alle großzügig auf Social Media bekundeten, eher gelangweilt. Die ersten Spezis verkündeten auf die Kritik an ihrer übertriebenen Betroffenheit ihre hohlen Thesen, dass die Empörung über antisemitische und rassistische Anschläge auf Synagogen und Moscheen dann ja auch unangebracht sei. Seriously, muss ich wirklich den Unterschied zwischen einem Gebäudebrand und antisemitischen beziehungsweise rassistischen Verbrechen erklären?

Was hat die Notre-Dame je für euch getan, fragte ich mich. Selbst eine religionskritische Linke, die es sonst selten hinbekommt, über Anschläge auf Moscheen zu sprechen, ohne in antimuslimischen Rassismus auszuufern, verfiel in Trauer. Innerhalb von einem Tag kamen international Spendenzusagen im Wert von über einer Milliarde Euro zusammen. Und alle schwafeln von Europas Herz. Wo war Europas Herz, als jährlich Tausende Menschen im Mittelmeer ertranken?

Während die Welt um die Notre-Dame trauert, zerstört Trump auf der anderen Seite des Atlantiks durch das Verlegen von Pipelines aktiv Gebiete von Nordamerikas indigener Bevölkerung. Der Chaco Canyon ist nicht weniger alt oder heilig als die französische Kathedrale, auch er wurde von der UNESCO zum Weltkulturerbe erklärt. Juckt trotzdem kaum jemanden hier.
Durch den voranschreitenden Klimawandel wird in Zukunft alles Mögliche zerstört, was für uns Kultur, Natur, Geschichte oder einfach persönliche Erinnerungen symbolisiert. Manches wird verbrennen, anderes überflutet sein, manche Orte aufgrund schlechter Luft vielleicht nicht mehr betretbar. 850 Mio. Euro von reichen Französ_innen zur Herstellung von Klimagerechtigkeit habe ich leider nirgendwo gesehen – weder auf Pump noch auf Spendenbasis.
Für die einen ist die Notre-Dame historisch und architektonisch beeindruckend, für die anderen schlichtweg ein heiliger Ort. Dies traf auch auf viele Gebäude zu, die in Syrien oder im Irak durch Kriege zerstört wurden: Können Sie auch nur ein einziges dieser Kulturgüter beim Namen nennen, von denen heute nur noch Ruinen bleiben? Nein? Dann lassen Sie doch bei der Notre-Dame auch die Kirche im Dorf.

April 2019

Alle gegen Greta

Was haben manche Antirassismus-Aktivist_innen mit peinlichen deutschen Komikern und Rechten, die gar nicht erst versuchen, witzig zu sein, gemeinsam? Ganz einfach, sie eint der Hass auf Klimaaktivistin Greta Thunberg.

Dass Verschwörungsideolog_innen sich mit ihren Tritten nach unten und vermeintlich bürgerliche Comedy-Almans einig sind, ist wenig überraschend. Jeder Mario Barth dieser Welt bringt reaktionäre Deutsche zum Lachen. Als Humor getarnte Menschenfeindlichkeit ist ein billiger sozialer Kleister, keine anspruchsvolle Leistung. Mach einen geschmacklosen Witz über marginalisierte Menschen und tausend Knalltüten werden dich verteidigen. Nicht einmal das Lob der *Emma*-Redaktion[17] für Dieter Nuhr nach seinen Äußerungen über Thunberg verwundert noch irgendwen – als Rebell gegen die »Political Correctness« klopfte sie ihm auf die Schulter. Alles Sprechverbote, da landen wir also wieder rechtsaußen. Gerade mal Anfang Oktober und Halloween klingelt bereits Sturm.

Der Neid und die Tiraden von rechten Greta-Hatern sind erwartbar. Viel enttäuschender ist die unsolidarische Diffamierung von Thunberg durch Antirassismusaktivist_innen, sobald die 16-jährige Schwedin nicht den hohen Ansprüchen gerecht wird. Wenn Greta wirklich so krass ist, warum gibt es dann nicht schon längst Klimagerechtigkeit? Und warum bekommt sie so viel mehr Beachtung als indigene Jugendliche oder jene aus dem Globalen Süden, die schon viel länger Klimaaktivismus machen und viel stärker von den Folgen betroffen sind als Greta Thunberg? Thunberg sei schließlich auch nur ein »colonizer girl« und konsequenterweise eher Teil des Problems als der Lösung.

Natürlich hängt es mit Rassismus zusammen, dass eine Person wie Greta Thunberg mehr mediale Aufmerksamkeit generieren konnte als die Schwarzen, Indigenen und Jugendlichen aus dem Globalen Süden, die seit Jahren das Gleiche sagen wie sie. Doch die Verantwortung dafür tragen vor allem jene Politiker_innen und Journalist_innen, die diese Stimmen bisher ignoriert oder belächelt haben. Thunberg knüpft nicht nur explizit an die Kämpfe von rassifizierten und nicht-westlichen Klimaaktivist_innen an, sondern teilt mit ihnen auch ihre Plattform. Sie reißt nicht einfach das Mikrofon an sich und macht alle anderen unsichtbar.

Es gibt nicht viele 16-jährige Mädchen mit Asperger-Syndrom, die trotz massiver Drohungen weiterkämpfen und andere Jugendliche politisieren und mobilisieren. Mag sein, dass die Fridays-for-Future-Aktivist_innen größtenteils weiß und bürgerlich sind, doch diese Eigenschaft trifft auf fast alle Gruppierungen zu, die in Deutschland was zu melden haben, allen voran die Medienbranche. Wer sich dem Greta-Diss anschließt, begibt sich in unangenehme Gesellschaft. Und ganz ehrlich, was habt ihr mit 16 gemacht?

Oktober 2019

Solidarität – oder soll man's lassen?

Stellen Sie sich vor, Sie arbeiten als Schwarze_r Politiker_in in einer Stadt, in der es vor einigen Monaten einen rechten Terroranschlag auf eine Synagoge und einen Döner-Imbiss gegeben hat, bei dem zwei Menschen ermordet wurden. Allein dieses Szenario lässt eine_n Filme schieben. Wenn Sie dann auch noch seit Jahren aus besagter Ecke bedroht werden und an der Scheibe zu Ihrem Büro fünf Einschusslöcher finden, steht außer Frage, dass die Gefahr sich nicht nur in Ihrem Kopf abspielt. Ob es sich »lediglich« um Einschüchterung handelt, spielt keine Rolle. Das Gefühl der Sicherheit hat sich längst bei Ihnen verabschiedet. Wäre ja nicht das erste Mal, dass ... Sie wollen den Satz gar nicht zu Ende denken.
Neben breiter Solidarität bekommen Sie bei einem Interview mit einem Leitmedium dann die Frage gestellt, ob es Situationen gab, in denen »Sie selbst vielleicht zu emotional argumentiert haben und damit – wenn auch nicht gegen Minderheiten gerichtet – ebenfalls zu einer hitzigen Debatte beigetragen haben«. Sie finden diese Vorstellung unfassbar? Verständlich. Leider ist das aber keine frei erfundene Gruselgeschichte. Genau das passierte vergangene Woche dem SPD-Politiker Karamba Diaby.
Mittlerweile hat die *Zeit-Online*-Redaktion selbst gemerkt, dass diese nachträglich gestellte Frage geschmacklos ist und in einem Gespräch nach so einem Anschlag nichts zu suchen hat. Die Frage wurde aus dem Artikel entfernt, der Abgrund zwischen Betroffenen solcher Gewalt und den anderen bleibt jedoch.

Wer schon mal einen Erguss aus Beleidigungen, Gewalt- und Morddrohungen als Reaktion auf die eigene Arbeit erhalten hat, kennt es: Neben Solidarität erfährt eine_r häufig auch Victim-Blaming, also Opferbeschuldigungen. Klassiker dieser Shitshow-Hitparade sind Sprüche wie »Aber du teilst auch ganz schön aus!«, »Wie man in den Wald hineinruft, so schallt es heraus«, »Wer so provoziert, muss auch Gegenreaktionen aushalten können«. Bei sexualisierter Gewalt auch gern »Aber was hattest du an?«. Die Sätze implizieren, dass die erfahrene Gewalt eine adäquate Reaktion auf die »Provokation« der Betroffenen sei. Die »Provokationen« wären dann der Minirock, die Bezeichnung von weißen Deutschen als »Kartoffeln« oder ein legeres »Refugees welcome«.

Ganz ehrlich: Warum sollen immer die Opfer Gewalt aushalten können, aber die Täter_innen können nicht einfach mal aushalten, dass eine Frau ihr Outfit nicht für ihre geiernden Blicke trägt, dass Marginalisierte nach lebenslänglichen Antisemitismus- oder Rassismuserfahrungen Witze über die Mehrheitsgesellschaft machen, dass jemand der Menschenfeindlichkeit von Rechten widerspricht? Wer die Schuld nicht ausschließlich bei den Täter_innen sieht, muss woanders suchen als bei den Opfern. Schuld tragen nämlich auch diejenigen, die diese Gewalt legitimieren und verteidigen.

Januar 2020

Dicke, weiße Krokodilstränen

Vom Statement zum Meme: Diesen Weg geht eigentlich fast alles, was mit dem Schauspieler Lars Eidinger zu tun hat. Sei es seine peinliche DJ-Persona mit Stickern im Gesicht, als wäre noch 2013 auf Tumblr, seine Partyreihe »Autistic Disco« – ein Titel, den man vielleicht als Achtklässler_in lustig oder edgy findet – oder seine Alditüten-Replica-»It«-Bag für 500 Euro.

Kaum hat man sich von den Lachkicks darüber erholt, legt Eidinger auf einer Pressekonferenz während der Berlinale noch mal nach. Diesmal als Sad Boy.

Mit feuchten Augen, einem zärtlichen Finger zwischen den Lippen und schließlich auch einer heißen, die Wange herunterkullernden Träne spricht er über unsere »vergiftete Gesellschaft« und wie es sich anfühlt, »wenn man versucht, also ganz platt, Liebe in die Welt zu tragen und kriegt dafür Hass als Antwort«. Über eine Minute lang labert er irgendetwas Vages über seine Kreativität, seinen Platz in der Gesellschaft sowie seinen »Kampf dagegen«.

Was genau er eigentlich meint, bleibt ein Rätsel. Sollte das eine Anspielung auf den rechten Terror in Hanau, die Anschläge auf Shishabars in Stuttgart und Döbeln sein? Brennende Autos und Mülltonnen? Oder darauf, dass Leute sich online über ihn lustig machen?

Was die Medien zum »emotionalen Statement gegen Hass und Missgunst in der deutschen Gesellschaft« hochjazzen, als hätte Eidinger dem NSU seinen Vater gefickt, wird in sozialen Medien zu Recht als Clownerie enttarnt. »Almans, wenn man ihnen erklärt warum sie das N-Wort nicht mehr sagen dürfen«, textet etwa die Journalistin Yelda Türkmen über das Video auf Twitter. Statt klare politische Haltung liefert Eidinger weiße Fragilität, Krokodilstränen, falsche Betroffenheit und bürgerlich anbiederndes Geschwafel über Liebe versus Hass.

In einer Zeit, in der Schwarze, jüdische, muslimische, migrantische und nichtweiße Deutsche um durch rechten Terror Ermordete trauern und um ihre Sicherheit fürchten, schleust Eidinger ein gesellschaftspolitisches Thema als trojanisches Pferd ein, nur um über sich selbst zu labern.

Eine klassische Taktik von Weißen, wenn sie mal etwas Schlaues zu einer Debatte über Antisemitismus oder Rassismus beitragen wollen, letztendlich aber weder Analyse noch Kritik liefern, sondern ungefragt Worte über ihre Feelings in den Raum furzen. Selbst ein »Danke für nichts« wäre ein Danke zu viel.

Februar 2020

Nicht komplett im Arsch

Für Menschen mit chronischen Darmerkrankungen, Muslim_innen oder Menschen aus Ländern, in denen es ohnehin eine übliche Waschpraxis ist, gehört das Reinigen der Genitalien und des Anus mit Wasser nach jedem Toilettengang zum Tagesgeschäft. Doch es gibt auch Menschen ohne sauberen Hintergrund: Menschen, die sich auf dem Klo ausschließlich mit trockenem oder feuchtem WC-Papier abwischen. Und die sorgen sich derzeit um ihren Vorrat, denn Klopapier gehört zu den Produkten, die während der Coronakrise schon morgens weggehamstert werden. Endlich ein Problem, hinter dem sich wirklich eine dornige Chance verbirgt.

Kein Papier oder wenig davon zu verwenden ist nicht nur nachhaltiger, günstiger und effektiver, sondern auch viel angenehmer für den Po. Denn exzessives Reiben mit WC-Papier scheuert die empfindliche Haut am Anus auf.

Man muss nicht auf spontanes Rimming (sogenanntes Arschlecken) stehen, um sich für die Po-Dusche zu begeistern. Egal ob im Alltag unterwegs, bei einem Date oder zu Hause: Wer zwischendurch mal kacken muss, bleibt locker, denn der kühle Wasserstrahl wird den Po reinigen und man fühlt sich wie neugeboren. Bremsspuren in der Unterhose? I don't know it! Bockt übrigens auch, wenn man seine Tage hat und Blutreste abwaschen will.

Wenn die Pandemie überstanden ist, erhoffe ich mir vieles: laute Arbeitskämpfe, erfolgreiche Mietstreiks, generell mehr Solidarität, eine kommunistische Gesellschaftsform, und dass alle, auch Sie, zu einem schambefreiten Verhältnis zu ihrem Hintern und ihrer Scheiße finden können.

Hören Menschen ohne sauberen Hintergrund zum ersten Mal vom Konzept, reagieren sie häufig mit Abwehr und Ekel. »Meinen Arsch soll ich anfassen? Nachdem ich gekackt habe??« Diese hygienischen Bedenken vermengen sich in manchen Fällen mit antimuslimischen Ressentiments: lieber Volkskrankheit Hämorrhoiden als islamische Waschung.

Wer Kinder oder Haustiere hat und sich um deren Körperausscheidungen kümmert, sagt ständig: Bei dem eigenen Baby/Hund/Katze/Chinchilla ist es nicht so schlimm, man liebt dieses Lebewesen ja und tut es gerne. Ich wünsche mir, dass Leute dies auch über sich selbst sagen und denken. Die Offenheit für die Podusche fehlt letztlich auch deshalb, weil man ihre Anwendung nirgendwo richtig lernen kann. Klar, man könnte sich im Internet Anleitungen anschauen, aber was, wenn genau in dem Moment jemand ins Zimmer kommt? Die Scham sitzt zu tief.

So muss es nicht bleiben. Ich nehme Sie an die Hand, damit Sie in Zukunft Ihre Hand an Ihren Arsch nehmen. Eine Hand wäscht die andere, beide Hände waschen das Gesicht, eine davon jedoch auch den Arsch, beide danach wiederum mit Seife, mindestens 20 Sekunden lang, zum Refrain von »Chabos wissen wer der Babo ist« von Haftbefehl, von »Hit Me Baby One More Time« von Britney Spears oder von »Du hast mich tausendmal belogen« von Andrea Berg.

Zunächst einmal müssen Sie sich für eine Wasserquelle entscheiden.

Die Minibrause

In jedem Baumarkt, aktionsweise auch mal im Supermarkt oder online erhältlich ist der Mini-Duschschlauch. Diese Lösung ist in vielen Badezimmern umsetzbar, die einen Wasserhahn oder

-anschluss in Toilettennähe aufweisen. Diese Bidetbrause gibt es ab 8 Euro, der Anschluss funktioniert bei einem Wasserhahn recht unkompliziert und ist langfristig die beste Lösung. Durch den hohen Wasserdruck des Schlauchs lässt sich der Po am leichtesten reinigen. Auch gut für alle, deren Dusche nicht im selben Raum wie die Toilette ist.

Bidet

Dieses französische Sanitärprodukt gibt es in einigen Badezimmern, ich selbst besaß noch nie eins. Sieht aus wie ein niedriges Waschbecken in meist ovaler Form. Man hockt sich zum Waschen drüber und dreht den Hahn auf.

Japanisches Klo

Luxusvariante, aber geil. In japanischen Klos gibt es integrierte Brausen, die auf Knopfdruck angehen und den Po sauberspritzen. Manche Modelle haben sogar eine Trocknerfunktion, die warme Luft an den Anus pustet, also ganz ohne Hände und Klopapier. Aber Achtung, wer strenge Gerüche im gesamten Raum vermeiden will: erst die Brause, dann den Trockner. Im Internet gibt es Aufsätze für bestehende WCs zu geringeren Preisen als komplett neue Toiletten (die kosten 1000 Euro aufwärts). Ähnliche Toiletten gibt es etwa auch in der Türkei.

Gießkanne

Der Klassiker aus der Diaspora. Idealerweise sollte sie nicht zu groß sein (also die 10-Liter-Gießkanne aus dem Garten wäre eher Over-Achievement), doch auch nicht zu winzig (das hippe Minikännchen mit 0,2-Liter-Volumen würde nicht reichen), und einen langen Hals haben. Meine eigene Gießkanne umfasst etwa 1,5 Liter, ich verbrauche pro Klogang maximal die Hälfte.

Stellen Sie am besten vor dem Klogang sicher, dass die Gießkanne gefüllt ist.

Flasche

Wie die Gießkanne, aber to go. Eigentlich funktioniert jede Flasche, aber ich empfehle eine PET-Flasche mit einem Volumen von 0,7 Litern und einem dieser Aufsätze, an denen man zum Trinken saugen muss. Drückt man nämlich in die Flasche rein – Menschen mit Wasserschlacht-Erfahrung lieben oder hassen diesen Trick, je nachdem, ob sie bei der Wasserschlacht Tops oder Bottoms sind beziehungsweise wie gern sie nass gespritzt werden –, kommt ein starker Strahl aus ihr heraus, was für die Untenrumhygiene der perfekte Wasserdruck ist.

Handbidet

Sieht aus wie eine elektrische Zahnbürste mit interessanten Proportionen, ist aber eine fancy Version der beschriebenen Wasserflasche. Der dazugehörige Behälter wird mit Wasser aufgefüllt, das durch Druck herausspritzt.

Haben Sie sich für ein Mittel entschieden? Dann geht es wie folgt:
Sind Sie fertig auf dem Klo, nehmen Sie 1 bis 2 Stück Klopapier (je nach Lagen) und wischen sich einmal den Po ab. Das Gröbste ist jetzt weg. Dann nehmen Sie, wenn Sie Rechtshänder_in sind, mit der rechten Hand ihre Wasserquelle und waschen sich bei laufendem Wasser mit der linken erst die Genitalien, dann den Hintern. Normalerweise spürt man an den Fingerspitzen, wann es sauber ist. Beginner_innen empfehle ich, sich danach mit einem Stück Klopapier abzutrocknen. Ein Blick auf das Papier hilft dabei, ein Gefühl dafür zu entwickeln, ob man wirklich

sauber ist. Wer komplett auf Klopapier verzichten möchte, kann es irgendwann gegen ein regelmäßig wechselndes Handtuch austauschen, ich persönlich bleibe jedoch bei der Kombination aus Gießkanne und Klopapier.

Waschen Sie sich gründlich mit Seife die Hände. Weder Ihr Hintern noch Ihre Hände werden Anzeichen von dem tragen, was sich eben zwischen ihnen ereignet hat. Am Anfang ist es eine Frage der Übung. Hat man den Dreh raus, ist es nur noch eine Frage des Lebensgefühls.

März 2020

Deutschland, deine Komiker

Die deutschsprachige Comedy: Ist sie deshalb so dermaßen schlecht, um *die* Qualität gewährleisten zu können, die Deutschland und Österreich verdienen?

Das wäre logisch und irgendwie auch gerecht, wenn diese Gemeinschaften nur aus Menschen wie Mario Barth oder Sebastian Kurz bestünden. Doch auch wir gehören, wenn auch mit gleichzeitiger Verachtung für sie, zu dieser Gemeinschaft. And we're not having any of this Lisa Eckhart nonsense.

Lisa wer? Ihr Name klingt wie die irrelevante Alman-Mitschülerin mit überhöhter Selbstwahrnehmung von früher. Geladen mit High-School-Bully-Energy besitzt sie das nötige Pretty-Privilege, um mit den Styles vom Anfang des letzten Jahrzehnts davonzukommen.

Ich spreche nicht nur von ihrem Look – irgendwo zwischen Versace for H&M und Hetera, die die Garderobe ihrer lesbischen Mitbewohnerin kopiert –, sondern auch von ihrer künstlerischen Ästhetik. Ein wenig Verharmlosung sexualisierter Gewalt hier, ein Brocken Antisemitismus da, zwischendrin etwas Rassismus und das Ganze in dem Singsang des deutschsprachigen Poetry Slams, der mich schon 2013 anekelte.

Fern dieser Branche ist sie mitnichten: Weil keine Schauspielschule sie wollte, fand sie als sogenannte Slammerin ihren Platz auf der Bühne. Damit bleibt sie in der Tradition weißer mittelmäßiger Bürgerlichkeit. Wer nach dem Studium feststellt, für Rap zu langweilig, für Schauspiel zu untalentiert und für Literatur nicht deep genug zu sein, aber schon mal den reaktionären Dorf-Stammtisch zum Schmunzeln gebracht hat, macht schließ-

lich Poetry Slam. Poetry Slam kennen wir mittlerweile (leider) alle, den Dichter_innenwettbewerb gab oder gibt es im Abendprogramm jeder Uni-Mensa oder Studi-Kneipe.
Als uninteressantere Kopie von Spoken Word – einem ursprünglich von Schwarzen US-Amerikaner_innen geprägten literarischen Performance-Format – hat es schon deutsche Hochkulturkoryphäen wie Julia Engelmann und Konsorten (sorry, kann mir so Namen wie Finn-Ole und Lasse nie richtig merken) hervorgebracht. Und ja, nun eben auch die Österreicherin Eckhart.
In der ARD-Show von Dieter Nuhr – bei wem auch sonst? – waren neulich wegen eines älteren Stücks über #metoo alle Augen auf sie gerichtet. Sie hat die Formel geknackt: Wer nichts zu sagen hat, aber dennoch Leute zum Zuhören bringen will, erklärt sich selbst zur Gegner_in der Political Correctness und haut ein paar Jokes raus, die auch dann nicht lustig wären, wenn man über die massive Menschenfeindlichkeit hinwegsehen würde.
Schon letztes Jahr hat sich Annegret Kramp-Karrenbauer an Karneval mit einem anti-queeren »Witz« blamiert, nun zieht Lisa Eckhart nach. Während sie alte Tropen wie den geldgeilen und grapschenden Juden straight out of NS-Propaganda hervorholt, stand mit ihr ein weiterer Klassiker auf der Bühne: der deutsche oder österreichische Clown, dem für zwei Minuten Fame kein bisschen Judenhass zu viel ist.

Mai 2020

All cops are berufsunfähig

Von ihrer formalen Auflösung in Minneapolis bis hin zur angekündigten Reform in New York: Die Polizei gerät nach internationalen Black-Lives-Matter-Protesten in Erklärungsnot. Auch in Deutschland.

Eine erste Konsequenz ist etwa das vom Berliner Abgeordnetenhaus beschlossene Landesantidiskriminierungsgesetz (LADG), für welches antirassistische Initiativen seit Jahren gekämpft haben. Manch eine_r träumt da gleich von einer Zukunft ganz ohne Polizei. Darüber, wie so etwas aussehen und ob das funktionieren könnte, wird nicht erst seit dem Mord an dem Afroamerikaner George Floyd diskutiert.

Ich hingegen frage mich: Wenn die Polizei abgeschafft wird, der Kapitalismus jedoch nicht, welche Branchen sollten Ex-Cops dann überhaupt offenstehen? Schließlich ist der Anteil an autoritären Persönlichkeiten und solchen mit Fascho-Mindset in dieser Berufsgruppe überdurchschnittlich hoch. Oder haben Sie schon mal von einem Terrornetzwerk in der Backshop-Community gehört? Ich nämlich auch nicht.

Wohin also mit den über 250 000 Menschen, die dann keine Jobs mehr haben? Einfach in neue Berufe stecken? Weil das nach 1945 so gut funktioniert hat? Fehlanzeige. Aber welche Bereiche der Arbeitswelt wären sicher?

Soziale Arbeit schon mal nicht. Das Problem lässt sich nicht dadurch lösen, dass ein Cop Uniform gegen Birkenstocks und Leinenhosen tauscht. Ob Behörden, Lehrer_innen, Justiz, Politik, Ärzt_innen oder Sicherheitskräfte: Machtpositionen kommen nicht infrage. Streng genommen möchte man sie nicht einmal

in die Nähe von Tieren lassen. Bitte nicht noch mehr Chicos erziehen!
Auch der Dienstleistungsbereich sieht schwierig aus. Post ausliefern lassen? Niemals. Zwischen Büchersendung und Schuhbestellung passt immer eine Briefbombe. Alles, was an menschlichen Körpern stattfindet – etwa Tattoos oder Frisuren –, ist ebenfalls zu riskant. Ich würde mir nicht mal eine Pediküre von ihnen geben lassen. Eine Nagelfeile ist eine Waffe.
Keine Baumärkte, Tankstellen oder Kfz-Werkstätten. Eigentlich nichts, wo man Material für Bomben oder Brandsätze findet. Technik generell eher nein. Keine Gastronomie wegen Vergiftungsgefahr. Der Kulturbereich samt Bücherläden und Kinos fällt flach. Dort könnten sie ihr Gedankengut ins Programm hineinkuratieren. Was ist mit Gartencentern? Hm. Zu nah an völkischen Natur- und Landideologien.
Über (Bio-)Bauernhöfe brauchen wir gar nicht erst zu sprechen, die sind jetzt schon zu Szenearbeitsplätzen für Neonazis avanciert. Und wenn man sie einfach Keramik bemalen ließe? Nein. Zu naheliegend, dass sie unter der Hand Hakenkreuz-Teeservice herstellen und sich mit den Einnahmen das nächste Terrornetzwerk querfinanzieren.
Spontan fällt mir nur eine geeignete Option ein: die Mülldeponie. Nicht als Müllmenschen mit Schlüsseln zu Häusern, sondern auf der Halde, wo sie wirklich nur von Abfall umgeben sind. Unter ihresgleichen fühlen sie sich bestimmt auch selber am wohlsten.

Juni 2020

Mehr als nur entweder oder

Seit zwei Wochen häufen sich in meinem Postfach Aufforderungen, »endlich was zu Palästina« zu sagen, als sei ich Außenminister_in. Was soll es bringen, ein halbwissendes Statement oder Infografiken hektisch zu teilen – außer damit die derzeitige Fußballstadiondynamik zu befeuern?
Lieber sage ich nichts, als unwissentlich Propaganda in Umlauf zu bringen. Mein Sharepic wird nicht ausschlaggebend für das Überleben von Zivilist_innen in Israel und Palästina sein. Für Jüdinnen_Juden und Muslim_innen in Deutschland hingegen schon. Der Konflikt wird als Projektionsfläche für Antisemitismus und Rassismus missbraucht, wie Anetta Kahane *(FR)* und Meron Mendel *(FAZ)* in ihren Kolumnen schildern.
Neben antisemitischen Parolen auf Demos, die teils vor Synagogen (!) stattfinden, werden Jüdinnen_Juden derzeit on- und offline mit Hassbotschaften und Bedrohungen überhäuft – egal, ob sie einen Israelbezug haben oder sich überhaupt zum Konflikt geäußert haben. Doch nichts auf der Welt rechtfertigt die Gewalt, die Jüdinnen_Juden derzeit aushalten müssen. Um dies zu kritisieren, muss maus kein_e Nahost-Expert_in sein.
Gleichzeitig sind Bilder von Migrant_innen, die antisemitische Parolen skandieren, ein gefundenes Fressen für rassistische Kampagnen. Der Antisemitismusbeauftragte Felix Klein müsste es seines Jobs wegen besser wissen, wenn er Antisemitismus als Importprodukt bezeichnet. Doch er unterscheidet sich da nicht von anderen Almans: Wenn kein kleiner Freifahrtschein für rassistische Forderungen dabei rausspringt, lohnt sich das Engagement gegen Antisemitismus nicht.

So veröffentlichte die Instagram-Page @ideologiekritischeaktion ein Foto von einer migrantischen antiisraelischen Demo mit dem Slogan »Antifa heißt Abschiebung«. Auch Die Linke aus dem Kreisverband Osnabrück postet ganz locker auf deren Facebook-Kanal: »Wir haben Antisemitismus importiert«.

Sich über Hans-Georg Maaßen, Sahra Wagenknecht und irgendwelche Rechtsantideutschen aufzuregen, ist easy. Schmerzvoller ist, dass bei diesem Teile-und-herrsche-Spiel auch Organisationen und Personen mitmachen, die sich sonst als antifaschistisch und/oder antirassistisch positionieren. Sie reproduzieren eine gefährliche Dichotomie: Entweder du verharmlost Islamismus, die Shoah und forderst die Auslöschung Israels, oder du freust dich über Gewalt an Palästinenser_innen. Differenzierte Kritik findet sich selten.

Dieses Gegeneinanderausspielen stärkt lokal wie global in erster Linie Rechte – egal, ob maus sich noch schnell in der Instagram-Story von den Grauen Wölfen distanziert oder auf dem Weg zur antiisraelischen Demo schreibt, dass Antisemitismus nicht okay ist.

Antifa heißt, konsequent jeden Antisemitismus und Rassismus bekämpfen und sich auch dann voreinander stellen, wenn es bedeutet, der eigenen Community zu widersprechen.

Mai 2021

No Future bis zum Kommunismus

Seit einigen Wochen tauchen Urlaubsfotos mit apokalyptischem Hintergrund auf Instagram-Timelines auf, also dem Ort, der uns eigentlich mit Tiervideos, Memes und Essensbildern vom Untergang der Welt ablenken soll. Spätestens seit diesem Jahr sind direkte Auswirkungen der Klimakrise unmöglich zu verdrängen.

Die Waldbrände finden nicht mehr »weit weg«, sondern in Südeuropa statt. Überschwemmungen gibt es nicht mehr nur entlang der Pazifikküste, sondern in mehreren deutschen Bundesländern. Und es wird noch düsterer: Die Erderwärmung um 1,5 Grad wird laut einem Bericht des Klimarats IPCC bereits 2030 eintreten, also zehn Jahre früher als bisher angenommen. Währenddessen labern Politiker_innen was von einem Klimaziel im Jahr 2050, als wären die Bilder in der Tagesschau aus dystopischen Blockbustern herausgeschnitten.

Ich bin kein_e Freund_in des Fatalismus. So zu tun, als bliebe nichts mehr übrig, als sich dem Ende der Welt mit erhobenen Händen hinzugeben, ist nicht mein Ding. Eigentlich. Denn das Weltgeschehen verleitet dazu, apathisch rumzusitzen und zu vergessen, dass das apokalyptische Szenario nicht alternativlos ist. No Future, diese Phrase ist nicht neu, wahrscheinlich ist sie sogar das wichtigste Bindeglied zwischen den Generationen X, Y und Z. Sosehr wir übereinander ablästern, können wir uns auf eine Kontinuität verlassen: Es geht stetig bergab. Und wir produzieren zu dieser Stimmung die passende Popkultur.

Es ist schwer, sich weder dem Nihilismus noch dem Hedonismus hinzugeben. Wenn die älteren Generationen auf unseren

Nacken die Welt niederbrennen, sollten wir dann nicht aus unseren letzten Jahren das Beste rausholen, alles mitnehmen? So groß die Lust ist, sich aus der Realität auszuklinken und mit Freund_innen eine einzige, unendliche Abrissparty zu feiern – der Ekel vor dem Egoismus der Boomer ist einfach zu groß, um sich deren Verhalten anzueignen. Selbst, wenn ich selber keine Kinder haben will, möchte ich meinen jüngeren Genoss_innen, zu denen selbstverständlich auch Kinder zählen, die bestmögliche Zukunft hinterlassen. Nur wie?

Individuelle Konsumentscheidungen werden nicht zu den maßgeblichen Veränderungen führen, auch wenn wir uns das vielleicht wünschen. Vielmehr müssen Politiker_innen endlich große Unternehmen in die Verantwortung nehmen. Es ist ein Gefühl der Ohnmacht: Die Erde geht unter und ich kann so viele Nudelstrohhalme benutzen und so viel radeln, wie ich will, aber es wird so viel am Klimaverlauf ändern wie eine schwarz-grüne Bundesregierung. Um das Klima zu retten, braucht es eine konsequent antikapitalistische Haltung. Die bringen die Grünen nicht mit, die CDU/CSU schon gar nicht. Zumindest werden die nächsten Gespräche über Zukunftspläne mit Boomer-Verwandten verkürzt. Ich mein, was für Zukunft, Alter?

August 2021

Zum Verrücktwerden

Jahreswechsel, Winter, Pandemie, Life: »Mentale Gesundheit« ist kein saisonales Thema, unter diesem Namen jedoch definitiv ein Trend. Zwar wird »verrückt sein« – und dies nicht zu verheimlichen – weiterhin stigmatisiert und mitunter sanktioniert, aber in immer mehr Räumen wird maus mittlerweile eingeladen, darüber zu sprechen, dass es maus ab und zu auch mal schlecht geht.

Ob in Büchern, Zeitschriften, Podcasts, Sozialen Medien oder Talkshows, Menschen dürfen sich häufiger verletzlich zeigen und von ihrem Unwohlergehen berichten. Das ist erst mal begrüßenswert, aber »Mental Health« wird dann überwiegend doch eher anti-emanzipatorisch, individualistisch und neoliberal verhandelt. So entsteht der Eindruck, Kapitalismus sei nicht der Auslöser, sondern der Ausweg für den kollektiven Zustand der Antriebslosigkeit, des vernebelten Kopfs, der fehlenden Lebensfreude und Unruhe.

Der Markt kann das regeln: mit Meditations-Apps, Schaumbädern, Gewichtsdecken oder Retreats. Um herauszufinden, was mit maus nicht stimmt, benötigt es keine langjährige Therapie. Früher gab es dubiose Persönlichkeitstests, heute Listicles und Infografiken auf Social Media. Der Infoslide Industrial Complex verkürzt nicht nur politische Diskurse, sondern auch den Weg zur Diagnose. Chaos, Erschöpfung, Vergesslichkeit, Rastlosigkeit, Ungeduld, Impulsivität, Schwierigkeiten in der Schule und mangelnde Konzentration haben natürlich nichts mit neun Stunden Bildschirmzeit auf TikTok, dem Schulsystem und dem Leben im Kapitalismus zu tun – sondern sind Zeichen, dass maus ADHS hat.

Eine Diagnose als Ausrede zu nutzen, sich Freund_innen gegenüber daneben zu verhalten, ist eine Sache. Begriffe aus der Psychologie und insbesondere aus der Traumaforschung aufzugreifen, um Kritik von sich zu weisen, eine andere. Baby, ich versuche nur zu heilen, du hast mich halt getriggert, wir haben scheinbar unterschiedliche Grenzen! Was online zynisch als »Tenderqueer«-Vokabular bezeichnet wird, ist eine perfide Art, andere zu manipulieren, um nie Verantwortung für das eigene Verhalten übernehmen zu müssen. Leute lesen drei Infotafeln und denken, sie haben neun Jahre Therapeut_innenausbildung.

Spaß beiseite: Nicht jede Person, die sich selbst diagnostiziert, tut das auf Grundlage einer oberflächlichen Auseinandersetzung oder eines Trends. Es gibt viele Gründe, sich nicht ins psychiatrische System zu begeben. Angefangen bei der Knappheit von Therapieplätzen oder der Schwierigkeit, Fachpersonal zu finden, das etwa queere und trans Personen oder Sexarbeitende nicht voreingenommen pathologisiert, sondern in ihrer Komplexität ernst nimmt. Hinzu kommen Barrieren: sprachliche, physische, geographische, finanzielle. Klar, Krankenkassen übernehmen die Kosten einiger Therapieformen, doch nicht jede_r ist krankenversichert, findet eine passende Praxis mit Kassensitz oder benötigt eine der vorgegebenen Therapieformen. Auch kann es sich nicht jede Person erlauben, als Therapiepatient_in dokumentiert zu werden – zum Beispiel Menschen, die Beamt_innen werden wollen. Viele Diagnosen haben eine sketchy Geschichte, denken wir etwa an die Genderung von Hysterie und später Borderline. Trotzdem können Diagnosen dabei unterstützen, Hilfe zu bekommen oder Zusammenhänge zu verstehen.

Trotzdem ist es wichtig, einen Blick auf die Strukturen zu werfen. Durch die Selbstpathologisierung und Individualisierung psychischer Probleme besteht die Gefahr, das Politische zum Privaten zu verklären. Natürlich geht es uns schlecht. Mag sein, dass chemisches Ungleichgewicht im Gehirn dabei eine Rolle spielt, doch wir können nicht nur die Biologie für strukturelle Zustände verantwortlich machen.

Ohne Psychiatrie- und Systemkritik ist die Debatte um »Mentale Gesundheit« nichts wert. Individuelle Lösungen helfen vielleicht gegen Symptome, doch für die Ursachenbekämpfung braucht es gesellschaftliche Befreiung und keine Tipps, um besser aushalten und hinnehmen zu können, dass die Welt, wie sie gerade ist, unseren Kopf so fickt.

Dezember 2021

We love Eigenverantwortung

Welche Körperverletzung wiegt schwerer: eine Corona-Infektion mit möglichen Langzeitfolgen spreaden oder dem maskenlosen Gesicht der aufdringlichen Person neben mir beherzt eine Faust verpassen? Dienstagmorgen konnte ich im Supermarkt an nichts anderes denken. Am Abend zuvor hatte Karl Lauterbach vorgeschlagen, ab Mai die Quarantänepflicht für Menschen außerhalb des medizinischen Sektors zu beenden. Unter den ganzen Social Barebacker_innen – also Leuten ohne Maske in vollen Innenräumen – würden sich auch jene tummeln, die Corona ganz sicher haben. Mittlerweile hat Lauterbach den Vorschlag revidiert.

Ich hatte neulich Corona. Dank dreifacher Impfung war der Verlauf mild, aber ich würde es nicht noch mal durchmachen wollen. Bisher trage ich keine Folgen davon. Leider können das viele andere – laut der Deutschen Gesellschaft für Pneumologie und Beatmungsmedizin bis zu 15 Prozent der Erkrankten – nicht von sich behaupten. Dass der Gesundheitsminister wegen Personalmangels die Durchseuchung vorantreiben wollte, passt in den Kurs der Regierung. Leute sollten krank zur Arbeit erscheinen, dort alle anstecken und vielleicht noch mit Long Covid belohnt werden.

Denn was das Aufheben von Pflichten zum Infektionsschutz für Arbeiter_innenrechte bedeutet, hat sich bereits herauskristallisiert. Ganz ehrlich: Wem kann maus es schon zum Vorwurf machen, trotz Corona ackern zu gehen, wenn die Alternativen Lohnausfälle oder gleich Kündigungen sind? Wer verzichtet freiwillig auf den Urlaub, wenn die teuren Tickets und Unterkünfte nicht rückerstattet werden? Nur die wenigen, die es sich leisten können und wollen.

Die Regierung will über Eigenverantwortung reden? Wo wurde an die Eigenverantwortung appelliert, als vor zehn Jahren der rezeptfreie Zugang zur »Pille danach« als bedenklich galt, weil Leute sich das Medikament sonst »wie Smarties« reinpfeifen würden? Wo ist die Eigenverantwortung heute, wenn es um Abtreibungen geht? Oder um Hormontherapien und Namensänderungen? Ist es nicht auch Eigenverantwortung, ob und welche Drogen eine Person konsumiert und wie viele sie mit sich herumträgt?

Weshalb nicht alle Grenzen öffnen und Leute selbst entscheiden lassen, wo sie leben wollen? Wozu überhaupt den Body-Mass-Index als Zugangsbedingung für irgendwas setzen? Sollte es in Zeiten der Inflation überhaupt noch »klauen« und nicht »improvisierte Umverteilung« heißen? Warum eine Wehrpflicht diskutieren, wenn die Regierung Wert auf Eigenverantwortung legt? Überhaupt: Ist die Abschaffung von Polizei und Knästen nicht überfällig?

Es gibt viele Bereiche, in denen Eigenverantwortung sinnvoll ist. Eine Pandemie, in der maus zwei Jahre lang vergeblich nach Solidarität und Arbeitnehmer_innenrechten gesucht hat, gehört nicht dazu. Wenn der Kontrollettistaat plötzlich auf antiautoritär macht, sollten wir stutzig werden. Denn es ging nie um Freiheit, sondern immer nur um Profite.

April 2022

Leitungswasser predigen, Champagner saufen

C-Promi-Hochzeiten interessieren mich null – selbst dann nicht, wenn die C-Promis der Finanzminister und eine Journalistin sind. Auf meiner Twitter-Timeline wurde das Event trotzdem hoch und runter diskutiert. Besonders ein Aspekt: Während Christian Lindner ankündigte, die ohnehin schon knappen Hartz-IV-Leistungen kürzen zu wollen, feiert er auf Sylt eine Luxushochzeit.

Unter seinen Gästen waren zig Politiker_innen, darunter Friedrich Merz, der mit seinem 900 000-Euro-Privatjet anreiste. Ja, es wirkt zynisch, wenn Politiker_innen inmitten einer Krise teure Partys feiern, während sie der restlichen Bevölkerung ansagen, den Gürtel enger zu schnallen und die Heizungen runterzudrehen. 100 Milliarden Euro fürs Militär und der ohnehin dubiose Tankrabatt, den sich Ölkonzerne in die Tasche steckten, sind eben wichtiger als Subventionen für Wohnraum, Heizkosten oder Lebensmittel.

Leitungswasser predigen, Champagner saufen: Maus muss nicht linksradikal sein, um diesen obszönen Zustand und die Doppelmoral zu benennen. Trotzdem hätte ich mir höhere Sparmaßnahmen bei dem dümmsten, wenn auch sehr populären Take des Wochenendes gewünscht: Wer die Lindner-Hochzeit samt aller Exzesse kritisiert, sei einfach neidisch. Lindners Parteikollegin Katja Adler twitterte, die Kritiker_innen der Hochzeit seien bestimmt auch gegen SUV-Fahren, Eigentumswohnungen oder -häuser, mehrere Urlaube pro Jahr und für Tempolimits. »Alles für das #Klima. #Neid«

Klimaschutz, Verkehrssicherheit oder die Forderung nach einer gerechten Verteilung von Vermögen als Rache des missgünstigen und faulen Pöbels? Irgendwie cute naiv. Waren die Protestierenden in Sri Lanka, die das Haus des Präsidenten gestürmt haben, vielleicht auch nur neidisch? Oder der Sturm auf die Bastille? Wenn die Wut auf die Politik tatsächlich in einem Akt der Rache zum Ausdruck gebracht würde, wären es ganz sicher keine reformistischen Forderungen.

Dass eine FPD-Politikerin so einen Nonsense denkt, überrascht nicht. Um Einiges bitterer sind jene Verteidiger_innen der Reichen, die viel näher an der potenziellen Obdachlosigkeit dran sind als am Millionär_innen-Life. Es ist billig, Leuten vorzuwerfen, nur ihre Faulheit halte sie davon ab, Vermögen zu horten.

Wissen Sie, was wirklich faul ist? Kritik mit dem sozialchauvinistischen Kampfbegriff Neid abzuwehren.

Worauf genau soll ich neidisch sein? Auf eine langweilige Heten-Hochzeit auf fucking Sylt? Auf die Schönheitsoperationen, die Chrissie Lindner hatte oder nicht hatte? Auf den Job seiner Frau bei Springer? Auf casual Korruption eines Lobbyisten, der einen Politiker LARPt? Mag sein, dass Verachtung von oben wie Neid aussieht. Von unten sieht Selbstüberhöhung wie Clownerie aus.

Juli 2022

Die Stop-Being-Poor-Mentalität

Nicht alles, was es für lau gibt, ist wertlos. Shoplifter wissen es. Influencer mit üppigen Giftings wissen es. Alle, die schon mal was geschenkt bekommen haben, wissen es.

Und der Finanzminister? Müsste das am besten wissen. Schließlich finanzieren Steuerzahler_innen ihm seine BahnCard 100, seinen Dienstwagen oder die Security bei der Sylt-Hochzeit. Und doch steht ihm seine Stop-Being-Poor-Mentalität im Weg, uns anderen ein durchgängiges 9-Euro-Ticket zu gönnen, welches, man ahnt es, gar nicht gratis ist, sondern 9 Euro pro Monat kostet. In Luxemburg, Malta und einigen europäischen Städten ist kostenloser Nahverkehr Standard – ohne dass hässlich rumgegeizt wird, als lebe maus nicht in einem der reichsten Länder der Welt.

Wer fürs Militär und Milliardär_innen die Spendierhosen anzieht und in sozialen Fragen auf einmal eine zerrissene Jogginghose trägt, steht genauso peinlich da wie Genoss_innen, die vornerum auf arm machen, während sie hintenrum ihren Wohlstand bunkern. Christian Lindner tut, als ob er das 9-Euro-Ticket aus eigener Tasche zahlt und nicht von denselben Steuergeldern, die ihm sein Gehalt von 10 323,29 Euro im Monat finanzieren.

In der Debatte um die Fortsetzung des Tickets argumentieren Gegner_innen des Angebots, dass viele der Fahrten »unnötig« seien, also Menschen reisen, die sonst zu Hause geblieben wären. Dabei sollte es egal sein, ob das Ticket zum Pendeln oder in der Freizeit genutzt wird, das Signal ist eindeutig: Es steigert die Mobilität – auch für jene, die sie sich sonst nicht leis-

ten können. Warum würden Politiker_innen das einschränken wollen?
Ganz einfach: Manche Gruppen sind im öffentlichen Raum unerwünscht. Es wäre verfassungswidrig, Menschen aufgrund von Merkmalen wie Armut, Queerness, Transsein oder Schwarzsein den Zutritt zu bestimmten Orten zu verbieten. Doch es gibt Maßnahmen, die ihnen den Alltag erschweren beziehungsweise die zur Kriminalisierung oder Sanktionierung dieser Gruppen führen.
Ein Beispiel ist die Urinary Leash (zu Deutsch: Harnleine). Dahinter steckt eine durch Architektur und Gesetze herbeigeführte Mobilitätseinschränkung. Historisch hat es sich bewährt, in Ländern wie den USA den Bewegungsradius von Schwarzen Menschen oder Frauen durch den fehlenden Zugang zu Toiletten stark einzugrenzen. Auch heute wirkt die Urinary Leash vor allem für arme, behinderte und trans Personen: Wer nicht jederzeit und überall aufs Klo kann, bleibt eher in der Nähe des eigenen Zuhauses.
Bei öffentlichen Verkehrsmitteln ist es ähnlich: Wer auf sie angewiesen ist, jedoch nicht zahlen kann, riskiert Knast. Denn wo Geldstrafen nicht bezahlt werden können, greift die Ersatzfreiheitsstrafe. 9 Euro sind zwar immer noch nicht nichts, aber deutlich günstiger als die regulären Tarife. Ob zahlreiche zerstochene Porsche-Reifen das Ticket wohl attraktiver machen würden?

August 2022

SAVOIR-VIVRE

Muschirosapink

Pink war das Dreieck, das homosexuelle Männer während des Nationalsozialismus markieren sollte. Rosa war das Leben von Edith Piaf. Rosa, pink und lila ist die Mädchenabteilung in Textildiscountern. Gegenüber, bei den Jungs, ist es blau und grün.

Pink ist das englische Wort für sämtliche Rosatöne. Auf Deutsch gelten insbesondere schrille Rosatöne, die einen geringen Weißanteil haben, als Pink. Mitgemeint sind auch Töne wie Fuchsia und Magenta, die rotviolett sind. Blassere Nuancen wie Rosé oder Altrosa bekommen in der Regel ihre eigene Bezeichnung.

Dass Pink Mädchenhaftigkeit zugeschrieben wird, war nicht immer so. Vor dem Zweiten Weltkrieg galt Rosa noch als sehr aggressive Farbe, zumal sie »das kleine Rot« genannt wurde und somit eine abgeschwächte Version des Synonyms für Blut und Kampf war. Dieses Pathos war eine Zuschreibung für Männlichkeit, während Weiblichkeit mit Unschuld und Reinheit assoziiert wurde. Ein sanftes Blau, wie es die Jungfrau Maria in jeder ihrer Darstellungen trägt, passte nach den Standards vor dem 20. Jahrhundert viel besser zu heranwachsenden Frauen.

Als der Rosa Winkel im Nationalsozialismus schwule Männer markieren und sanktionieren sollte, symbolisierte die Farbe lediglich Verkindlichung, nicht aber Verweiblichung. In der Weimarer Republik hatte sich Lila und nicht Rosa als die Farbe der Homosexualität etabliert, zum Beispiel bei dem Ball der »Lila Nacht«. Heute wiederum gehört Lila dem Feminismus und Lesbianismus und wird in nicht unumstrittenen pseudopsychologischen Farbanalysen als Farbe der sexuellen Frustration betrachtet.

In der Nachkriegszeit änderten sich die beiden vermeintlichen Pole: Rosa wurde mit Weiblichkeit, Blau mit Männlichkeit verknüpft. Schwule und Lesben kämpften für ihre Rechte – das allerdings eher getrennt als gemeinsam. Der Rosa Winkel wurde in diesen Bewegungen neu angeeignet und gilt heute noch als selbstermächtigendes Symbol für schwule Identitäten.

Wer dagegen als kleines Mädchen eine Vorliebe für Rosa hat, gilt heute in den Augen mancher Eltern akademischen Hintergrunds als unterdrücktes Wesen. Wie es dazu kommt, dass ein Kind gewisse Spielzeuge und Klamotten besitzt, wird dabei selten hinterfragt. Ist es, weil stark gegenderte Kinderkleidung in der Regel auch die günstigste ist? Ist es, weil die gesamte Garderobe von Bekannten und Angehörigen weitergereicht wurde? Ist es, weil das Kind die Farbe liebt und sich selbst dafür entscheidet?

Pink ist die Farbe, die im Film »Mean Girls« mittwochs getragen wird. Pink ist die Farbe der Tussis. Tussis gelten als besonders oberflächlich, hohl, sexuell und intrigant. Pink sind auch Himbeeren und Himbeermarmelade. In Schweden heißen Himbeermarmeladenkekse »Hallongrotta«, übersetzt heißt das »Himbeerhöhle«. »Hallongrotta« ist auch ein Synonym für Vulva.

In den 1990ern startete in den USA die Riot-Grrrl-Bewegung, die männlich dominierte Räume in der Punkszene erobern konnte. Auch gelang es ihr, Dichotomien wie feminin und maskulin, passiv und aktiv, schwach und stark oder zahm und wild zumindest innerhalb gewisser subkultureller Szenen aufzubrechen.

Sexistische Strukturen wie Vergewaltigungskultur und Raumeinnahme konnten auch im rosa Kleid kritisiert werden. Die Annahme, dass Femininität unpolitisch sei, lässt sich als frauenfeindlich entlarven. Denn vermeintlich feministische Kritik an Rosa ist anschlussfähig für die ständige Herabsetzung von Femininität.

Pink, oder wie im erstmals 1947 durchgeführten Lüscher-Farbtest »Violett« genannt, wurde laut dem Farbpsychologen Max Lüscher insbesondere von »psychisch unreifen« Menschen favorisiert. Dazu zählten nach seiner Definition Homosexuelle, Jugendliche, diverse nichteuropäische Kulturen, schwangere Frauen und Menschen mit Schilddrüsendysfunktion.

Zahlreiche Menschen wurden aufgrund ihres vermeintlich außergewöhnlichen Hormonhaushaltes pathologisiert. So absurd es klingt, fügen sich diese abstrusen Zuschreibungen perfekt in die fragwürdige Tradition von Farbpsychologie ein, in der Farben unhinterfragt exotisiert, infantilisiert, gegendert und rassifiziert verwendet werden.

Der Lüscher-Farbtest wird heute noch als seriöses Diagnoseverfahren für Krankheiten und Persönlichkeitsanalysen betrachtet. Solche unwissenschaftlichen Praktiken knüpfen an gesellschaftliche Tendenzen von Biologismus, Rassismus und Sexismus an.

Pink wird nicht nur mit Sexismus verknüpft, sondern auch mit Sex. Nicht nur das deutschsprachige Feuilleton weiß, worum es geht, wenn eine Nuance »Muschirosapink« bezeichnet wird. Charlotte Roches bildhafter Debütroman »Feuchtgebiete« thematisiert das Leben der 18-jährigen Helen, die ihre Sexualität alles andere als prüde auslebt, ein positives Verhältnis zu ihrem Körper und Hämorrhoiden hat. Viele empörten sich darüber: Wenn eine Frau ihr Sexleben selbst bestimmt, mit Hygienestandards bricht und sich zur Abwechslung mal nicht für ihren Körper geniert, geraten auf Scham basierende sexistische Dynamiken ins Wanken.

»Cool Down Pink« heißt der Farbton, der in Schweizer Gefängniszellen vermeintlich aggressive Insassen beruhigen soll. Rosa ist die Farbe der schwedischen Partei Feministiskt initiativ, die die Romni-Aktivistin Soraya Post ins EU-Parlament gewählt hat. Pink ist die Erkennungsfarbe der US-amerikanischen Rapperin Nicki Minaj, die derzeit mit ihrem neuen Album, »The Pinkprint«, und feministischen Positionierungen für Schlagzeilen sorgt.

Zwischen diesem muschirosapinken »Feuchtgebiete«-Einband steht eine Geschichte, die als Paradebeispiel vermeintlich übertriebener weiblicher Lust benutzt wird. Eine sanftere Nuance ziert das Logo des Pornoportals Youporn. Explizite Sexualisierungen von Frauenkörpern finden auch hier statt, häufig allerdings auf keine besonders selbstermächtigende Art. Männliche Sexualität, ob hetero oder homo, wird in westlicher Kultur häufig durch Pink symbolisiert, Männlichkeit an sich nur selten. Das bedeutet jedoch nicht, dass ein weißer heterosexueller Mann niemals Rosa tragen kann.

Männer aus der Oberschicht in rosa Polohemden sind kein neues Phänomen, bereits in Zeiten von »Miami Vice« konnte Stilbewusstsein pastellfarben sein. Was wären Kollektionen von Lacoste und Konsorten ohne sanftgelbe und hellrosa Hemden?

Und auch heute mögen Oberschichtmänner in Designerhemden die Farbe Pink: Der FDP imponierte die Farbe so sehr, dass die Partei auf ihrem Dreikönigstreffen beschloss, das blau-gelbe Logo um einen Streifen Magenta zu ergänzen und so mit einer warmen Note das Klischee der gefühlskalten Partei zu widerlegen.

Doch nicht alle Erwachsenen bekommen Mut und Geschmack zugesprochen, wenn ihre Garderobe sich im rotvioletten Spektrum bewegt. In vielen stereotypen Darstellungen trägt eine

Frau aus der Arbeiterklasse einen pink- oder rosafarbenen Jogginganzug. Ihr Körper weicht häufig von der normativen Vorstellung von Gesundheit ab, sie ist dick und trägt viel Make-up. Trendbewusstsein gehört jedoch nicht zu den vielen Zuschreibungen.

Mit *Millennial Pink* wendet sich das Blatt: Es ist die Farbe einer Generation, die im Vergleich zu früheren Gender, aber auch andere soziale Fragen, kritischer und gleichzeitig offener verhandelt. Diese Tendenz wissen Fashion Labels sofort für sich zu vereinnahmen: Feminismus-Merch kann nicht getrennt von *Millennial Pink* und dem breiteren Interesse an Geschlechterfragen betrachtet werden. Bleibt zu hoffen, dass die Auseinandersetzung nicht bei einem Trend bleibt.

Januar 2015

Sachlichkeit ist für Lauchs

Als ich in einer CDU-dominierten Kleinstadthölle aufwuchs, trug ich viel Wut in mir. Ich hasste den Großteil der Menschen in meiner Umgebung und war einen Ausraster davon entfernt, Leute in der Schule mit Schellen statt mit Handschlägen zu begrüßen. Ausdruck meiner Ablehnung war es auch, stundenlang mit meinen Freund_innen schlecht über andere Menschen zu sprechen.

Eine Praxis, die ich heute stark verurteile, da dieses Lästern viel auf Girl Hate oder Slut Shaming beruhte. Mittlerweile kann ich das reflektieren und bin froh darüber, bereits während der Schulzeit das abgelegt zu haben, was gern als Hinterfotzigkeit bezeichnet wird.

Versteht mich nicht falsch: Viel Wut trage ich auch heute noch in mir, und shady bin ich immer noch. Nur anders. »Shady« kann mit vielen Adjektiven übersetzt werden: hinterlistig, boshaft, zwielichtig, gewieft. »Shade« bedeutet eigentlich Schatten, es gibt aber auch die Formulierung »to throw shade«, Schatten werfen. Wäre throwing shade eine Sportart, wäre es die einzige, in der ich gut wäre. I don't take shit from anybody.

Shady und feministisch sein – passt das zusammen? Was an meiner frühen, giftigen Läster-Praxis so problematisch war: Ich war einfach gemein und gehässig. Ich habe mich über Mädchen lustig gemacht, die auf Partys betrunken gekotzt haben, oder über ihre schlimme Kleidung. Heute lästere ich stattdessen über rassistische Kommentare, über White Entitlement, also über dreiste Berechtigungsansprüche weißer Personen. Über peinliche Inszenierungen romantischer Paare auf Facebook

oder aggressive Heterosexualität. Und vor allem über weiße cis Typen, die sich scheiße verhalten.
Von ihnen gibt es viele, besonders im Frühling kommen sie aus ihren schlecht eingerichteten Zimmern mit Bart-Simpson-Postern, Dekor aus leeren Whiskey-Flaschen und von Mutti ausgesuchter Bettwäsche gekrochen. Oberkörperfrei, in Flip-Flops oder barfuß – auf jeden Fall ihre ungepflegten Füße präsentierend –, mit blonden Dreadlocks, Pluderhosen und unnormal hässlichen Kinnbärten kommentieren sie alles, was nicht wie sie selbst aussieht. Gern in Kombination mit ihren Gitarren und schäbigen Covern von Oasis oder Bob Marley, mit denen sie ihr Umfeld betören wollen – das aber allein schon wegen ihrer Wursthaare nicht schaffen. Ihnen gegenüber fällt es mir leicht, gemeine Kommentare abzulassen. Nett ist das nicht, doch innerhalb unseres Machtgefälles auf keinen Fall diskriminierend. Wann habe ich behauptet, nett zu sein?
Ich kann den Shade nicht ablegen. Femininität ist ohnehin mit den Attributen hinterlistig und fake besetzt. Trage ich Lippenstift, bin ich quasi automatisch Lästerschwester. Außerdem: Ich bin Skorpion. Das ist eines der gemeinsten Sternzeichen überhaupt. Aber auch loyal und ehrlich. Wenn ich mit Leuten befreundet bin, dann bin ich bereit, all ihre Hater fertigzumachen. Soll heißen: Ich bin nicht shady im Sinne von hinterlistig, sondern nur im Sinne von böse und frech. Böse zu problematische Nervensägen. Sachlichkeit ist für Lauchs. Mein Shade ist politisch.

Mai 2016

Männer und Mode

Fashion-Leute haben keinen guten Ruf. Sie gelten als oberflächlich, unreflektiert, ungebildet und prätentiös. Das Aushängeschild dafür sind meistens Frauen mit viel Make-up auf High Heels. Dabei sind die wahren Katastrophen des Modebusiness weiße deutsche Typen.

Die zwei bekanntesten D-Promis unter ihnen betreiben *Dandy Diary*[18], einen deutschsprachigen Blog für Männermode und mittlerweile eine Marke, geprägt von Mittelmäßigkeit und gelegentlicher Provokation. Ihr Geschäftsmodell schafft eher kurzlebige Erfolge, wie etwa ihr Gastro-Projekt »Dandy Diner« zeigt. Der vegane Fast-Food-Laden mit Schweine-Logo mitten in Neukölln hielt sich nur für einige Monate. Sicher auch, weil »Macht nicht so fett« nicht das überzeugendste Verkaufsargument für vegane Burger ist. Burger ohne Kalorien sind wie Kaugummizigaretten, also Platzhalter für unerfüllte Sehnsüchte.

Ihr Hipster-Imbiss blieb nicht die einzige gescheiterte Business-Idee. 2016 wollten sie sich mit einer schäbigen Modekollektion namens »Deutschland-Pack« die Farben der deutschen Flagge neu aneignen, damit sie nicht nur mit Nazis in Verbindung gebracht werden.

Ein bisschen unverkrampfter Nationalismus, why not, hat in den letzten Jahren super funktioniert. Sollte es ein »Deutschland-Pack 2« geben, dürfen darin ein Benzinkanister und ein Feuerzeug nicht fehlen, für unverkrampfte deutsche Teens, die »Migrationskritik« üben wollen oder so.

Ab und zu organisieren die beiden Blogger auch peinliche Partys. Auf der Berliner Fashion Week im Januar stellten sie kleinwüchsige Menschen als freaky Attraktionen aus und im Rahmen des Berliner Gallery Weekends veranstalten sie eine orientalistische Party mit »Happy End«.

Massagen, Glückskekse und Anspielungen auf fetischisierende Bilder ostasiatischer Frauen für den Exotik-Faktor sind hier genauso Teil des Programms wie das Bashing von Sexarbeiter_innen. Aber Hauptsache, kurz vorher auf dem Blog kulturelle Aneignung bei Zalando anprangern. YOLO!

Auf einem ähnlich billigen Level bewegt sich das Label Warwear von zwei Kartoffelboys, denen noch eine Möglichkeit eingefallen ist, als weiße Personen von Krieg zu profitieren. Wer sich nicht »für eine Seite entscheiden« will, kann sich für 50 Euro einen Pulli gönnen, auf dem die Flaggen zweier »im Konflikt« stehender Länder beziehungsweise Regionen ergebnisoffen nebeneinander stehen. Kurdistan und Türkei, Israel und Palästina, Großbritannien und Indien.

Als es Kritik hagelte, verteidigte sich das Label mit der Aussage, den Profit »an die Opfer der Kriege« zu spenden. Welche Opfer welcher Kriege, fragt man sich.

Was die Warwear-Flops mit *Dandy Diary* gemeinsam haben? Sie zeigen, was passiert, wenn weiße Männer ihren Habitus wie übel gestreckte Drogen ballern, drauf nicht klarkommen und mit pseudopolitischen Provokationen ins Klo greifen.

April 2018

Bitte nicht noch mehr Verwandte

Irisch, 7,5 Prozent und Spanisch, 0,9 Prozent: Während es für manche Menschen reizvoll sein kann, mithilfe von DNA-Tests ihre Familiengeschichte besser zu verstehen, birgt dieser Trend neben der offensichtlichen Datenschutzkatastrophe noch eine ganz andere Gefahr: das Wissen um noch mehr Verwandte, von denen man noch nie etwas gehört hat.

Bereits jetzt quälen mich meine Eltern mit aufgezwungenem Kontakt zu Menschen, mit denen ich über 23 Ecken verwandt oder sogar nur bekannt bin. Seien es plötzlich in die Hand gedrückte Telefonhörer mit Urgroßtante S. in der Leitung, um zum neuen Jahr ein paar gute Wünsche auszusprechen, oder die böse Überraschung, dass 350 Kilometer vom aktuellen Urlaubsort entfernt Bekannte leben, die eine_n nach 19 Jahren gerne mal wiedersehen würden: Der Drang, Menschen miteinander zu verknüpfen, ist bei meinen Eltern grenzenlos.

Neulich rief mein Vater an, um mir zum Eid-Al-Fitr zu gratulieren – so meine Annahme, als ich ans Telefon ging. Tatsächlich hatte er jedoch ein anderes Anliegen. Ich sollte mich dringend bei Onkel A. melden. »Onkel A.?« Natürlich ist A. nicht wirklich mein Onkel, sondern ein Bekannter meiner Eltern, den ich vor etwa 15 Jahren für eine Viertelstunde getroffen habe. So lange dauerte nämlich die Fahrt von unserer Wohnung zur Turnhalle, in der mein Handballtraining stattfand und wo er mich freundlicherweise abgesetzt hat.

Obwohl ich auf dem Sprung war, bat mein Vater mich, ihm diesen einen Gefallen zu tun und mir »die Geschichte von Onkel A.« wenigstens mal anzuhören. Als Migrantenkind, das weder Ärzt_in, noch Ingenieur_in, noch Anwält_in geworden ist, trage ich in mir eine schwer ertragbare Bringschuld.

Also rief ich Onkel A. an, der mich mit einem *awkward* »lange nicht gesehen« grüßte. »Du bist Journalist_in, nicht wahr?«, fragte er hoffnungsvoll. Ich musste bejahen. »Folgendes«, begann er schließlich. »Ich habe Zwillinge, zwei ganz süße fünfjährige Jungs. Meine Frau und ich fänden es total schön, wenn von ihnen mal ein Foto in der Zeitung abgedruckt werden könnte. Im *Spiegel* zum Beispiel.«

Irritiert guckte ich noch mal schnell auf meinen Bildschirm, um sicherzustellen, dass ich nicht im falschen Film gelandet bin. »Äh, Sie meinen als Models?«, hakte ich nach. Onkel werden bei uns gesiezt, was auch sonst, bei dieser Distanz. »Ja, genau. Als Models. Hast du da eine Möglichkeit, die beiden dort einzubinden?« Und so musste ich doch wieder enttäuschen und erklärte, dass Texte Schreiben nicht dasselbe wie Modelagent_in ist, dass ich gar nicht für den *Spiegel* arbeite und dass ich ihm nicht mal Feedback darauf geben könnte, ob ich seine Kinder für geeignete Models halte.

Wir beendeten das Telefonat mit dem Versprechen, dass wir uns aber ganz sicher beieinander melden, sollten wir mal in der gleichen Stadt sein, und ich kehrte zurück in meinen überraschenderweise doch alman-lastigen Alltag ohne verpflichtende Kanak-Connections – und zum Glück ohne DNA-Tests.

Juni 2019

Leider eher peinlich

Humor ist eine großartige Bewältigungsstrategie für Marginalisierte. Gemeinsam über die kollektiven Erfahrungen und den Schmerz zu lachen, verleiht Kraft. Memes bringen bekannte Situationen, Konflikte und komplexe Diskurse auf den Punkt und sind derzeit das populärste Medium im Netz, um Humor zu transportieren. Ob von Onkel Werner im Familienchat, auf Mainstream-Meme-Pages, in Nischen wie der Astro-Bubble oder in progressiven Politforen: Für jeden Geschmack gibt es passende Memes.

Stundenlang über Memes lachen ist geil. Noch geiler ist es, wenn man nicht damit rechnen muss, dass plötzlich ein Mario-Barth-Witz auf Inlinern über den Feed fahren wird. Deswegen gibt es Meme-Accounts mit politischem Anspruch, die sich billige Witze auf Kosten Marginalisierter verkneifen.

Am herzlichsten lacht man zwar über sich selbst. Doch in eine andere Dimension LOLt sich erst so richtig, wer mit widerständigen Witzen nach oben tritt, etwa bei antirassistischen Memes von Schwarzen und anderen rassifizierten Menschen. Mit eigenen Codes, mit Slang, Bildern und Symbolen spielen Meme-Künstler_innen auf alltägliche Erfahrungen an, mit denen auch die Zielgruppe vertraut ist. Mal ist man abgefuckt vom Chef, mal von der Mutter und mal von Almans. FUBU – *For Us, By Us*.

Wenn aber plötzlich eine Annika und ein Andreas ebenfalls Alman-Memes machen, dann ist das der Zeitpunkt, zu dem zumindest die Alman-Memes gestorben sind.

Dieser Zeitpunkt ist jetzt, dank der Meme-Seite @alman_memes2.0. Knapp eine halbe Million Follower auf Instagram und

mittlerweile Werbepartner von Aldi. Weiter entfernt vom Underground geht nicht.
Dabei gibt es deutschsprachige politische Accounts wie @killjoymemes_, @yaz.memes, @urfavmemedoggo, @feministmemeschool, die komplexe Diskurse, das Zeitgeschehen, deutsche Zustände und altbekannte Mikroaggressionen pointiert zuspitzen, oft mit nur einem einzigen Bild. Sie zeigen auch: Ein Meme sagt mehr als ein Regal voller Anthologien. Zumindest wenn es richtig gut ist. Denn im Meer der großen Meme-Flut schwimmen leider – und das gilt vor allem, aber nicht nur für die unpolitischen – sehr schlechte Memes. Ein Schriftzug auf einem Foto allein macht eben noch keinen guten Witz.
Origineller und diskriminierungsarmer Meme-Content muss nicht offensichtlich daherkommen. Die Meme-Seite @galeria.arschgeweih etwa formuliert subtile Kritik am Kapitalismus, an Machtgefällen in romantischen Beziehungen und an Cliquendynamik mithilfe von poppigen Clips deutscher Stars und Sternchen der 2000er Jahre. Von Popstars-Kandidat_innen über Kader Loth bis hin zu Frau Keludowig sind die Stars von damals in heutigen Alltagssituationen plötzlich sehr greifbar. »Für uns sind die Popstars in unserem Insta-Feed kein ›Trash‹, sondern pures Gold«, sagten die beiden Meme-Künstler 2019 in einem Interview mit der deutschen *Vogue*. Sie grenzen sich von vielen Abklatschseiten und deutschem Humor im Allgemeinen ab. Die Qualität wissen auch mehr als 300 000 Follower zu schätzen.
Zugegeben, das ein oder andere @alman_memes2.0-Meme bringt mich zum Schmunzeln, aber vieles ist nicht mein Humor: zu zaghaft. Und das Autor_in-Text-Verhältnis verrät sich bei genauem Hinsehen selber: Manche Referenzen verstehe ich nicht mal. An Begriffen wie »Göttergatte« wird klar, es handelt sich um einen Inside-Job. FABA. *For Almans By Almans.*

Was lieben Alman-Annette und Alman-Achim, zwei wiederkehrende Figuren der Meme-Seite? Ihren Thermomix, Bier, Pünktlichkeit, schlechte Wortwitze wie »Schankedön« statt »Dankeschön«, ihren 20 verliehenen Cent hinterherlaufen – und Aldi. Der für seine günstigen Preise bekannte Supermarkt ist jedoch nicht Peak Alman-Culture, sondern die Shopping-Adresse für alle, die gern sparen oder wenig Geld besitzen. Ökonomisch benachteiligt sind in Deutschland jedoch auch, und zwar nicht zu wenig, Migrant_innen.

Dass meine Eltern bei Aldi einkauften, hat mich in der Schulzeit eher mit Scham als mit Stolz erfüllt. Wenn ich sie beim Einkaufen begleitete, hoffte ich, niemand aus meiner Schule würde uns auf dem Parkplatz, den sich Aldi mit dem benachbarten Edeka teilte, sehen: uns, die Bilderbuchkanaken, die bei Aldi einkaufen und dort auch noch bei den heruntergesetzten Lebensmitteln zugreifen.

Das war noch bevor der Aldi-Stoffbeutel zum hippen Accessoire wurde und Lars Eidinger eine Aldi-Ledertüte zum It-Bag kürte, um vor wohnungslosen Menschen zu posen. Aldi gefallen die Memes jedenfalls gut genug für eine Markenkooperation.

Almans klauen von Kanax und werden zum Werbetool für Aldi. Das Phänomen ist so edgy wie der PayPal-Truck auf dem CSD. Neu sind Memes als Marketingtool jedoch nicht. 2017 gab Gucci die Kampagne #TFWGucci in Auftrag – unter anderem mit Sebastian Tribbie Matheson von der Meme-Seite @youvegotnomale. Memes für Werbung waren damals schon nicht cool. Stichwort: Zielgruppe jung gebliebene Reiche. Denn welche Jugendlichen auf Instagram werden sich schon eine Armbanduhr für rund 900 Euro kaufen? Auch inhaltlich bricht @alman_memes2.0 mit einigen impliziten Regeln antirassistischer Meme-Kultur. So kommt es etwa regelmäßig zu Digital Blackfacing. Digital Blackfacing ist die Verwendung von Fotos Schwarzer Menschen in Memes oder Reaktions-GIFs durch nicht-Schwarze Personen. Aber von weißen Leuten erwartet man ja auch nichts anderes als die Reproduktion von Rassismus.

Almans, die sich selbstironisch selbst Almans nennen, ein Cringe für sich. Weder macht es sie weniger alman, noch kommen sie dadurch irgendwie locker oder cool rüber. Genauso wie Heten, die sich über andere Heten aufregen, um sich als *edgy* Heten zu profilieren.

Vor allem machen sich self-titled Almans nicht zu antirassistischen Kompliz_innen. Sie machen sich nur zu Clowns. Man könnte ja auch eigene Begriffe entwickeln, anstatt sich bei der Sprache jener zu bedienen, über die man nicht nur strukturelle Macht hat, sondern über die man sich bis vor wenigen Jahren mit sehr großer Wahrscheinlichkeit noch lustig gemacht hat – vor allem über deren (vermeintlich mangelhaftes) Deutsch. Dass dieses »mangelhafte Deutsch« auch ein Stilmittel zur Abgrenzung und nicht, wie Sarrazin-Fans behaupten würden, genetisch bedingte Dummheit ist, verstehen jüngere bürgerliche weißdeutsche Generationen, an denen der Hype um Deutschrap nicht vorbeigegangen ist, mittlerweile auch. Dass dieser Slang kein »Zu verschenken«-Wühltisch für ihre Internetkarriere ist, scheint jedoch noch nicht überall angekommen zu sein.

Wie wäre es mit ein wenig Originalität und eigenem Slang? Nennt euch Germans. Tyskar. Allemands. Piefkes. Oder Nazi-Enkel_innen. Und da ist der Knackpunkt: Bei politischer Analyse und schonungsloser Kritik an deutschen Zuständen wird die Handbremse gezogen. Dort, wo es schmerzt, sucht man vergeblich nach Hieben. (Mit-)Täter_innenschaft, Enteignung oder

der Zusammenhang zwischen Nazis und dem Verfassungsschutz? Als Alman lacht man eben nur dann über sich, wenn es um Aldi oder den Thermomix-Fetisch geht. Was nicht schmerzt, eckt nicht an und bleibt auch für die rassistischen Weißen verdaulich.

Februar 2020

Fade wie Furzen

Als ich zehn war, bekam ich mein erstes Tagebuch. Ein blaues Exemplar mit einer Diddl-Maus vorne drauf. Mein Onkel verarschte mich und riet mir, unbedingt so detailliert wie möglich zu schreiben. Schließlich wüsste man nie, ob man nicht als Bekanntheit stirbt und die Tagebücher veröffentlicht würden.

Schon damals durchschaute ich das System Kinderselbstbetreuung, doch ich befolgte seinen Rat. Nach meinem Besuch im Phantasialand hieß es etwa: »Am Eingang (10:30) haben wir die Karten (Kinder 19,50 €) gekauft und sind reingegangen. Ich war 4–5 Mal in der Geisterbahn, (…) auf dem Doppelkarussell 4x, 3x Galaxi, 2x Auto Shooter«, und so ging es noch eine ganze Seite weiter.

Etwa so unspektakulär wie die Ergüsse in der neuen Textgattung Corona-Tagebuch, dem letzten Unbehagen, das in Pandemie-Zeiten gefehlt hat. Eigentlich sind Tagebücher alles andere als irrelevant. Anne Frank, Kurt Cobain, Alice Walker und Frida Kahlo haben etwas gemeinsam: Ihre Tagebücher bilden ein Archiv von Erfahrungen und Beobachtungen, die entweder systematisch ausgelöscht oder gesellschaftlich stigmatisiert wurden und es teilweise noch werden.

Corona-Tagebücher sind größtenteils jedoch fade Protokolle aus der weißdeutschen Bürgerlichkeit, mit oder ohne Einblicke ins Hetero-Kleinfamilienleben. Manche schreiben nieder, dass sie wieder kein Klopapier beim Einkaufen bekommen haben, andere sind irgendwo »gestrandet«, weil sie trotz der ersten globalen Lockdowns noch ihren Flug nach Marrakesch oder einen anderen Urlaubsort wahrnehmen wollten. Oder sie mussten

über zwei Tage lang online Schlange »stehen«, um 5000 Euro auf Merkels Nacken zu beantragen.
Diese Erfahrungen sind weder unsichtbar noch selten. Es ist wie beim Furzen. So ziemlich jeder Mensch kennt es. Aber schreiben alle darüber? Zum Glück nicht. Es benötigt ein gewisses Maß an Entitlement, an Anspruchshaltung, um davon auszugehen, dass der eigene gewöhnliche Film, der leise im Kopf geschoben wird, eigentlich ein Blockbuster ist, der zur Primetime ausgestrahlt werden sollte. Wen juckt es, was Leonie oder Clemens in ihre Tagebücher schreiben, wenn sie original dasselbe erleben wie 70 Prozent der Gesellschaft?
Viel interessanter wären die Corona-Tagebücher von Menschen, die gerade keine Zeit dafür haben, ihre Erfahrungen aufzuschreiben, weil ihre Berufe das System aufrechterhalten. Krankenhauspersonal, Lieferbot_innen, Supermarktangestellte und die Sicherheitskräfte, die neuerdings den Drogerie- oder Baumarkt ins Berghain der Zeiten von Physical Distancing verwandeln.
Diese Menschen haben es nicht nur mit dem Querschnitt der Gesellschaft zu tun, sondern sind gezwungenermaßen dermaßen damit beschäftigt, Eindrücke zu sammeln, dass sie nicht dazu kommen, nach vier Tagen Langeweile in der Eigenheim-Residenz eine_n auf Max Frisch zu machen. Herkömmliche Tagebücher sind nicht ohne Grund mit einem Schloss versehen.

April 2020

Das C-Wort – ein Bekenntnis

Jedes Mal, wenn meine Freund_innen mit ihren Ex-Lovern zusammenkommen und mir erzählen, dass Menschen sich ja ändern können, lache ich laut auf – was für ein Clown-Move! Doch als ich mir an die eigene Nase fasste, hielt ich plötzlich eine mit Gummiband aufgespannte rote Kugel zwischen den Fingern. Wenn es stimmt, dass Menschen sich wirklich nicht ändern können, wie kann es dann sein, dass ich, die vor vielen Jahren Crocs als Beleidigung und nicht als Schuhwerk betrachtet hat, seit einem Jahr selber welche trage – und zwar nicht im Haus oder Garten?
Mit Crocs ins Theater, auf Dates, zu Fotoshootings oder in den Club: Ich mach's einfach. Wer ohnehin als hässlich gilt, muss sich keine Gedanken mehr über Fashion Crimes machen. Erst recht nicht, wenn man queer ist und an den Fashion-Gesetzen mitschreibt.
Die Tante eines Freundes bezeichnet die gelöcherten, Clog-förmigen Plastiktreter als »Shrek-Schuhe«, und ja, die Bezeichnung passt. Shrek ist ein riesiges, dickes Monster – ein Oger. Shrek übersieht man nicht, er macht es sich bequem – and that bitch isn't going anywhere! Manche mögen Crocs eher mit einer Claudia oder einem Detlef oder dem kleinen Lukas als mit einem Modesinn assoziieren, aber die Zeiten ändern dich.
Crocs sind die Ugly Sneaker von heute. Zu camp für das Symbol der heterosexuellen Kleinfamilie. Für dieses Milieu sind außerdem schon Flipflops reserviert. Mit ihrer Möchtegern-Filigranität und dem aufdringlichen Klatschgeräusch passen sie perfekt zum schnellen Gang unzufriedener Kund_innen, die gerne mal mit der Geschäftsführung sprechen möchten.

Ob mit oder ohne Socken, durch kleine Anstecker wie eine punkige Jeansjacke verziert oder mit flauschigem Innenfutter: Die Geschichte eines Paar Crocs ist so vielfältig wie seine Farbauswahl. Einen wirklich angemessenen Anlass, um Crocs zu tragen, gibt es nicht, wenn wir ehrlich sind. Also schließe ich daraus, dass jeder Raum ein geeigneter ist, um mit Crocs an den Füßen einen Auftritt hinzulegen. Wenn ich nicht in Plastikschlappen kommen kann, ist es nicht meine Revolution.

Mich für die Aneignung von Crocs zu loben oder mich deshalb als Stammspieler_in der Crocs-Community zu betrachten wäre spätestens seit dem Balenciaga-Upgrade der Schuhe unangebracht. Mein erstes Paar war kein Designermodell, sondern der flache Klassiker, übersät mit einer zufälligen Auswahl an Ansteckern, die schon dran waren, als ich sie 2019 bei Kleiderkreisel für ein paar Euro kaufte.

Mittlerweile trage ich ein zweites Paar – mit Plateausohle. Während ich mit »6 Inch« von Beyoncé als Soundtrack auf ihnen nach Hause spaziere, spüre ich einen Thrill – die Freiheit, Hässlichkeit zu zelebrieren und auf Normie-Maßstäbe zu pfeifen. Für vier Minuten und zwanzig Sekunden gehören die Straßen mir.

Juli 2020

Schweinehufe als Utopie

Als sich in den vergangenen Wochen herausstellte, dass die Faszination, die von Stiefeln ausgeht, innerhalb meiner Leser_innenschaft nicht nur modischer Natur zu sein scheint, war für mich klar: Ich schaffe eine gemeinsame Grundlage, um alle abzuholen – nur vielleicht nicht mit dem Verkehrsmittel ihrer Wahl. In Schuhen steckt mehr über unsere Gesellschaft, als Sie denken. Keine Sorge, die Plastikschlappen bleiben heute im Schrank, wir greifen stattdessen nach zehenbetontem Schuhwerk.

In der einen Hand halten wir ein Paar Barfußschuhe (Marke egal, z. B. Vibram), in der anderen die ikonischen Tabi Boots von Maison Margiela. Was Barfußschuhe sind, muss ich taz-Leser_innen nicht erklären, vielleicht nur ein Satz für alle, die noch nie in Freiburg waren: Kennen Sie diese Zehensocken, in denen jeder einzelne Zeh wie bei einem Handschuh ein eigenes Abteil bekommt, während normale Socken eher wie Fäustlinge funktionieren? Das gibt es auch als unvergleichlich hässlichen Schuh.

Und dann gibt es Tabis. Bevor sie zu High-Fashion-Tretern wurden, waren es japanische Arbeiter_innenschuhe, und davor Socken, die den großen Zeh von den restlichen abtrennen. Als ich meine pinken Tabi Boots bestellte, sagte eine Freundin zu mir, die Stiefel verwandelten meine Füße in Schweinehufen. Das Erste, was ich in ihnen tat, war in einem monochromen pinken Outfit ein paar Selfies zu schießen. Als Hintergrund retuschierte ich mal was anderes hinein: Schweinefell statt Migration. Für eine muslimisch sozialisierte, vegetarisch lebende, dicke Person begeben wir uns mindestens auf die Haramstufe Fuchsia. Das Label »fette Sau« bekommt mehr Layer als Lasagne. Bei aller Ehre: Miss Piggy could never.

Tabi Boots versus Barfußschuhe: Ihre einzige Gemeinsamkeit ist ihre Unvereinbarkeit mit herkömmlichen Socken. Das war's. Erstere stehen für eine Sehnsucht, eine ästhetische Verfremdung unserer Sehgewohnheiten, für maßlosen Luxus, für einen Anspruch, Wirklichkeiten zu schaffen, die wir beim ersten Blick nicht für möglich halten. Unmöglich ist zwar auch der erste Eindruck, den Barfußschuhe vermitteln, jedoch auf eine traurigere Art. Sie existieren, weil sie es können. Weil der Komfort der einen über das Unbehagen der anderen gestellt wird.

Wenn Tabi Boots für Utopien stehen, steckt in Barfußschuhen die triste Realität, die uns zurück auf den Boden zerrt. Tabis sind Maßnahmen, um Gerechtigkeit für Schwarze Menschen einzuleiten, und Barfußschuhe inhaltsleere schwarze Quadrate auf Instagram. Tabis sind die Verbesserung der Verhältnisse durch Umverteilung von Reichtum, Barfußschuhe die gegenwärtige Ausbeutung von Pflegekräften und Arbeiter_innen von der Fleischfabrik bis zum Spargelfeld. Tabis sind 50 Jahre queerer Aufstand und Barfußschuhe ein Interview zum CSD-Wochenende, in dem zwei Typen mit weiß-schwuler Identitätspolitik auf nichtbinäre trans Leute spucken.

Juli 2020

Irritierend und trotzdem da

Manche queeren Kämpfe bleiben für immer unsichtbar. Einer von ihnen: die Neubesetzung des Vokuhilas. Dieter Bohlen, Wolfgang Petry, Rudi Völler, sie alle haben zum schlechten Ruf der Frisur beigetragen. Vorne kurz, hinten lang – ein simples Konzept. Dabei steckt im Vokuhila viel mehr als nur ein Haarschnitt. Er ist ein Versprechen, das nun endlich eingelöst wird. Das Jahr 2020 hatte viele Hürden für uns parat, doch der Anblick jeder einzelnen she/they, they/them oder he/they mit Mullet (so auf Englisch) milderte das Leid. Ganz unabhängig vom »Tiger King« Joe Exotic, der auf Netflix die Alpha-Matte zum Schnitt der Stunde machte.

Bereits vor seinem diesjährigen Comeback materialisierte der Vokuhila gelebte Androgynität, etwa auf den Köpfen von David Bowie, Joan Jett, George Michael und natürlich k.d. lang. Dann kamen die frühen 2000er und mit ihnen die Indie-Folk-Zwillinge Tegan and Sara. Der Vokuhila war ihnen nicht genug, sie rundeten den Dyke Signature Haircut mit einem asymmetrischen Seitenpony ab. Eine Zäsur in puncto queerer Ästhetik: Wir durchbrechen ohnehin die Geschlechterbinarität, warum sollten Symmetrien in der Frisur uns in irgendwelche Schranken weisen? Irritierend und trotzdem da, queer und trans Antifa!

Dieses ominöse, eingangs erwähnte Versprechen, was soll es sein, fragen sich alle, die den Trendhaarschnitt 2020 eher mit Hartmut Engler als mit Barbie Ferreira oder Kristen Stewart assoziieren. Ich verstehe die Skepsis, aber hear me out: Der Vokuhila ist mehr als nur ein Erkennungszeichen unter Queers. Er ist

das gewisse *je-ne-sais-quoi,* das aus einer Person eine hotte Person macht. Und: Er bietet die maximale Gendermobilität. Besonders für nichtbinäre oder androgyne Personen steckt viel Wandlungsfähigkeit in ihm.
Vorne Business, hinten Party – das klingt vielleicht nach einem Geldwäschebetrieb oder einem dubiosen Start-up-Claim, aber in Wirklichkeit verbirgt sich dahinter eine Chance. Dieser ewige Entscheidungszwang zwischen kurzen und langen Haaren führt in der Regel dazu, dass meine Haare entweder in einer Übergangsfrisur irgendwo zwischen Monchichi 1974 und Justin Bieber 2009 vom maskulinen Topfschnitt à la Hafti zu irgendeiner Femme-Top-Frisur auf Durchreise sind – aber selten richtig ankommen. Oder, wenn die Frisur doch eindeutiger ist, kicken an jedem zweiten Tag genderbedingte Beklemmungen.
Das Leben ist zu kurz für so einen Heckmeck. Der Vokuhila jedoch ist ein Alleskönner. Ob Daddy, Chaya oder geschlechterlose Elfe, ich kann alles sein. Die Ausrichtung ist so variabel wie seine Träger_innen. Vom glatten Vokuhila mit rasierten Seiten im veganen Stil über den welligen Stufenschnitt à la Roberta Colindrez bis zum glamourös-lockigen Mullet wie dem des jungen El DeBarge: Für jeden Haartyp und Stil ist in der Vokuhila-Matrix was dabei. Nicht überzeugt? Rihanna trägt ihn. Damit gibt es kein Zurück.

Dezember 2020

Wer kann die Reichen verdauen?

In puncto »Eat the rich« habe ich Klärungsbedarf. Die Reichen essen, okay, aber wer kann die Reichen eigentlich verdauen? Welche Rezepte gibt es? Geht es um Kannibalismus oder Enteignung? Ist das ein Dumpling? Und: Gibt's das auch als Bowl?

Über die Osterfeiertage sind die relevanten Fragen in Vergessenheit geraten. Auf Twitter wurde heiß diskutiert, allerdings nicht über Serviervorschläge, sondern über Einfamilienhäuser. Als wären Einfamilienhäuser an sich nicht schon langweilig genug, spottete ein Tweet über die Leute, die das Jahr über »Eat the rich« sagen, und dann die Ferien bei den Eltern im Einfamilienhaus verbringen. Darf maus das, oder macht dies eine_n zum »falschen Fuffziger«, um in der Sprache des Kapitals zu bleiben? Wie immer, wenn es um die eigene Politik und den (vermeintlichen) Wohlstand der Eltern geht, war das Thema extrem aufwühlend für viele User_innen.

Der Ausgangstweet war naiv: Die Annahme, dass ein Einfamilienhaus per se mit Reichtum zu tun hat, ist falsch. Klar, es gibt auch Leute, die sich weniger oder gar nichts leisten können – ich will nicht damit anfangen, infrage zu stellen, ob Leute, die zwar von Hartz IV, aber zumindest in einer Wohnung leben, nicht auch bei »Eat the rich« mitgemeint sind, solange es Menschen gibt, die auf der Straße wohnen.

Aber wenn ich mir anschaue, was manche Eltern von Freund_innen in ihren Mietshäusern – die gibt es nämlich auch – zahlen, kommen einige günstiger weg als viele von uns in Berliner Zweizimmerwohnungen. Hint: Es sind keine Villen in Dahlem.

Wir könnten über das Stadt-Land-Gefälle sprechen oder über

Schulden, aber darum geht es mir nicht. Ich bin auch in keinem Haus aufgewachsen, trotzdem sind meine Eltern nicht arm. Als Kind dachte ich auch, wer in Häusern lebt, muss reich sein, aber damals dachte ich auch, Reiche geben immer viel Geld aus. Im Durchschnitt verdienen BVG-Fahrer_innen mehr als manche Journalist_innen oder Uni-Dozent_innen, doch ich bezweifle, dass wir unsere regelmäßig streikenden Genoss_innen wirklich auf den Teller heben würden bei »Eat the rich«.

Immer wieder stoße ich auf die Fehlannahme, eine linke Haltung ohne eigene Armutsgeschichte sei unglaubwürdig. It's giving Kapitalismuskritik-vom-iPhone-gesendet-und-dafür-beschämt-werden-Vibes. Und diesen Vibe verstreuen eher salty Konservative und Neoliberale. Weder historisch noch in der Gegenwart geht diese These auf. Dazu möchte ich meinen eigenen hot take servieren: Solche Mythen führen dazu, dass Leute mit einem Bruttojahreseinkommen von 30 000 Euro gegen eine Vermögenssteuer sind, weil sie denken, es würde sie treffen.

Der Mittelstand solidarisiert sich lieber mit den Chef_innen als mit jenen, die wie er selbst ausgebeutet werden. Kein Wunder, dass die FDP bei Erstwähler_innen so punktet. Das Problem sind nicht die hässlichen Einfamilienhäuser, sondern das falsche Verständnis von und somit die Überidentifikation mit Reichen.

April 2021

Wir können alle Blumen sein

Mit überreizten Nasenschleimhäuten und pochenden Schläfen greife ich nach einem weiteren Flakon, schiebe mir den Zerstäuber unter die Maske und inhaliere die aromatisierte Luft unter meiner FFP2. Dann stelle ich die Flasche zurück und lasse den Sinneseindruck auf mich wirken.

Seit 20 Minuten geht das so. Kein Plan, ob das Corona-konform ist. Zumindest ist es nicht verboten, denn die Verkäuferin wirft mir bei jedem Blickkontakt ein Smize zu, während sie durch die Kaufhausgänge flaniert.

Was meinen Gehirnzellen so zu schaffen macht, sind keine Poppers, sondern Parfüm. Ich brauche ein neues. Naja, »brauchen«. An meinem aktuellen ist alles in Ordnung, ich liebe es und bekomme ständig Komplimente dafür. Nur nähert sich die Flasche nach fünf Jahren Loyalität ihrem Ende. Zeit für einen Imagewechsel?

Mir gefällt der Gedanke, einen Signature-Scent zu haben. Eher dasselbe Parfüm bis zum Lebensende als dieselbe romantische Zweierbeziehung, denke ich. Andererseits bin ich Skorpion und strebe stets nach Veränderung.

Doch sobald ich mich mit einem Duft aus der engeren Auswahl einsprühe, kickt die Identitätskrise. Bis zur nächsten Dusche frage ich mich nonstop, ob dieser unsichtbare Mantel wirklich Ich ist. In der Hoffnung, dass sie mir bei der Entscheidung helfen können, bitte ich meine Freund_innen um Feedback. Sie mögen den Duft, doch sie können nicht beantworten, wie viel Prozent Hengameh darin steckt. Am Ende kaufe ich nichts.

Der Parfümsektor ist der geläufigste Ort, an dem auch die durchschnittliche cis Hete eine genderbezogene Identitätskrise erfährt. Wo Gestik, Körperhaltung, Kleidung oder Sprechart zufällig gewählt und nicht sorgfältig einstudiert scheinen, ist Parfüm eine bewusste Entscheidung. So mannigfaltig die Düfte, so verschieden sind sie in ihrem Ausdruck. Nicht jede_r trägt Parfüm, manche sind sogar allergisch, doch auseinandersetzen tun sich so gut wie alle damit.

Viele Faktoren spielen eine Rolle, neben dem Preis ein ganzer Fragenkatalog: Wie dezent möchte ich riechen? Welche Assoziationen will ich hervorrufen? Und die Note, eher süß? Pudrig? Blumig? Herb? Botanisch? Holzig? Ledrig? Kühl? Warm? Sportlich? Schwer? Leicht?

Soll es ein Unisex-Parfüm sein oder doch etwas Eindeutigeres – und wenn ja, auf welche Seite der Binarität will ich? Möchte ich wie die Ex meiner Mitbewohnerin riechen? Oder überhaupt wie irgendwer? Bin ich ein Bouquet oder eine verrauchte Kfz-Werkstatt? Unter'm Strich geht es doch darum: Wer bin ich und wie möchte ich wahrgenommen werden?

Am Ende ist es nicht nur das Parfüm, sondern eine Melange aus Düften, die eine Person ausmacht. Ich begehe mit einem Wechsel also keinen Verrat an mir selbst. Online finde ich mein altes für den halben Preis. Ich bestelle eine große Flasche und kaufe noch die beiden anderen Favoriten aus der Odeur-Recherche. Vielleicht trage ich sie einfach alle drei übereinander. Eine Re-Invention muss die Kern-Identität ja nicht gleich über Bord werfen.

September 2021

No pressure, just pleasure

Lange dachte ich, bei uns zu Hause hätte es nie Markengetränke gegeben. Dann fiel mir neulich ein, dass es sie doch gab, nur halt nie für uns selbst. Sobald meine Eltern Besuch hatten, standen auf dem Softdrink-Menü nicht mehr die Freeway-Cola und der Tetrapack naturtrüber Apfelsaft, sondern Coca-Cola, Sprite und Glasflaschen mit Beckers Bester in mindestens zwei Sorten. Lediglich das Sprudelwasser durfte so bleiben, Saskia war dann doch VIP genug.

In meinem Kopf ergab das Sinn: Wenn das Essen, die Kleidung, der zwischenmenschliche Umgang und das Geschirr auf den Tischen für den Besuch fancy sein sollen, warum sollten die Getränke davon ausgenommen werden? Es ist schließlich auch nicht ungewöhnlich, besondere Weine zu besonderen Anlässen aufzumachen. Also eigentlich alles ganz cool und normal, aber natürlich trage ich mal wieder einen Knacks davon: Weil es die Marken-Softdrinks nur gab, wenn Besuch kam, weiß ich nicht, wie maus sich alleine eine gute Zeit macht.

Sich schick anzuziehen, aufwendig zu schminken, Kerzen anzuzünden, gute Snacks auszupacken, obwohl maus allein ist, fühlte sich für mich immer nach Verschwendung an. Wozu einen heftigen Look ballern, wenn ihn doch niemaus sieht? Dass das Quatsch ist, habe ich während der Pandemie gemerkt. Erstens sehen andere eine_n ständig durch Videocall-Marathons, zweitens müssen wir nicht so tun, als würden wir uns nicht eh durch unsere eigenen Frontkameras anstarren, und drittens: Selbst wenn Punkt 1 und 2 nicht gegeben wären, zeigte die notwendige Corona-Isolation, wie trist der Alltag wird, wenn maus sich bewusst den Genuss verwehrt. Für das gute Leben braucht es keine Gäste!

Also schlage ich öfter ein Kochbuch auf und koche etwas Besonderes. Räucherstäbchen brennen nieder. Ich zünde nicht nur mehr Kerzen an, ich besorge auch mehr Ständer dafür, um mich wie in diesen Touri-Kirchen zu fühlen, in denen Leute grundlos Geld bezahlen, um ein Teelicht anzumachen. Ich habe mir schönere Jogginganzüge gekauft, die Glamour mit Bequemlichkeit kombinieren. Make-up benutze ich zwar täglich, aber viel weniger als vor der Pandemie.

Ich habe gelernt, zwischen Beauty aus Pressure und Beauty aus Pleasure zu unterscheiden. Die Lichtsituation in meiner Wohnung – pinke, rote und lila Lämpchen – suggeriert von außen wahrscheinlich, hier wäre ein privater Stripclub, dabei sitze ich nur auf meinem Sofa und doomscrolle mit meinem Vaporizer zwischen den Lippen durchs Internet. Und die Getränke? Ich bleibe bei Leitungswasser, schwarzem Kaffee und ungesüßtem Tee. Nicht mal Discounter-Limos. Weil ich im Alleinsein realisiert habe, dass mir Softdrinks gar nicht so gut schmecken und ich sie meist nur getrunken habe, weil ich in Gesellschaft war – der Druck, genießen zu müssen. Aus der Ferne wirkt Pisse durch ihr Glitzern wie Goldwasser.

Oktober 2021

Das Comeback des Annika-Schuhs

Regelmäßige taz-Leser_innen wissen: Bei mir wird niemaus verschont. Keine Gruppe, kein Sternzeichen, keine Subkultur, kein Schuh. Niemaus wird vergessen. Und so komme ich nicht drum herum, mich nach Crocs und Barfußschuhen nun endlich einem der kontroversesten Schuhe meiner Generation zu widmen: den UGG-Boots.

Wer die letzten 20 Jahre nicht unter einem Stein verbracht hat, wird schon mal UGG-Boots gesehen haben. Der plüschig gefütterte Velourslederschuh erinnert mit seiner runden Form, seiner Schaumgummisohle und seiner fleckenempfänglichen Oberfläche an Stiefel für zu Hause, wird jedoch herkömmlicherweise draußen getragen. Klassisch ist er braun-beige, doch es gibt mittlerweile alle möglichen Farben, Schafthöhen und Gimmicks wie zum Beispiel Pailletten, Plateau oder Schleifen. Obwohl es sie seit den 1970ern gibt, war der Peak ihres Trends in den 2000er Jahren.

Durch das Y2K-Revival geriet der Schuh bereits letzten Winter näher an mein Toleranzlevel, als mir lieb ist. Jetzt, wo selbst das Modelabel der Stunde, Telfar, eine UGG-Kollektion herausbringt, sind sämtliche Fashion-Koordinaten verschoben. Denn obwohl beim Design an Hässlichkeit nicht gespart wurde, waren es vornehmlich Basic Bitches (zu Deutsch: Annikas), die den Schuh zu dem machten, was er heute ist: der Pumpkin Spiced Latte des Schuhwerks.

Nun würden einige einwenden, dass die Annika-Aversion oder das Basic-Bitch-Bashing etwas Sexistisches in sich birgt. Das mag zutreffen, wenn Comedy-Timo sich Mario-Barth-mäßig über seine Freundin lustig macht. Doch wer selbst unter der Tyrannei der Annikas gelitten hat, fühlt ihnen gegenüber eine Abneigung, die schnell in Arroganz umschwenken kann. Aus gutem Grund.

Was spricht dafür, dass der australische Winterstiefel in die Fußstapfen der einst verhassten, nun gehypeten Crocs treten könnte? Nun: UGGs sind wie Hausschuhe. Das macht sie so hot wie unattraktiv. Weil sie die Füße zwar warm, aber nicht trocken halten. Außerdem ballern sie an den wenigsten Leuten. Wahrscheinlich gelten sie deshalb als so furchtbar: Das schlechte Styling der Annikas hat sich ins kollektive Gedächtnis der Gesellschaft fest eingebrannt.

Andererseits ist es so: Ich liebe hausschuhartige Straßenschuhe. Pantoffeln, Loafer, Crocs, Clogs, Plüschslipper, die ganze Palette. Neulich beschwerte sich Franziska Giffey – der lebende Beweis dafür, dass teure oder formale nicht automatisch besser aussieht – über den »schludrigen« Kleidungsstil in Berlin. Spätestens jetzt wissen wir, dass schludrig the new sexy ist.

Gleichzeitig frage ich mich, ob Annika Giffey nicht selbst in den 00ern in UGGs unterwegs war. Vielleicht nicht in Kombi mit einem Juicy-Couture-Anzug, sondern mit Longchamp-Tasche und Starbucks-Becher-Selfie im Publikum einer Rede von ihrer Ikone Heinz Buschkowksy, um sich ein paar rassistische Politics abzugucken?

Wahrscheinlich macht es eben die Kombi und das Mindset. Annika ist nicht, was du trägst, sondern wie du es trägst – und wie du tickst.

November 2021

Ichstagram

Seitdem Instagram den neuen Mitmach-Sticker hat, geht meine Laune bergauf, was angesichts des Weltgeschehens und der Nachmittagsdunkelheit eine Menge ist. Der Aufwand ist gering, das Prinzip simpel, der Effekt riesig.

Jemaus startet einen Aufruf in der Insta-Story, zum Beispiel: Teile einen Screenshot von der »Urban Dictionary«-Definition deines Vornamens. Poste ein Kinderfoto, das deine Grundhaltung zum Ausdruck bringt. Lade das letzte gespeicherte Meme hoch. Wer sich angesprochen fühlt, beteiligt sich mit einem eigenen Beitrag. Dadurch sehen die Follower den Aufruf und können ebenfalls mitmachen. Der Sticker ist wie ein digitaler Sourdough-Starter (sog. Hermann-Teig), ein paar Leute tragen ihn in die Welt und wer Bock hat, greift nach einem Stück von dem Kuchen, der nicht weniger, sondern mehr wird. Wer das uninteressant findet, überspringt die Story.

Nun gibt es überall Mäuse mit einem erhöhten Bedürfnis danach, ihre Abneigung gegen harmlose Trends zu verbalisieren. So auch bei den Mitmach-Stickern. Die Essenz: Niemaus jucken eure Kinderfotos, hört auf so selbstbezogen zu sein, macht was Vernünftiges. Ich bin da ehrlich: Instagram ist nun mal der Ort des Ichs. Da kommt maus nicht drum rum, dafür wurde die App entworfen. Wer wirklich glaubt, politische Info-Slides seien weniger selbstbezogen als Urlaubsfotos, Selfies und Rezepte, täuscht sich. Wir müssen nicht unsere Gesichter in die Kamera halten, um uns zu profilieren. Memes, Aufklärungsbeiträge, Musik, Podcasts oder Mini-Essays transportieren ebenso, wer wir sind oder sein wollen. Und: woran wir glauben und wie wir die Welt betrachten.

Über Instagram neben Lifestyle-Content auch politische Inhalte zu verbreiten, ist seit einigen Jahren zum Trend avanciert. Mittlerweile gehört es in den liberalsten Kreisen zum guten Ton, zwischen glossy Fotos gelegentlich »was Politisches« zu teilen. Wir erinnern uns an die schwarzen Kacheln im Juni 2020.

Mit technologischen Mitteln können politische Kämpfe an Tempo und Reichweite gewinnen. Viele Demos oder Spendenaktionen wären ohne Online-Mobilisierung nicht halb so erfolgreich. Doch zu glauben, dass die Welt durch Info-Slides verändert wird, ist ein Trugschluss. Manche würden sogar sagen, dass diese Art von missverstandenem »Aktivismus« politische Kämpfe eher schwächt, weil Inhalte verkürzt und falsche Sicherheiten geschaffen werden.

Mittlerweile gebe ich offen zu, Instagram vor allem für Lifestyle-Content aufzusuchen. Ich will keine hot takes zum Elend, sondern Ablenkung. Eure Kinderfotos und Outfits sind interessanter als der 69. Infopost über ein Thema, mit dem ich mich 2013 tiefer gehend beschäftigt habe. Wir treffen uns einfach auf der nächsten Demo oder Buchpräsentation. Ich poste den Aufruf dazu dann inmitten meines von Selfies und Torten genährten Super-Algorithmus.

Dezember 2021

One World Dumplings

Seit Jahren träume ich davon, mich als Gastronom_in selbstständig zu machen, sollte ich je einen Branchenwechsel anstreben. Dabei zieht es mich nicht in irgendeine Küche. Meine Vision ist spezifisch, länderübergreifend und für manche so streitbar wie meine bisherige Arbeit: Ich möchte ein Dumpling-Restaurant eröffnen. Es soll »One World Dumplings« heißen.

Was ich servieren möchte? Teigtaschen aus aller Welt! Zubereitet und geliefert von den besten Köch_innen der lokalen Diaspora. Neulich musste ich am Tisch mit Freund_innen jedoch feststellen, dass meine großzügige Definition von Dumplings einige aufwühlt.

Klar, es gibt Gerichte, auf deren Zugehörigkeit zur Kategorie »Dumpling« sich alle einigen können: Dim Sum, Mandu, Gyosa, Momos oder Wonton. Allesamt gefüllte, mit einer Hand greifbare Teigtaschen, aber unterschiedlich zubereitet: gedämpft, angebraten, frittiert. Manche werden in eine Soße gedippt, andere kommen in eine Brühe.

Diese Eigenschaften lassen sich auf weitere Gerichte übertragen: Manti, Tortellini, Ravioli, Pelmeni, Wareniki, Pierogi, Ashak, Kreplach und Maultaschen, aber auch Samosa, Empanada, Pirashki und Sambuse. Die Formen variieren, manche sind eher rund, andere dreieckig oder oval. Wäre länglich dann nicht auch okay? Das öffnet das Tor für Frühlingsrollen, Sigara Börek und tropfenförmige Kibbeh.

Nun denken die wenigsten an einen Teller Ravioli, wenn jemaus sagt, es gäbe Dumplings zum Mittag. Per Definition stimmt es je-

doch: Laut Wikipedia handelt es sich dabei um ein Varieté an in Teig gewickelter Füllung – herzhaft wie süß. In einem japanischen Restaurant in Wien aß ich mal Apfel-Gyosa mit Vanillesoße – eine Spezialität, die es auch im Tiefkühlfach des Asia-Supermarkts gibt. Ein verifizierter Dumpling. Somit müssten Mochi theoretisch auch Dumplings sein – oder?
Das Verhältnis zwischen Teig und Füllung schwankt. Jamaikanische Dumplings heißen sogar Dumplings, aber haben gar keine Füllung, sie erinnern mehr an Quarkbällchen. Zählt Calzone dann nicht als ein riesiger Dumpling? Was ist mit Schokocroissants? Oder einem Hamburger, dessen Ränder mit einem Glätteisen zusammengepresst und geschlossen werden, wäre das theoretisch nicht auch ein Dumpling? Und Gnocchi?
So laut, wie der Widerspruch zu meiner These neulich war, nehme ich an, dass ich nicht unbedingt auf ihre Zustimmung zählen kann. Das ist okay. Genau das wünsche ich mir für »One World Dumplings«: dass die unterschiedlichsten Menschen kommen, um zu speisen, und miteinander ins Gespräch kommen. Von mir aus auch streiten. Leidenschaftlich.
Der beste Ort für hitzige Diskussionen ist der Esstisch. Hungry geht zumindest niemaus nach Hause. Auf eins werden sich hoffentlich alle einigen können: Die besten Dumplings ever verdrückt zu haben. Das Menü soll die einzige Fusion werden, mit der maus mich assoziiert.

Februar 2022

Sturm auf Sylt

Die Neuauflage der Sylter Chaostage – seit Wochen ein Dauerbrenner in deutschen Memes. Ausgelutscht? I don't think so. Jeder noch so späte Sylt-Joke löst bei mir den Thrill des Spiels mit der Angst almanesischer Bonzen aus. Haha, wir kommen auf eure Insel und zeigen euch mal, wie maus wirklich feiert. Na, schon am Zittern? Der Gedanke, für 9 Euro mit aufgeladenen Bluetooth-Speakern, Einweg-Grill (CO_2-Ausgleich durch Bahnanreise) und Discounter-Crémant oder einem Kanister vorgemischtem Aperol Spritz sowie vegetarischen Würstchen in der Kühlbox auf Sylt anzutanzen, ist verlockend.

Für eine Beach Party braucht es kein Flugticket nach Malle, solange maus Abstriche beim Wetter machen kann. Doch dann der Realitätscheck: Von Berlin nach Westerland dauert es mit Nahverkehrszügen circa 8 bis 9 Stunden mit 3 bis 5 Umstiegen. Wir kennen die Deutsche Bahn. Eine Verspätung von 10 Minuten reicht, um den Anschluss zu verpassen und bei einer Fahrtzeit von über 10 Stunden zu landen. Und beim Aussteigen begrüßt eine_n das norddeutsche Schietwetter. Egal, die Sonne scheint manchen von uns aus dem Herzen, der spicy Wind und der graue Himmel müssen Dealbreaker sein. Erst mal ankommen und unter die Locals mischen, oder?

Im Trubel der nordfriesischen Partymetropole wird es leicht sein, die Sorgen des Festlands hinter sich zu lassen und sich den kulinarischen Genüssen und dem deutschen Savoir-vivre hinzugeben. Der ästhetische Abturn konfrontiert uns im Herzen Sylts. Wer denkt, dass deutscher Luxus sich in sehnsuchtserweckender Fülle und prächtiger Mode materialisiert, wird enttäuscht sein. Ohne je auf Sylt gewesen zu sein, kann ich mir ganz genau vorstellen, wie beschissen die High Society dort gekleidet sein wird. Für diese Einschätzung reicht es, durch Luxuskaufhäuser wie das KaDeWe oder das Alsterhaus zu flanieren und einen genaueren Blick auf die Klientel zu werfen. Ja, sie haben Kohle, doch sie haben zero Style.

Nicht nur die klaffende Arm-Reich-Schere, die Inflation und die ausbleibende Umverteilung machen wütend, sondern auch, mit eigenen Augen zu sehen, *wofür* Deutschlands Reiche ihr Geld verprassen. Wer viel Geld hat, dieses für Mode ausgibt und trotzdem schlecht gekleidet ist, braucht bei mir nicht auf Verständnis hoffen. Da verbringt maus also den halben Tag in Regionalzügen und wird nicht mal mit Eye Candy belohnt?

Keine Angst, das ist keine vom Verfassungsschutz finanzierte Anti-Kampagne der Chaostage, um euch abzuschrecken. Fahrt hin, trinkt einen für mich mit. Ich muss ehrlich mit mir sein: Meine Mental Health verkraftet es nicht, von so viel Hässlichkeit bei gleichzeitigem Überfluss umgeben zu sein. Schickt mir eine SMS, wenn Sylt zum Ort des linken Bonvivants avanciert. Ich bringe uns dann aus Berlin Nachschub von allem mit, was dort noch fehlt.

Mai 2022

Die Entscheidungsschlacht

Nach meiner Kolumne über den Sturm auf Sylt (und ob er sich lohnt), erhielt ich eine Leser_innenzuschrift oder vielleicht auch digitale Einladungskarte. Es war ein Foto, das an irgendeinem Provinzbahnhof gemacht wurde, beschriftet mit den folgenden Zeilen: »Antideutsche vs Antiimps. ENTSCHEIDUNGSSCHLACHT.« Ein Datum, eine Uhrzeit und als Ort: Sylt. Zusätzlich der Hinweis: »keine Waffen, keine Argumente«.

Die Provokationen beginnen wahrscheinlich bereits in der Regionalbahn, wo sich die beiden Teams alkoholisiert bei ihrer Anfahrt begegnen. Die Antideutschen in ihren schwarzen Fred-Perry-Polohemden, ihren ill-fitting Jeans und New Balance Sneakern (manche werden das Asics-Update gemacht haben), die Antiimperialist_innen in T-Shirts mit Polit-Aufdruck, Kufiyah um den Hals, ebenfalls schlecht sitzenden Hosen und Turnschuhen (uneinheitlich). Sie werden sich gegenseitig Hässlichkeit vorwerfen. Beide Lager werden im Recht sein.

In jedem zweiten Abteil sitzen ein paar Queers mit glänzenden Sport-Shorts, Tanktops, Tennissocken, Plateau-Sandalen und exzentrischem Make-up, die von den Antiimps als »Scheiß-Touris« und von AntiDs als »Dschihadismus-Apologet_innen« bezeichnet werden. Die Pinkwashing-Vorwürfe fallen gegenüber beiden Teams. Würde dieser Kampf queer ausgetragen werden, gäbe es einen stundenlangen Vogueing Ball voll geiler Tanzeinlagen, heftigen Outfits und cheeky Konzepten, aber die meisten sind eh cis hetero.

Um sicherzugehen, dass die Antideutschen aus Angst, von stiernackigen Kanaken auf die Fresse zu kriegen, nicht in letzter Sekunde kneifen, wird vorab eine Fight-Club-Area mit verschiedenen Disziplinen angekündigt: Die Stationen sind Backgammon, Armdrücken, Wrestling und Quick-'n'-Dirty-Schlägerei. Beide Mannschaften bringen ihre massivsten Knochenbrecher_innen mit. Während sie sich auf der Insel gegenseitig bekämpfen, sichern die reichen Residents ihr Eigentum, reisen mit Privatjets ab und rufen die Polizei, die ohnehin schon ready war. Die Übernahme Sylts zur roten Zone scheitert, wie die meisten linken Bestrebungen, mal wieder am Israel-Palästina-Konflikt. Es gibt zig Verhaftungen und auf der Rückreise Zoff auf Twitter. Gewonnen hat der Staat.

Die Sehnsucht danach, den Szene-Beef der deutschen und österreichischen Linken per Schlägerei zu beenden, ergibt nach jahrzehntelangem Scheitern einer Annäherung durch Dialog oder Argumente Sinn. So mackrig dieser Aufruf klingt, birgt er einen Hauch von Zärtlichkeit, den sich keines der beiden Lager jemals eingestehen würde. Du kannst niemaus aufs Maul geben, ohne die Person anzufassen. Eine Rauferei kann ein homoerotischer Playfight sein, eine innige Umarmung, die intensivste Dimension von Reibung, die existiert. Was, wenn es nur einen heißen Schwitzkasten braucht, um die Verachtung ins Gegenteil kippen zu lassen?

Juni 2022

Trotz Deutschland leben, lieben, lachen

Eigentlich sollte dieser Text von Hoffnung handeln. Einen optimistischen Blick in die Zukunft werfen, der gleichermaßen nah an der Realität ist und Mut macht, weiterzukämpfen. Immer nur meckern geht nicht, heißt es in dem Land, in dem abwechselnd gemeckert und gejammert wird, aber sich selten etwas ändert.

Vielleicht ist es dieser zähe Sommer, dessen Ende ich mir antriebslos und deprimiert herbeisehne, denn es ist entweder zu heiß oder zu grau, und da geht es schon wieder los, das Gemeckere. Vielleicht ist es das näher rückende Ende des 9-Euro-Tickets, bei dem nach drei Monaten zugänglicherer Mobilität alles zum Alten zurückkehrt. Vielleicht ist es die Trauer um die vier Menschen, die allesamt diesen Monat von deutschen Polizist_innen getötet wurden. Vielleicht ist es das Gedenken an die rassistischen Pogrome von Rostock-Lichtenhagen, die genau vor 30 Jahren nach vier Tagen beendet wurden.

Hinsichtlich rechter Gewalt hat sich wenig geändert: Angefeuert durch Brandsätze von Politiker_innen und Springer-Medien hat niemand in Deutschland so viel Rücken wie Täter_innen aus dem rechten Spektrum – Legitimation und Normalisierung durch die sogenannte bürgerliche Mitte inklusive. »Wer gegen die Nazis kämpft, der kann sich auf den Staat überhaupt nicht verlassen«, sagte die Antifaschistin und Auschwitz-Überlebende Esther Bejarano im Jahr 2015, und es stimmt immer noch.

Sechseinhalb Jahre lang konnten Sie an dieser Stelle meine Kolumnen über Feminismus, Faschismus, Fashion und Food lesen, heute zum letzten Mal. Ich habe in der Zeit viel gelernt, unter anderem, dass es für jede gute Nachricht mindestens zwei schlechte gibt, die es unglaublich schwer machen, dranbleiben zu wollen. Paradoxerweise möchte ich in diesem Text dennoch genau dazu ermutigen: weiterzumachen.

Am Wochenende feierte meine geschätzte Kollegin Simone Dede Ayivi ihren Geburtstag und wünschte sich zwei Sätze über Dinge, die sich in den letzten zwei Jahrzehnten verbessert haben. Daraus entstand ein Blick auf die Errungenschaften Schwarzer, geflüchteter, feministischer und queerer Bewegungen, die uns zeigen, dass Veränderung zwar dauert, aber möglich ist. Ich bin dankbar für Genoss_innen wie Simone, die inmitten kritischer Analyse nicht in Fatalismus abdriften, sondern auch Platz fürs Feiern, für Freude und Freund_innenschaft einräumen. Was für ein Glück, dass sie neben anderen wunderbaren Autor_innen die taz nun mit einer eigenen Kolumne bereichern wird.

Mit dabei bleibt außerdem Fatma Aydemir. Fatma hat mich vor sieben Jahren dazu ermutigt, mich auf diesen Kolumnenplatz zu bewerben. Die Wortschöpfung »Habibitus« ist ihr zu verdanken, ebenso die beste Zusammenfassung dessen, was hier die letzten Jahre abging: »Trotz Deutschland leben, lieben, lachen.« Ich danke allen, die mit mir an Bord dieser Wild Ride gewesen sind. Ciao, ihr Knalltüten, bleibt am Ball! <3

August 2022

Fuck around and find out

Nachwort

»As you can see: the more you fuck around, the more you're gonna find out«, erklärt der Comedian Roger Skaer in seinem viralen TikTok[19] anhand eines Diagramms: Die x-Achse gibt den *fuck around* Teil an, die y-Achse den Grad des *find out.*

Während ich im November 2022 diesen Text schreibe, ist *fuck around and find out* ein allgegenwärtiger Satz. In Memes, TikToks, Tweets und anderen popkulturellen Erzeugnissen. Dabei bezieht er sich sowohl auf das Individuum als auch auf die Gesellschaft. Er kann positiv gedeutet werden, geht es beispielsweise um progressives Aufbegehren oder darum, für sich selbst einzustehen. Doch er kann auch eine Erinnerung an schädliche Konsequenzen sein. Das politische Weltgeschehen steht unter diesem Credo.

Seien es Klimakatastrophen, der Pandemieverlauf oder der europaweite, wenn nicht sogar globale Trend, rechts zu wählen. Oder aber die jüngsten Protestwellen in Iran und Ostkurdistan, ausgelöst vom staatlichen Femizid an der 22-jährigen Kurdin Jina Mahsa Amini. Je gewaltvoller das iranische Terrorregime gegen die Protestierenden vorgeht, desto wütender und furchtloser wehren sich diese gegen die Diktatur und ihre Schlägertruppen. Ob diese Revolutionsbewegung in einem Umsturz der Islamischen Republik oder in einer Verschärfung der ohnehin schon widrigen Lebensbedingungen der Bevölkerung mündet, ist noch nicht absehbar.

Fuck around and find out: Auf Deutsch würde eine_r vielleicht sagen: Faxen machen und die Konsequenzen herausfinden. Oder: Wie man in den Wald hineinruft, so schallt es heraus.

Ähnlich formulierte es Justin Timberlake, der bereits im Jahr 2006 sang: *What goes around / comes all the way back around.* Der Track war eine Fortsetzung seines Hits *Cry Me A River,* in dem er sich als Opfer seiner Exfreundin Britney Spears inszenierte. Die Message: Karma regelt. Heute wissen wir, dass Timberlake Gerüchte über Spears verbreitete – Lügen, die sich wunderbar in die misogyne Kampagne gegen den Popstar einbetten ließen. Ironischerweise hält *What goes around … comes around* sein Versprechen nicht ein: Bis auf einzelne Empörungsbeiträge im Netz erfuhr Justin Timberlake keine Konsequenzen für sein sexistisches Verhalten – weder gegenüber Britney Spears, noch Janet Jackson.

Ist *Fuck around and find out* also eine Warnung? Eine Drohung? Die Aussicht auf Rache? Oder ist es ein Versprechen, dass so etwas wie Gerechtigkeit einkehren wird?

Im siebten Kolumnenjahr schrieb ich das letzte Mal *Habibitus* für die taz. Eine magische Zahl. Nach der Auswahl und Überarbeitung der Texte für diesen Band kann ich das Fazit ziehen: *I did fuck around. And I did find out.*

Cringe

Als Erstes kommt natürlich die Scham. Was auch sonst? Ich kenne keine schreibende Person, die es schafft, die eigenen Texte von früher zu lesen, ohne sie latent peinlich zu finden. Und das ist okay.

Es zeigt schließlich, dass eine_r sich als Autor_in entwickelt hat – stilistisch, handwerklich, inhaltlich. Es würde mir mehr Sorgen bereiten, hätte ich heute ausnahmslos alles abgefeiert, was ich in meinen frühen Zwanzigern geschrieben habe. Mein größter Flex ist mein Vermögen, meine Arbeit selbstkritisch zu betrachten und Veränderung zuzulassen. Ich habe gelernt, für meinen *path to healing* den cringe zu embracen, frei nach der Devise: *I may be cringe but I am free.*

Es bringt nichts, mit Arroganz und Härte statt Empathie auf mein jüngeres Ich zu schauen. Das haben genug Leute gemacht, warum sollte ich mich dem Trend, mich scheiße zu finden, so spät noch anschließen? Es ist wie mit Fashion: Wer 2019 oder 2020 keine Crocs getragen hat, braucht sie 2023 nicht kaufen. Lohnt sich nicht. Orientier dich lieber in Richtung Zukunft und investier in einen neuen Trend – oder scheiß auf Trends, mach einfach, worauf du Bock hast.

Debattenkultur

Das Ding ist auch: Ob die Rückkehr von bonzigen Annika-It-Pieces wie Longchamps Le Pliage Tasche, mit der sich Schülerinnen wie vorstädtische Mittelschichtsmuttis einkleideten, oder das umstrittene Comeback der Low-Rise-Jeans – die Welt ist im Wandel, und ich frage mich, ob wir uns nicht alle irgendwie in der *cringe era* befinden? Wenn ich mir die Themen meiner Texte anschaue, geht es mir wahrscheinlich ähnlich wie älteren Genoss_innen beim Lesen von queeren, feministischen und linken Texten aus den 1980ern und 1990ern: Gäähn, schon wieder? Oder immer noch?

Fast sieben Jahre im Diskurs-Pogo (danke für diese grandiose Formulierung, Simone Dede Ayivi) machen vor allem müde. Die Debatten wiederholen sich, drehen sich im Kreis, werden stark verkürzt. In der deutschen Dominanzgesellschaft sowieso, doch auch in kleineren Polit-Szenen. Das wirft die Frage nach einer Zielgruppe auf: Für wen schreibe ich und welches Wissen, welche Referenzen, welche Anschlüsse kann ich voraussetzen? Schreibe ich für Stammleser_innen einer Tageszeitung oder für meine queere, feministische, linke Bubble? Schreibe ich für jene, die meine Texte nur online lesen, oder die, die seit 20 Jahren die Zeitung im Briefkasten haben? Schreibe ich für meine Freund_innen oder mit dem Wissen darum, dass Nazis und andere Rechte meine Arbeit verfolgen und sie für ihre Hetzkampagnen nutzen könnten? Kann ich damit leben, stets missverstanden zu werden? Möchte ich reagieren oder einfach mein Ding machen? Wenn ich Kritik formuliere – gerade an meinen Genoss_innen –, vor welchem Publikum tue ich das? Schreibe ich mit der Angst, meine Texte könnten gegen mich oder verwundbare Communities verwendet oder instrumentalisiert werden, oder schreibe ich auf, was mir am Herzen liegt? Hat mein Herz überhaupt etwas an einem Ort zu suchen, an dem Verwundbarkeit zunehmend verunmöglicht wird? Wie verletzlich muss ich mich machen, um ehrliche Texte zu schreiben, und wie verletzlich sollte ich mich machen, um meine eigene Sicherheit zu bewahren? Wie viel Raum für Entwicklung gibt es für Personen, die nicht zuletzt als polarisierend oder provokant wahrgenommen werden?

Alter Ego

Wer ist eigentlich die Person, die alle zwei Wochen einen Text zu aktuellen Debatten schrieb? Viele sind sich nicht bewusst, dass ein Kolumnen-Ich nicht gänzlich der Privatperson entspricht – zumindest ist es bei mir und den meisten anderen so. Zu Beginn der Kolumne wurde uns in einem Workshop geraten, ein Alter Ego zu entwickeln. Eines, das sich ein bisschen von uns selbst unterscheidet – ob es frecher, mutiger, melancholischer oder spießiger ist, ist egal, Hauptsache anders. Das macht uns weniger verletzbar, wenn persönliche Angriffe kommen – und wir gingen damals schon davon aus, dass diese unumgänglich sein würden. Trotzdem steckt viel von mir selbst in meinem Kolumnen-Ich drin, denn ich würde keine Haltungen veröffentlichen, die ich nicht auch als Privatperson vertreten kann. Aber dieses Alter Ego ist, dem Textgenre entsprechend, spicier, hartnäckiger, konfrontativer und scharfzüngiger, als ich es bin. Manche Leute würden sagen, die Persona sei provokant und teste Grenzen aus, das sehe ich anders. Bei allem Frechsein finde ich sie wirklich nicht edgy.

Und wer setzt überhaupt den Maßstab? Die vermeintliche bürgerliche Mitte, die sich immer wieder darin überbietet, als Steigbügelhalter des Faschismus rechte Haltungen anschlussfähig zu präsentieren – bis hin zur Kriminalisierung von Antifaschismus? Für mich jedenfalls nicht. Ich orientiere mich an Queers, Feminist_innen und Linken. Trotz der unterschiedlichen Standpunkte – darunter einige, denen ich vehement widerspreche – ergeben sich hier komplexere Auseinandersetzungen als bei öden Grundsatzdiskussionen à la »Gibt es Rassismus in Deutschland?«.

Backlash

Wenn mein Kolumnen-Ich etwas ist, dann taff. Und genau diese Härte ist es, die in der Öffentlichkeit als Einladung missverstanden wurde, mich ruppiger anzugehen – weil, ich muss ja einiges abkönnen. Wenn es bei wirren Vorwürfen von »Rassismus gegen Deutsche« und rassistischen, transfeindlichen, misogynen oder dickenfeindlichen Witzen bleiben würde, ließe sich das weglachen, denn es ist belustigend, wie sich manche Leute dazu berufen fühlen, sich an mir zu rächen, weil ich weiße Deutsche als Kartoffeln bezeichne oder Heten als schlecht gekleidet und trist. Peanuts, wenn man sich die mörderischen Dimensionen von Rassismus oder Homofeindlichkeit vor Augen führt. Aber es blieb nicht fair: Einige erschienen zum Faustkampf mit Messer in der Tasche.

Der Backlash blieb nicht bei beleidigenden Kommentaren stehen, sondern wuchs zu bedrohlichem Psychoterror heran, der nicht nur mich, sondern auch mein Umfeld traf. Daraus wächst eine dicke Haut, eine Abgeklärtheit, die ich nicht einfach ablegen kann, wenn ich meinen Rechner in den Ruhezustand versetze und Feierabend mache. *Wie man in den Wald hineinruft*, musste ich mir schon oft anhören, doch Tatsache ist, dass auf meine Texte, die manche vielleicht als beleidigend oder frech empfinden, nicht bloß Beleidigungen oder Frechheiten folgten, sondern Morddrohungen, Stalking und der Versuch, meine Arbeit zu kriminalisieren – gelinde gesagt, die Reaktionen waren unverhältnismäßig. Ich kann mich darüber nicht einmal mehr empören, denn die ersten Drohungen kamen 2012, also vor über einem Jahrzehnt, sie sind erstens zum Nebenrauschen verkommen, und zweitens kenne ich keine linken, queeren, feministischen Autor_innen, die nicht Ähnliches zu berichten haben. Das wirkt sich auf die Verletzlichkeit der Kolumnen-Persona aus. Warum sollte ich über persönlichere, ja vielleicht sogar interessantere und universell anschlussfähigere Themen schreiben, wenn alles, was ich erzähle, mit großer Wahrscheinlichkeit gegen mich verwendet wird? In dieser Gesellschaft wird der Mut, sich verwundbar zu zeigen, nicht mit Empathie belohnt, sondern mehrheitlich mit Häme bestraft. Das zeigt sich jedes Mal, wenn Personen in der Öffentlichkeit über das Überleben sexualisierter Gewalt oder chronische Krankheiten sprechen. Wer hat dann noch Lust, Schwäche einzugestehen?

Formatgrenzen

Bei der Arbeit an längeren Texten wie Essays oder meinem Romandebüt habe ich immer wieder festgestellt, was ich am Format der Kolumne schätze und was ich verfluche. Die Kolumne ist wie ein riesiges Spielfeld, auf dem ich selbst entscheide, welche Themen ich für dringlich halte und wie ich darüber schreiben möchte. Anekdotisch? Satirisch? Als Brief? Als Liste? Als Horoskop oder Persönlichkeitstest? Ernst, lustig, beides? Die Kolumne eröffnet viele Möglichkeiten, kann Debatten kommentieren oder gar auslösen. Sie muss nicht allumfassend und nuanciert sein, dafür gibt es überhaupt nicht den Platz, gleichzeitig erlaubt sie mehr Tiefe als ein bloßer Tweet. Die Kolumne war für mich immer ein Ort, unterhaltsam eine Haltung zu einer Frage zu formulieren. *Take it or leave it*, aber *I said what I said.* Juicy wie eine Capri-Sonne, nicht wie eine teure Flasche Wein, die 20 Jahre vor sich hin reifen musste. Und das ist auch der Nachteil des Formats: Nicht jedes Thema kann ich dort so verhandeln, wie ich es gerne würde. Bei aller Flexibilität des Formats bleiben Deadlines und der Platz in Printmedien starr. Manchmal braucht eine Haltung zu aktuellen Debatten aber mehr als ein paar Stunden Nachdenkzeit. Ich meine dabei nicht bloß ein paar Tage oder Wochen, wobei die auch schon hilfreich sein können, sondern auch mal Monate oder Jahre. Diese Zeit nehmen wir uns in der Regel selten – weder in Kolumnen noch auf Social Media, wo alles immer schnell und knackig sein muss. Das hat natürlich auch seinen Thrill, und dem Spätkapitalismus sei Dank gehöre ich einer Generation an, die unter *depressive hedonia*, wie der Theoretiker Mark Fisher es nannte[20], ähm ja, leidet, aber auch lebt. Wenn's nicht kickt, dann wird es schnell langweilig und somit deprimierend. Und hier kommt das Paradox: Den typischen Ablauf, in eine Debatte hineinzuschreiben, mit den Reaktionen zu dealen und zwei Wochen später wieder eine neue Diskussion zu suchen, haben wir mittlerweile so gut einstudiert, dass es bequem geworden ist – und mich langweilt.

Skaer schließt die Präsentation seines *fuck around and find out* Diagramms allerdings nicht mit einer Warnung ab, sondern einem Satz, der eher als Ermutigung verstanden werden kann: »*If you stay down here and you never fuck around, you'll never find out.*«

Danke

Abschiede haben etwas Trauriges an sich, selbst wenn sie freiwillig sind. Diese Ambivalenz ist okay: Ich kann mich darüber freuen, dass ein Abschnitt vorbei ist und trotzdem nostalgisch an diese Ära in meinem Leben zurückdenken. *Habibitus* ist ein wichtiger Teil meiner Schreibpraxis gewesen, die Kolumne hat mich durch den Großteil meiner Zwanziger begleitet und mich viel gelehrt. Dieses Buch ist das Relikt einer Reise, die nun abgeschlossen ist.
Ein Ende ermöglicht es, letzte Worte loszuwerden, und ich möchte vor allem Danke sagen: An das Medien- und Gesellschaftsressort der taz, das Missy Magazine und die SPEX für die Zusammenarbeit und die Druckerlaubnis. Ohne die redaktionellen Rückmeldungen und die Ermutigungen wären meine Texte nicht das, was sie heute sind.
An meine Freund_innen, die meine Kolumnen stets kritisch lesen, feedbacken, zerstören und verteidigen. Mit euch lache ich am liebsten, auch über mich selbst.
An meinen Agenten Alfio Furnari, meine Lektorin Karoline Winter sowie Anvar Čukoski und Friederike Schilbach vom Aufbau Verlag für die Arbeit an diesem Textband.
Und an euch, liebe Leser_innen. Danke für euren Support, eure Kritik und eure sweeten Nachrichten.

Berlin, November 2022